高等职业教育"十二五"规划教材

汽车专业工作过程导向职业核心课程双证系列教材

人力资源和社会保障部职业技能鉴定中心组编

汽车空调系统检修一体化项目教程
（第二版）

主　编　严安辉　王长建

副主编　樊永强　郑志中　项金林

参　编　莫振发　林定海　梁誉宝　刘　明

主　审　潘伟荣

上海交通大学出版社

内容简介

本书是根据汽车维修专业所面向的就业岗位调查,组织召开汽车维修工和汽车维修电工岗位工作任务分析研讨会,选取汽车空调日常维护、汽车空调制冷不良、汽车自动空调不能调温故障等典型工作任务,整合为汽车空调维修任务领域,构建了《汽车空调系统检修》课程。本书重点介绍汽车空调的结构、工作原理、故障诊断与检修方法。重点强调按企业实际工作过程来培养学生的拆卸、检修、安装与调试、故障诊断与排除等专业能力和职业核心能力。

本书可作为高职高专、技工院校、普通高校、远程教育和培训机构的汽车空调系统检修教材,也可供广大汽车检修从业人员学习参考和职业鉴定前应试辅导。

为了方便老师教学及学生自学,本书配有多媒体课件,欢迎读者来函来电索取。联系电话 021 - 60403010;电子邮箱:39366534@qq.com。

图书在版编目(CIP)数据

汽车空调系统检修一体化项目教程(第二版)/严安辉,王长建
主编. —上海:上海交通大学出版社,2016(2019 重印)
汽车专业工作过程导向职业核心课程双证系列教材
ISBN 978 - 7 - 313 - 07295 - 5

Ⅰ.①汽…　Ⅱ.①严…　②王…　Ⅲ.①汽车-空气
调节设备-车辆修理-职业教育-教材　Ⅳ.①U472.41

中国版本图书馆 CIP 数据核字(2011)第 079001 号

汽车空调系统检修一体化项目教程(第二版)

主　　编:严安辉　王长建
出版发行:上海交通大学出版社　　　　　地　　址:上海市番禺路 951 号
邮政编码:200030　　　　　　　　　　　电　　话:021 - 64071208
印　　制:苏州市越洋印刷有限公司　　　经　　销:全国新华书店
开　　本:787 mm×1092 mm　1/16　　　印　　张:14.75
字　　数:345 千字
版　　次:2011 年 6 月第 1 版　2016 年 4 月第 2 版　　印　　次:2019 年 1 月第 7 次印刷
书　　号:ISBN 978 - 7 - 313 - 07295 - 5/U
定　　价:39.00 元

序

　　随着社会经济的高速发展和现代制造业的不断升级,我国对技能人才地位和作用的认识得到了空前的提高,技能人才的价值越来越得到认可。如何培养符合未来中国经济社会发展需要的技能人才也得到社会的广泛关注。

　　人力资源和社会保障部职业技能鉴定中心、中国就业培训技术指导中心担负着为我国就业和职业技能培训领域提供技术支持和技术服务的重要任务。在新的形势下,为各类技工院校、职业院校和培训机构提供技能人才培训、培养模式及方法等方面的技术指导尤为重要。在党中央国务院就业培训政策方针指引下,中心结合国情,开拓创新思路,探索培训方式,研究扩大就业,提供技术支持,为国家就业服务和职业培训鉴定事业的发展,提供了强有力的支撑。与此同时,中心不断深化理论研究,注重将理论转化为实践,成果亦十分明显,由中心组编的"汽车专业工作过程导向职业核心课程双证系列教材"便是这种实践成果之一。

　　我国作为世界汽车生产和消费大国,汽车产业的快速发展和汽车消费的持续增长,为国民经济的增长产生了巨大拉动作用。近年来,我国汽车专业职业教育事业取得了长足发展,为汽车行业输送了大量的人才。随着汽车产业的迅猛发展,社会对汽车专业人才提出了更高的要求。进一步深化人才培养模式、课程体系和教学内容的改革,不断提高办学质量和教学水平,培养更多的适应新时代需要的具有创新能力的高技能、高素质人才,是汽车专业教育的当务之急。

　　作为汽车专业教育的重要环节,教材建设肩负着重要使命,新的形势要求教材建设适应新的教学要求。职业教育教材应针对学生自身特点,按照技能人才培养模式和培养目标,以应用性职业岗位需求为中心,以素质教育、创新教育为基础,以学生能力培养、技能实训为本位,使职业资格认证培训内容和教材内容有机衔接,全面构建适应 21 世纪人才培养需求的汽车类专业教材体系。

　　我热切地期待,本系列教材的出版将对职业教育汽车类专业人才的培养和教育教学改革工作起到积极的推动作用。

人力资源和社会保障部职业技能鉴定中心主任

中国就业培训技术指导中心主任

前　言

本书在第一版的基础上，重新组建编审团队，整合使用第一版教材师生的意见，依据汽车维修岗位工作任务，组织汽车维修企业一线技术骨干召开工作任务分析研讨会，论证了汽车电器与空调维修领域的代表性工作任务，并对工作任务进行分析与描述，以完成工作任务为主线，分析工作过程中所涉及工作对象、设备、工具与材料、工作方法、劳动组织、工作要求等，并将其工作过程作为学习内容。

本书按工作过程系统化原则组织编写，以学习情境为学习主线，以实施具体任务来实现学习目标。以完成任务展开学习，边学边做任务。实现"做中学，学中做"一体化教学核心思想。通过典型工作任务的学习，既能学习专业知识、训练专业技能、培养职业素养，同时还对工作过程进行学习，培养学生的工作能力。

本书选取了汽车空调的日常维护、汽车空调制冷不良、无暖气故障、汽车自动空调不能调温故障4个学习情境来学习汽车空调的结构及原理；制冷系统、取暖系统、通风配气系统、电气控制系统的检修方法，培养学生维修汽车空调的综合职业能力。学习情境一以维护引领汽车空调的使用、日常维护，为初学者做一个铺垫。学习情境二根据汽车空调制冷不良故障原因，分5个学习任务来完成。学习情境三根据汽车空调无暖气故障原因，引领汽车空调配气系统和暖气系统的检修。学习情境四学习汽车自动空调的结构、控制原理和主要部件的检测方法，学习汽车自动空调常见故障的维修方法。

本书图文并茂，通俗易懂。整合教材和学习工作页，引导学生完成工作任务，贯彻了"在工作中学习、在学习中学会工作"现代职业教育理念，便于开展项目教学、任务驱动式等教学行动导向一体化教学。本教材还配套有电子课件和教案，适用于中等职业院校、技工院校、高等职业院校汽车运用或汽车维修、汽车电器维修类专业师生；也适合职业培训机构汽车维修类专业师生以及汽车维修人员参考使用。特别适合开展任务式教学、项目教学等一体化教学。

本书在编写过程中,得到汽车维修企业专业人员、职业院校教师的大力帮助,在此表示衷心的感谢。限于编者的水平,书中存在的疏漏,恳请各位同仁批评指正。

目　录

汽车空调日常维护

情境描述	一辆一汽丰田卡罗拉轿车车主在使用空调过程中，发现汽车空调有异味。于是将车开进厂进行报修。维修顾问通过咨询、试车，确认故障，并填写《交车检查表》或《接车问诊表》，将车辆一起送至维修车间交给机电组进行维护。
情境目标	(1) 能识别汽车空调类型，会制订《汽车空调日常维护计划》。 (2) 会使用汽车空调。 (3) 会日常维护汽车空调。
任务分解	(1) 收集汽车空调的功能、汽车空调的结构组成、汽车空调控制面板各键的功能等信息。 (2) 小组讨论制订《汽车空调日常维护计划》。 (3) 小组实施汽车空调日常维护作业。 (4) 小组实施汽车空调日常维护质量检验。 (5) 小组进行总结，并进行学习成果展示。
资源配置	(1) 设备：空调压力表(进气歧管压力表)、检漏仪(电子、荧光)、空气压缩机与空气枪、真空泵、故障诊断仪、万用表等。 (2) 工具：常用拆装工具(套筒、螺丝刀等)、试灯。 (3) 原材料：制冷剂、冷冻机油。 (4) 技术资料：《车辆维修手册》、空调压力表和检漏仪使用说明书等。
实施流程	

A. 任务描述

接车问诊表是维修企业前台维修接待岗位工人员通过询问客户了解车辆使用情况,为维修人员迅速了解车辆故障或维修提供参考。为此,做好维修接待,认真填写接车问诊表是必要的(见表1-1)。

表 1-1 接 车 问 诊 表

车牌号:＿＿＿＿＿	车架号:＿＿＿＿＿	行驶里程:＿＿＿＿＿ (km)
用户名:＿＿＿＿＿	电　话:＿＿＿＿＿	来店时间:＿＿＿/＿＿＿

用户陈述及故障发生时的状况:一辆2006款一汽丰田卡罗拉汽车3个多月没使用过空调,进入维修厂进行维护。

故障发生状况提示:行驶速度、发动机状态、发生频度、发生时间、部位、天气、路面状况、声音描述

接车员检测确认建议:需进行维护

车间检测确认结果及主要故障零部件:需进行维护

车间检查确认者:＿×××××＿

外观确认:

(请在有缺陷部位作标识)

功能确认:(工作正常√ 不正常×)
- □音响系统　□门锁(防盗器)　□全车灯光　□工具
- □后视镜　□天窗　□座椅　□点烟器
- □玻璃升降器　□玻璃

物品确认:(有√ 无×)
- □贵重物品提示
- □工具　□备胎　□灭火器
- □其他(　　　　　)
- 旧件是否交还用户　□是　□否
- 用户是否需要洗车　□是　□否

- 检测费说明:本次检测的故障如用户在本店维修,检测费包含在修理费用内;如用户不在本店维修,请您支付检测费。
  本次检测费:￥＿＿＿＿元。
- 贵重物品:在将车辆交给我店检查修理前,已提示将车内贵重物品自行收起并保存好,如有遗失恕不负责。

接车员:＿＿＿＿＿　　　　用户确认:＿＿＿＿＿

B. 任务目标

1. 能识别汽车空调类型,会制订《汽车空调日常维护计划》。

2. 会使用汽车空调。

3. 会日常维护汽车空调。

C. 任务准备

读一读

一、汽车空调的功能与结构组成

1. 汽车空调的功能

汽车空调(A/C：Air Conditioning system)，即汽车室内空气调节装置的简称。它用以调节车内的温度、湿度、气流速度、空气洁净度等，从而为驾乘人员提供清新舒适的车内环境。现代汽车空调的功能如表 1-2 所示。

表 1-2   汽车空调功能

序号	功 能	说 明
1	调节车内的温度	在冬季利用其采暖装置升高车室内的温度。轿车和中小型汽车一般以发动机冷却循环水作为暖气的热源，而大型客车则采用独立式加热器作为暖气的热源。在夏季，车内降温则由制冷装置完成。
2	调节车内的湿度	通过制冷装置冷却、去除空气中的水分，再由取暖装置升温以降低空气的相对湿度。轿车通过打开车窗或通风设施，靠车外新风来调节。
3	调节车内的空气流速	空气的流速和方向对人体舒适性影响很大。夏季，气流速度稍大，有利于人体散热降温；但过大的风速直接吹到人体上，也会使人感到不舒服。舒适的气流速度一般为 0.25 m/s 左右。冬季，风速大了会影响人体保温，因而冬季采暖时气流速度应尽量小一些，一般为 0.2 m/s。根据人体生理特点，头部对冷比较敏感，脚部对热比较敏感，因此，在布置空调出风口时，应采取上冷下暖的方式，即让冷风吹到乘员头部，暖风吹到乘员脚部。
4	过滤、净化车内的空气	由于车内空间小，乘员密度大，车内极易出现缺氧和二氧化碳浓度过高的情况；汽车发动机废气中的一氧化碳和道路上的粉尘、野外有毒的花粉都容易进入车内，造成车内空气污浊，影响乘员的身体健康，因此必须要求汽车空调具有补充车外新鲜空气、过滤和净化车内空气的功能。一般汽车空调装置上都设有进风门、排风门、空气过滤装置和空气净化装置。

2. 汽车空调的结构组成

汽车空调一般主要由压缩机(Compressor)、电控离合器、冷凝器(Condenser)、蒸发器(Evaporator)、膨胀阀(Expansion Valve)、储液干燥器(Receiver Drier)、管道(Hoses)、冷凝风扇、真空电磁阀(Vacuum Solenoid)、怠速器和控制系统等组成。汽车空调分高压管路和低压管路。高压侧包括压缩机输出侧、高压管路、冷凝器、贮液干燥器和液体管路；低压侧包括蒸发器、积累器、回气管路、压缩机输入侧和压缩机机油池。各系统的结构与作用如表 1-3 所示。

表 1-3　汽车空调结构组成

系统组成	结构组成与作用	示 意 图
制冷系统总成	组成：压缩机、冷凝器、储液干燥器、膨胀阀、蒸发器。作用：使制冷剂循环，产生制冷效果。	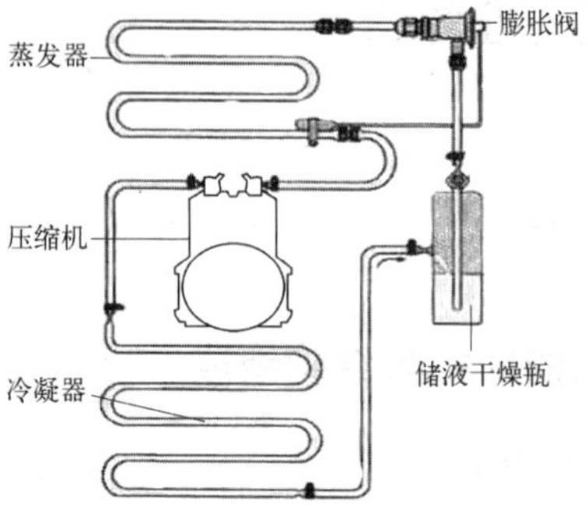 蒸发器　膨胀阀　压缩机　冷凝器　储液干燥瓶
配气系统总成	组成：鼓风机、通风装置、调温装置、空气分配装置。作用：控制循环方式、调节温度和湿度、进行空气送风模式分配。	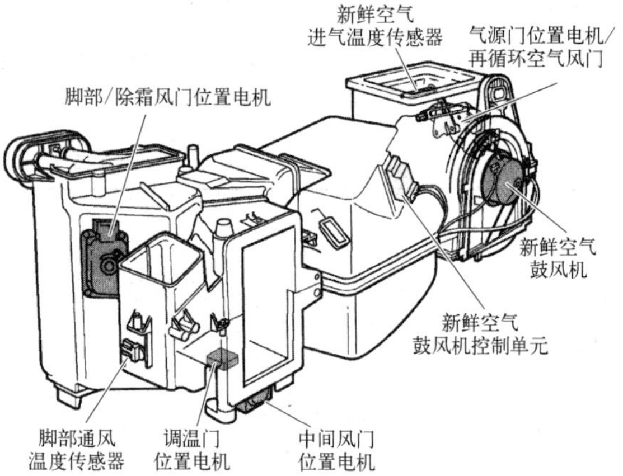 新鲜空气进气温度传感器　气源门位置电机/再循环空气风门　脚部/除霜风门位置电机　新鲜空气鼓风机　新鲜空气鼓风机控制单元　脚部通风温度传感器　调温门位置电机　中间风门位置电机
取暖系统总成	组成：加热芯、调温装置、鼓风机、热水阀等。作用：调节车内的温度及除霜。	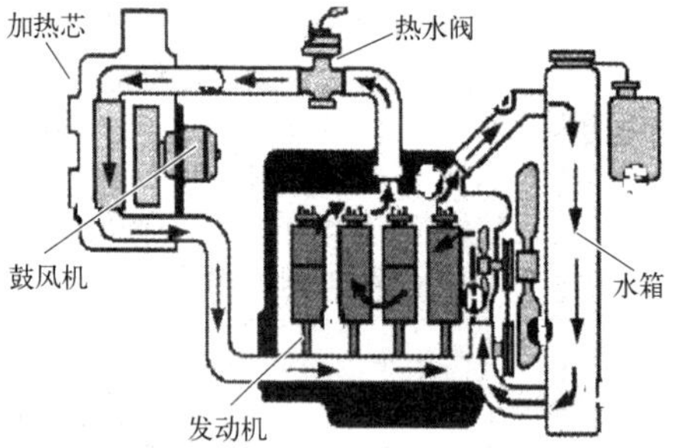 加热芯　热水阀　鼓风机　水箱　发动机
电气控制系统	组成：压缩机控制电路、鼓风机控制电路、冷凝风扇控制电路等。作用：对空调系统中的电气元件进行控制。	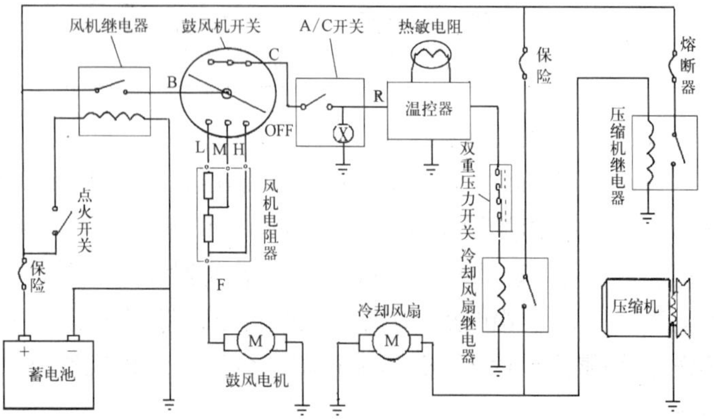 风机继电器　鼓风机开关　A/C开关　热敏电阻　保险　熔断器　温控器　压缩机继电器　双重压力开关　风机电阻器　冷却风扇继电器　点火开关　保险　冷却风扇　压缩机　蓄电池　鼓风电机

<<< -

3. 汽车空调的结构类型

现代汽车空调主要有手动空调和自动空调,其控制面板如表1-4所示。

表1-4 汽车空调控制面板

类型	示意图	操作键的使用功能
手动空调面板		(1)鼓风机开关:控制鼓风机转速。 (2)气流模式选择拨盘(旋钮式)/空调暖风模式拨杆(拨杆式):控制出风口的模式。 (3)温度控制键:调节车内空气的温度。
自动空调控制面板		自动空调的控制面板,但不同车型的自动空调控制面板有所不同,操作也比较复杂。

二、汽车空调的日常维护

1. 汽车空调维护保养的注意事项

为了确保汽车空调能良好运行,发挥它应有的作用,除在使用过程中,按规范操作外,对汽车空调保养及日常维护是非常重要的。通过日常维护保养可以发现故障隐患,如零件磨损电器线路接头松脱管路接头松动制冷剂泄漏和异常响声等,及时作出处理以保证空调系统正常工作运行所谓汽车空调的保养,即是通过汽车空调系统定期检查和调整,以维护其最佳工作状态性能。

(1)汽车必须使用专用制冷剂,以及专用冷冻机油。

(2)空调系统必须使用清洁的、干燥的制冷剂和冷冻机油,系统中有空气,水分及污物都可能对系统的温度和压力产生不良的影响。降低制冷效果,导致系统部件损坏,管路阻塞等。

(3)维修时,打开管路的"O"形圈必须更换,并在装配前涂上冷冻机油。

(4)冷冻机油必须使用汽车专用冷冻机油。

(5)打开管路进行检修后必须更换储液罐。

2. 空调系统的保养与维护

轿车配备空调系统后,无论它是否工作,都可能发生故障。为了保证轿车空调系统的使用可靠性和安全性,减少故障,提高使用寿命,驾驶员需加强日常和定期的保养与维护。

1)日常保养与维护

(1)经常观察视液镜判断制冷剂量,在制冷系统工作时,如果视液镜出现大量的气泡,说明制冷剂量不足或系统内渗入空气。

(2)经常检查空调压缩机皮带的安装支架,不得有松动现象;皮带的松紧度要适宜,张紧度应符合规定的要求。

(3)在不使用空调的季节,不要将空调压缩机的皮带卸下,但可以稍微松弛一些;最好每隔一段时间让空调系统工作5～10 min。这样可使制冷剂流通,以防止由于压缩机轴间隙干燥,而引起制冷剂泄露,同时也利于其他运动部件,不至于生锈。

(4)要经常保持冷凝器、蒸发器表面清洁。灰尘黏结在冷凝器或蒸发器的内部,会使冷凝器、蒸发器不能进行正常的热交换,影响空调系统的正常工作。必须经常检查和吹除,对于表面的灰尘可用钢丝刷清除,对于肋片深处的灰尘可用压缩空气吹除。

(5)要经常检查制冷剂有无泄露。观察管路接头有无松动、冷凝器表面有无油渍、制冷系统的橡胶软管是否老化磨损。

(6)在使用空调系统时,压缩机、鼓风机等出现不正常的声响,应停止使用,查明故障原因。

(7)检查各连接导线、插头是否有损坏和松动现象。

2)定期保养与维护

作为轿车上一个很重要的系统.除了驾驶员进行一些日常维护和检查工作外,在轿车空调系统的使用中,还应由轿车空调专业维修人员对空调系统各总成部件进行定期维护与调整检查,这样才能更好地保证空调系统的使用寿命和工作的可靠性。定期维护的主要内容如下:

(1)压缩机的检查与保养。一般是每三年进行一次,主要检查进、排气压力是否符合规定要求,各紧固件是否有松动、漏气现象。拆开后主要检查进、排气阀片是否有破损和变形现象,如果有应修整或更换进排气阀总成。

(2)冷凝器及冷却风扇检查与保养。每年进行一次,主要是彻底清理冷凝器表面上的杂质、灰尘,用扁嘴钳扶正和修复冷凝器的散热片,并用检漏仪检查制冷剂是否泄露。如果防锈涂料脱落,应重新喷涂,以防止锈蚀穿孔而泄露,检查冷却风扇运转是否正常,检查风扇电机的电刷是否磨损过甚。

(3)蒸发器的检查与保养。每年用检漏仪进行一次检查。

(4)电磁离合器的检查与维护。一般是1～2年应检修一次,主要检查其动作是否正常,是否有打滑,离合器轴承是否损坏。

(5)节流阀的检查与维护。主要检查节流阀是否损坏堵塞,如果发生堵塞或不正常应更换。

(6)制冷管路的检查与维护。管接头每年检查一次,并用检漏仪检查其密封情况。检查分配管损坏与其他部件相碰查软管损坏老化、裂纹现象。

(7)驱动机构的检查与维护。V形皮带,每使用100 h检查一次。

（8）冷冻油的更换。V形皮带张紧度和磨损情况，一般每两年检查或更换，对于管路有较大泄露时，应检查或补充冷冻油。

（9）安全装置的检查与更换。高压开关、低压开关、水温开关等关系到空调系统安全、可靠地工作的安全部件检查一次，每五年更换一次。

议一议

三、制订汽车空调日常维护计划

在"表1-5 汽车空调日常维护计划"的指引下，查阅车辆空调类型信息描述、空调安全使用、空调功能、空调结构组成等，制订汽车空调计划。

表 1-5　汽车空调日常维护计划

车辆空调信息	车 辆 信 息	
	空 调 信 息	
车辆空调安全使用规范		在使用汽车空调之前，认真阅读如下注意事项： （1）不得在密封场所或近明火处搬运制冷剂。 （2）必须戴防护镜。 （3）小心不要让液态制冷剂接触到眼睛或皮肤，如果液态制冷剂接触到眼睛或皮肤： ①用大量冷水清洗该部位，不要揉擦眼睛或皮肤。 ②将干净的凡士林涂抹到皮肤上。 ③立即就医或到医院接受专业治疗。 （4）不要加热容器或将其暴露于明火附近。 （5）小心不要使容器坠落或受撞击。 （6）如果制冷系统中没有足够的制冷剂，不要让压缩机工作。如果空调系统中制冷剂不足，则机油润滑不充分，并可能损坏压缩机。所以要小心避免这种情况。 （7）压缩机工作时不要打开高压歧管阀，只打开和关闭低压阀。 如果打开高压阀，则制冷剂反向流动，会引起填充缸破裂。 （8）小心不要给系统内加入过多的制冷剂。如果制冷剂过多，可能会引起制冷不足、燃油经济性差、发动机过热等问题。 （9）不要在没有制冷剂时运行发动机和压缩机。 因为不管空调系统是打开或者关闭，压缩机零件都会移动，这样就可能损坏压缩机内部。

车辆空调功能	1. 卡罗拉汽车手动空调面板  功能：_____ 2. 卡罗拉汽车自动空调面板  功能：_____		
车辆空调结构描述（打开发动机盖，观察各部件的安装情况，在图上标注部件名称）			
汽车空调维护计划	检查与维护项目	技　术　标　准	
	压缩机	压缩机皮带张力：376 N±50 N（约 38 kgf±5 kgf）、无泄漏	
	冷凝器	清洁、无泄漏	
	蒸发器	清洁、无泄漏	
	储液罐	工作正常	
	系统接头	无堵塞、无泄漏	
	节流装置	无堵塞、无泄漏	
	其他	冷冻机油质量良好 制冷剂质量正常 管路的"O"形圈良好	

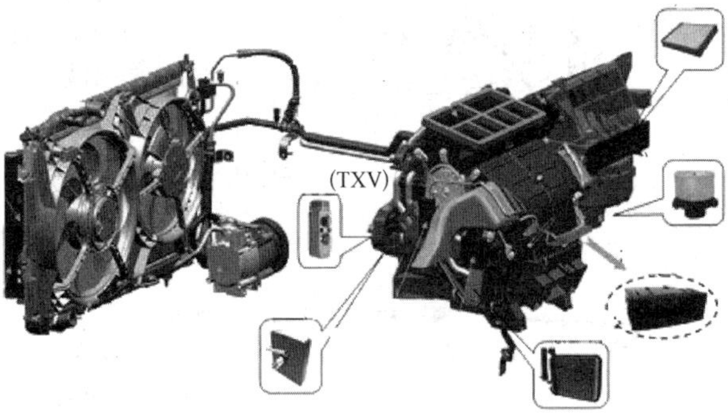

D. 任务实施

做一做

在"表1-5汽车空调日常维护计划"的指引下,按"表1-6汽车空调日常维护作业"实施维修作业。

表1-6　汽车空调日常维护作业

车辆信息	车 辆 信 息		
	车辆空调信息		
	维护项目	作 业 要 领	日常维护记录
汽车空调日常维护	压缩机	(1) 在停用制冷系统后,每两周起动压缩机工作5分钟。 (2) 检查压缩机皮带张力;张力:376 N±50 N(约38 kg±5 kg)。 (3) 检查加注冷冻机油量,是否有泄漏。	(1) 皮带张力:_____ (2) 冷冻机油量(□是　□否)正常 (3) 冷冻机油量(□是　□否)泄漏
	冷凝器	(1) 检查冷凝器运行是否正常。 (2) 是否清洁冷凝器通道。 清洗时需注意: 请勿使用高压水枪,否则容易损坏散热翅片,降低散热效果。 除了清洁冷凝器表面,还需清理冷凝器和散热器之间的缝隙,如果这里堵塞严重,往往造成发动机水温过高,同时影响制冷效果。	(1) 冷凝器运行: □正常　　　□不正常 (2) 清洁冷凝器通道: □清洁　　　□未清洁
	蒸发器	(1) 检查蒸发器是否保持通风口清洁、排水道畅通、鼓风机运转正常等。 (2) 汽车在最大制冷时,注意检查是否有发动机热水通过暖水阀漏进来,以免影响制冷效果。	(1) 检查蒸发器通风口清洁: □正常　　　□不正常 (2) 排水道畅通: □正常　　　□不正常 (3) 鼓风机运转: □正常　　　□不正常
	储液罐	(1) 检查储液罐使用是否超过两年。 (2) 如拆开管路后是否更换新的储液罐。	(1) 检查储液罐使用时间: □少于2年　□多于2年 (2) 如拆开管路后是否更换新的储液罐: □更换了　　□未更换
	系统接头	(1) 各管路接头是否有油污。 (2) 各管路接头是否有泄漏。	各管路接头: □有油污　　　□无油污 □有泄漏　　　□无泄漏
	节流装置	(1) 膨胀阀是否堵塞。 (2) 清洗管路时是否更换膨胀阀。	(1) 膨胀阀(□是　□否)堵塞 (2) 清洗管路后(□是　□否)更换膨胀阀

续　表

汽车空调日常维护	维护项目	作业要领	日常维护记录
	其　他	(1) 冷冻机油质量。 (2) 制冷剂质量。 (3) 管路的"O"形圈。	(1) 冻机油质量： □正常　　□不正常 (2) 制冷剂质量： □正常　　□不正常 (3) 管路的"O"形圈： □正常　　□不正常

E.　任务检验

按表1-7汽车空调日常维护检验与评估进行自评。

表1-7　汽车空调日常维护检验与评估

检验与评价内容	检 验 指 标	课程权重	自评	互评	点评
维修质量检验	(1) 皮带张力：376 N±50 N(约 38 kgf±5 kgf)。 (2) 冷冻机油量：正常。 (3) 冷冻机油量：无泄漏。 (4) 冷凝器运行：正常。 (5) 清洁冷凝器通道：清洁。 (6) 检查蒸发器通风口：清洁。 (7) 排水道畅通：畅通。 (8) 鼓风机运转：正常。 (9) 检查储液罐使用时间：　　年。 (10) 如拆开管路后要更换新的储液罐。 (11) 各管路接头应无油污、无泄漏。 (12) 膨胀阀无堵塞。 (13) 清洗管路后要更换膨胀阀。 (14) 冻机油质量：正常。 (15) 制冷剂质量：正常。 (16) 管路的"O"形圈：正常。	20%			
检查任务完成情况	(1) 完成任务过程情况。 (2) 任务完成质量。 (3) 在小组完成任务过程中所起作用。	50%			
专业知识	(1) 能描述汽车空调的组成。 (2) 能描述汽车空调的应用情况。 (3) 能描述汽车空调的功能。 (4) 会描述汽车空调维护作业范围。 (5) 会描述汽车空调维护作业安全事项。	20%			
职业素养	(1) 学习态度：积极主动参与学习。 (2) 团队合作：与小组成员一起分工合作,不影响学习进度。 (3) 现场管理：服从工位安排、执行实训室"5S"管理规定。	10%			
综合评议与建议		评分			

F. 任务拓展

想一想

1. 汽车手动空调的操作与自动空调的操作是否相同?
2. 汽车空调维护作业有哪些,规范如何?
3. 查阅相关资料,了解汽车空调的发展情况。
4. 收集车辆空调的结构形式,了解其特点。

汽车空调制冷不良故障检修

情境描述	汽车维修车间接到一辆汽车(手动空调)一年多没使用过空调,开空调无冷气,进入维修厂进行维修。维修顾问通过咨询、试车,确认故障,并填写《交车检查表》或《接车问诊表》,将车辆一起送至维修车间交给机电组进行维修。
情境目标	(1) 能描述汽车空调制冷系统的结构及工作原理,分析汽车空调不制冷的原因,会制订《汽车空调不制冷故障诊断与排除维修计划》。 　　(2) 会对空调实施外部检查。 　　(3) 会选择合适的方法检查制冷系统泄漏。 　　(4) 会使用歧管压力表检测制冷系统压力。 　　(5) 会根据制冷系统的压力判断空调不制冷的故障原因。 　　(6) 会选择合适的制冷剂和冷冻机油。 　　(7) 会使用歧管压力表回收制冷剂、抽真空、加注冷冻机油和制冷剂。 　　(8) 会使用空调回收机加收制冷却剂、抽真空、加注冷冻机油和制冷剂。 　　(9) 会检测冷凝器、蒸发器、储液干燥器、节流膨胀装置、压缩机及连接管路。 　　(10) 会诊断与排除空调鼓风机不转故障。 　　(11) 会诊断与排除压缩机离合器吸合故障。 　　(12) 会诊断与排除冷凝器风扇不转故障。 　　(13) 会检验汽车空调不制冷故障维修质量。
任务分解	(1) 收集汽车空调制冷系统的结构及工作原理等信息。 　　(2) 小组讨论分析汽车空调不制冷的原因,制订《汽车空调制冷不良故障维修计划》。 　　(3) 小组实施维修作业:空调实施外部检查、制冷系统检漏、检测制冷系统压力、回收制冷剂、抽真空、加注冷冻机油和制冷剂、检测冷凝器、蒸发器、储液干燥器、节流膨胀装置、压缩机及连接管路的技术状况、检测空调鼓风机电路故障、检测压缩机离合器电故障、检测冷凝器风扇电路故障。 　　(4) 小组实施汽车维修质量检验。 　　(5) 小组进行总结,并进行学习成果展示。

续 表

资源配置	(1) 设备：空调压力表(进气歧管压力表)、检漏仪(电子、荧光)、空气压缩机与空气枪、真空泵、故障诊断仪、万用表等。 (2) 工具：常用拆装工具(套筒、螺丝刀等)、试灯。 (3) 原材料：制冷剂、冷冻机油。 (4) 技术资料：《车辆维修手册》、空调压力表和检漏仪使用说明书等。
实施流程	(1) 汽车空调外部检查。 (2) 汽车空调制冷系统元件及管路检修。 (3) 汽车空调制冷系统检漏。 (4) 汽车空调制冷系统压力测试。 (5) 汽车空调制冷剂的回收与加注。 (6) 汽车空调鼓风机电机电路检修。 (7) 汽车空调压缩机电磁离合器电路检修。 (8) 汽车空调冷凝器风扇电路检修。

学习任务 2.1　汽车空调外部检查

A. 任务描述

汽车维修车间接到一辆汽车(手动空调)一年多没使用过空调,开空调无冷气,进入维修厂进行维修。维修顾问通过咨询、试车,确认故障,并填写《交车检查表》或《接车问诊表》,将车辆一起送至维修车间交给机电组进行维修。车间维修班长或组长根据《接车问诊表》,组织小组成员实施维修作业。接车问诊表如表2-1所示。

表2-1　接 车 问 诊 表

车牌号:＿＿＿＿＿	车架号:＿＿＿＿＿	行驶里程:＿＿＿＿＿(km)
用户名:＿＿＿＿＿	电 话:＿＿＿＿＿	来店时间:＿＿/＿＿

用户陈述及故障发生时的状况:一辆2006款一汽丰田卡罗拉汽车一年多没使用过空调,发现无冷气,进入维修厂报修。

故障发生状况提示:行驶速度、发动机状态、发生频度、发生时间、部位、天气、路面状况、声音描述

接车员检测确认建议:空调制冷不良故障

车间检测确认结果及主要故障零部件:
(1) 汽车空调外部检查,诊断故障范围。
(2) 测试空调制冷系统压力,并进行检漏。
(3) 根据制冷系统压力测试,必要时回收与加注制冷剂。
(4) 检查制冷系统各管路和部件,必要时更换。
(5) 全面检测空调电气控制系统元器件,必要时更换。

车间检查确认者:＿＿×××××＿＿

续　表

外观确认：

（请在有缺陷部位作标识）

功能确认：（工作正常√　不正常×）
☐音响系统　　☐门锁（防盗器）　☐全车灯光　　☐工具
☐后视镜　　　☐天窗　　　　　　☐座椅　　　　☐点烟器
☐玻璃升降器　☐玻璃

物品确认：（有√　无×）

☐贵重物品提示
☐工具　☐备胎　☐灭火器
☐其他（　　　　　　　）
旧件是否交还用户　☐是　☐否
用户是否需要洗车　☐是　☐否

- 检测费说明：本次检测的故障如用户在本店维修，检测费包含在修理费用内；如用户不在本店维修，请您支付检测费。
  本次检测费：¥_____元。
- 贵重物品：在将车辆交给我店检查修理前，已提示将车内贵重物品自行收起并保存好，如有遗失恕不负责。

　　　　　　　　　　接车员：_____　　用户确认：_____

B. 任务目标

1. 理解汽车空调制冷系统的结构及工作原理，会制定汽车空调的外部检查计划。
2. 领会汽车空调外部检查的规范，并实施检修作业。

C. 任务准备

 读一读

一、制冷基础

1. 热

热是物体内部分子不规则运动放出的一种能。加热可以使物体的分子活动或运动增加。热从温度高的区域流至温度较低的区域，它可以通过传导、对流、辐射或三种方式的任

意组合传递,具体如表2-2所示。

表2-2　传 热 方 式

传热方式	原　　理	在汽车空调中的运用
热的传导	热在物质内的直接传递称为热传导,热传导是固体热传递的主要方式,一般金属都是热的良导体。	如:加热芯、蒸发器、冷凝器的热传递。
对　流	流体中较热部分和较冷部分之间通过流体循环流动使温度趋于均匀的过程是对流过程。	如:冬天开暖气时,风从下风口送出,但通过车内空气的对流,很快就能使车内温度均匀。
热的辐射	物体因自身的温度不断以电磁波的形式发射能量传递热的现象称为热辐射。	如:加热芯、蒸发器、冷凝器的传热方式。

2. 物态和物态变化

　　物态指物质的存在状态。物质有三种存在的状态:固态、液态和气态。物质会随着本身热量的变化,物质形态也会发生变化,如图2-1所示。

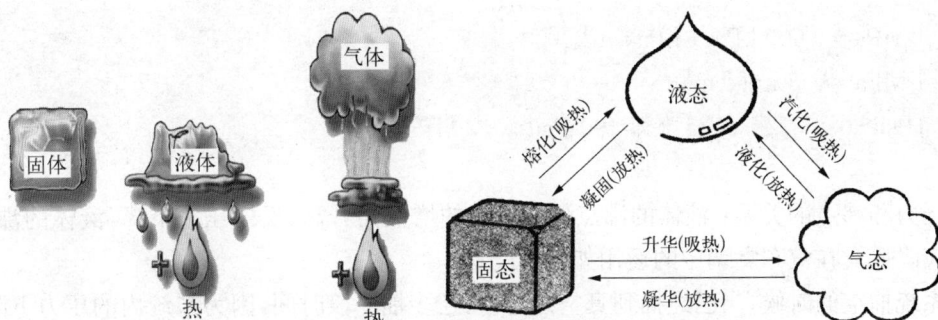

图2-1　物态变化

　　例如:水的物态变化,当水受热至一定的温度会变成水蒸气,同样当水放热至一定的温度会变成冰,如图2-2所示。

　　在汽车空调中的运用:空调制冷剂在制冷系统中的循环过程,其实也是一种气态和液态的变化过程。首先低温低压的制冷剂气体经过压缩机压缩变成高温高压的气态,经过冷凝器散热变成液态,再经过膨胀阀节流降压,变成气态。

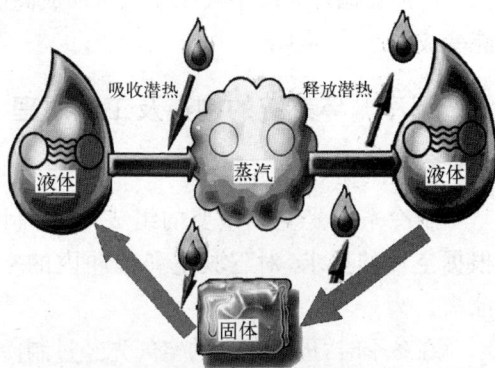

图2-2　物态变化

3. 温度

　　物体的冷热程度叫温度。温度越高,物体就越热。温标是温度的数字表示方法,温标的标定方法有多种,常见的温标主要有三种,如表2-3所示。

表 2-3　温标的标定方法

温　标	表　示　方　法	单　位	三种温标之间的关系
摄氏温标	用符号 T_c 表示	℃	摄氏度＝5/9(华氏－32)
华氏温标	用符号 T_f 表示	F	华氏度＝9/5(摄氏度＋32)
绝对温标	用符号 T 表示	K	绝对温度＝摄氏度＋273.5

4. 压力或压强

物体单位面积上受到的压力称为压强,压强用 $P(P=F/S)$ 表示。固体、液体或气体作用在物体单位面积上的压力都能产生压强。在物体的表面上会受到大气重量所产生的压力,在单位面积上所受到的大气压力,叫做大气压。

压强通常用每平方米受到的作用力表示,1 平方米面积上的作用力是 1 牛顿,则 1 平方米面积上的压强称为 1 帕斯卡(Pa)。在压强单位中常有,英、美等国用的英制单位:磅/平方英寸(b/In²),国际制单位:牛/平方米(N/m²),也叫作帕斯卡(Pa),或是千克/平方厘米(kg/cm²)。

各种单位之间的转换关系如下:

$1\ \text{MPa}=1\ 000\ \text{kPa},1\ \text{kPa}=1\ 000\ \text{Pa}$

$1\ \text{MPa}=9.8\ \text{kgf/cm}^2$

$1\text{Psi}\approx0.07\ \text{kgf/cm}^2$　（即 $100\ \text{Psi}\approx0.7\ \text{MPa}$）

压力和沸点的关系:液体的沸点随着压力的增大而升高,反之压力下降,液体的沸点也会相应降低。在汽车空调中的运用如下:

系统抽空的时候,当已经抽到真空的时候,还多抽一段时间,因为系统内的压力下降,系统内的水分的沸点下降,水分容易蒸发而被抽出来。

冷剂在循环系统中被压缩机压缩成高温高压的气体,在冷凝器中冷却到 40～50℃时就能变成液态。

二、制冷循环系统的构造及工作原理

1. 制冷系统的作用

制冷系统是空调重要的组成部分,制冷剂在封闭的系统中循环流动。在夏季时,能根据空调的要求,对驾驶室和车厢内的空气进行冷却,能降低车内的温度,让乘客感到凉爽。

在冬季时,进入车内的空气先经过制冷装置冷却降温除去空气中的水分,降低空气的相对湿度(即除湿作用),如图 2-3 所示。

2. 空调制冷系统的组成

制冷系统由压缩机、冷凝器、储液干燥器、膨胀节流装置、蒸发器、导管与软管、压力开关等构成,如表 2-4 所示。

驾驶员面部出风口　前风窗玻璃除霜除雾出风口

前车门玻璃
除霜除雾
出风口

乘员面部
出风口

足部
出风口

后座出风口　空调的控制面板

图 2-3　汽车空调调节车内空气的原理

表 2-4　空调制冷系统

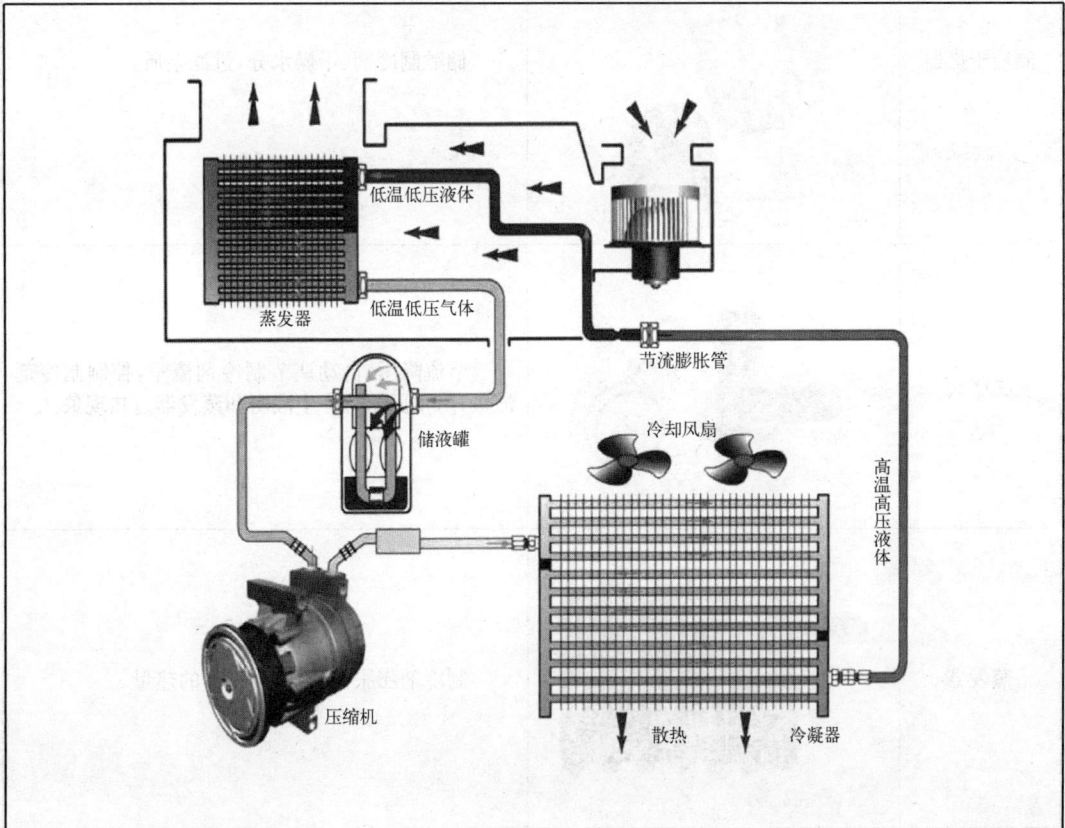

低温低压液体

低温低压气体

蒸发器

节流膨胀管

储液罐

冷却风扇

高温高压液体

压缩机

散热　冷凝器

续　表

元件名称	图　　示	说　　明
压缩机		压缩制冷剂、使制冷剂在系统中循环。
冷凝器	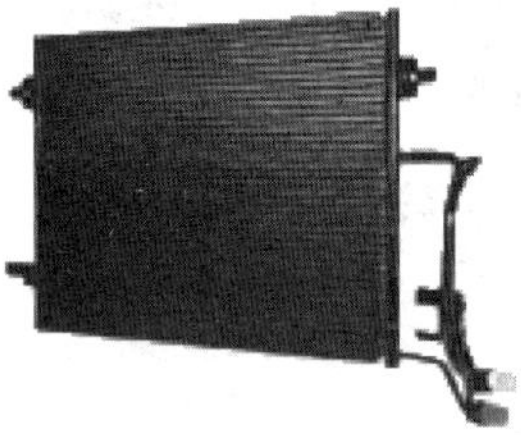	给从压缩机来的高温高压的气态制冷剂散热降温,使其变成液态制冷剂。
储液干燥器		储贮制冷剂、干燥水分,过滤杂质。
膨胀阀	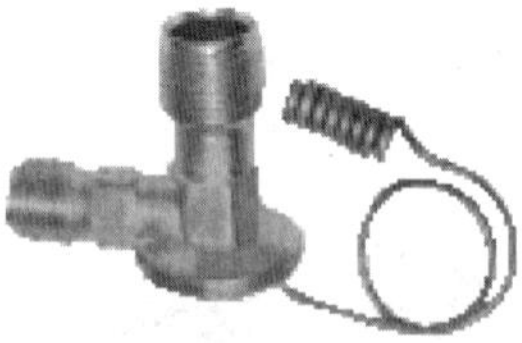	节流降压,自动调节制冷剂流量,控制制冷剂流量,防止压缩机产生液击和蒸发器过热现象。
蒸发器		制冷剂膨胀,并吸收空气中的热量。

续　表

元件名称	图　　示	说　　明
导管与软管		各部件由下列三种管路连成空调系统：① 高压软管，用于连接压缩机和冷凝器；② 液体管路，用于连接冷凝器和蒸发器；③ 回气管路，用于连接蒸发器和压缩机。
压力开关		在系统压力过高、过低时停止压缩机工作，保护制冷系统受损。

3. 制冷原理

液体气化需要吸收热量，而气体液化时则会放出热量，减小或加大压力也可以使气体液化。根据这一原理，汽车的制冷装置的工作可以分为以下两个过程：过程一，降低压力，使制冷剂从液态变为气态，同时吸收车厢内的热量，即膨胀与蒸发的过程；过程二，将气态的制冷剂加压并冷凝变化为液态，使之向车厢外放出热量，即气态制冷剂还原为液态的过程，如图 2-4 所示。

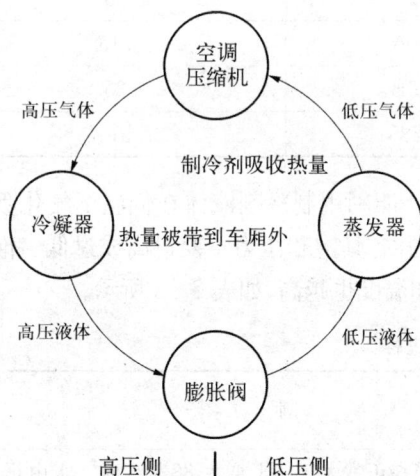

图 2-4　制冷系统的工作过程

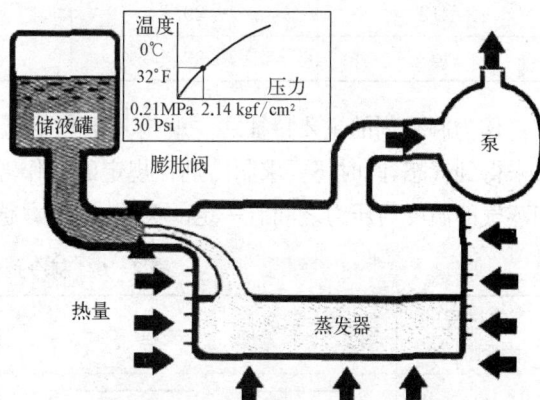

图 2-5　制冷剂膨胀与蒸发的过程

膨胀与蒸发过程：高温高压的液态制冷剂存储在储液罐中，然后这种液态制冷剂通过膨胀阀特殊作用的小孔流至蒸发器，此时，制冷剂的温度和压力均下降，部分液态的制冷剂转化为蒸气。低温低压的制冷剂流入蒸发器后，进行蒸发，并吸收周围的热量，如图 2-5 所示。

气态制冷剂还原为液态的过程：如果液态制冷剂用尽，制冷装置便不能起到制冷的作用，这就需要不断地向储液罐中补充打新的液态制冷剂。而空调系统使从蒸发器蒸发的气态制冷

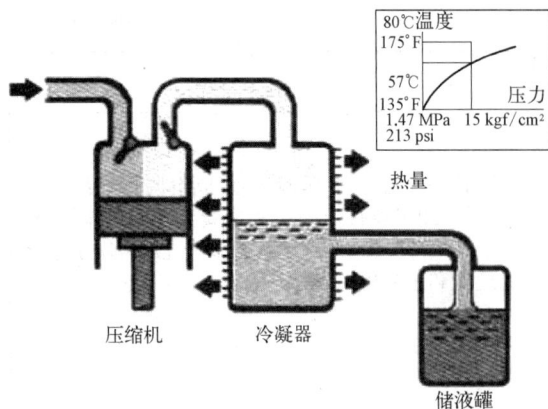

图 2-6 制冷剂冷凝为液态的过程

剂重新变为液体,从而实现制冷剂的循环,如图 2-6 所示。

在空调系统中,通过先升高压力再降低温度的方法制冷剂液化。压缩机的作用是压缩从蒸发器出来的气态制,经过压缩的气态制冷剂在冷凝器中将热量释放至周围的空气中,本身则冷凝回液态,这些液态制冷剂随后返回储液罐。

饱和温度和饱和压力:如果制冷剂加热,则其中的一部分液体就会变成蒸气;反之,如果从制冷剂取出热量,则其中的一部分蒸气又会变成液体(温度不改变)。在这种制冷剂液体和蒸气处于共存的状态时,液体和蒸气是可以被相互转换。处于这种状态的制冷剂蒸气叫饱和蒸气,处于这种状态的制冷剂液体叫饱和液体。气化过程中,由饱和液体与蒸气组成的混合物称为湿蒸气。饱和蒸气的温度叫做饱和温度,饱和蒸气的压力叫做饱和压力。

通常所说的沸点都是指液体在标准大气压下的饱和温度。对于不同的液体,在同一压力下,它的饱和温度也是不同的,如表 2-5 所示。

表 2-5 几种液体在一个标准大气压下的正常沸点

液体名称	沸点/℃	液休名称	沸点/℃
水	100	R22	−40.8
酒精	78	R134A	−26.15
R12	−29.8	R142B	−9.25
氨	−33.4	R123	27.61

作为制冷剂的主要特征之一就是其沸点要低,这样才能利用制冷剂液体在低温下气化吸热来得到气态,同时还要求制冷剂在规定的工作温度范围内,其饱和压力不要过高或过低。饱和蒸气的温度与压力之间有一定的关系,即压力越高饱和温度也越高,如表 2-6 所示。

表 2-6 制冷剂的气化过程

气化过程的影响因素	原 理	例 子
沸点和压力有这样的关系	压力增大 → 饱和温度升高 压力减小 → 饱和温度降低	当在正常大气压上增大 88 kPa 时。水由正常大气压下的 100 度沸腾变为到 118℃才会沸腾;当在低于正常大气压 39.2 kPa 时,水在 84℃时就会沸腾。
气态冷凝至液态的变化原理	当气体受到压缩时,温度和压力均会升高。	当气态制冷剂受到压力从 0.21 MPa 升高至 1.47 MPa 时,温度便从 0℃升至 80℃,制冷剂在 1.47 MPa 下的沸点为 57℃。

结论:受到压缩的气态制冷剂的温度 80℃高于其沸点 57℃及周围空气温度,所以通过

冷凝器释放其热量,使其温度降至沸点以下,便可使气态制冷剂转化成液态制冷剂。

4. 汽车空调制冷循环系统工作原理

如图 2-7 所示,压缩机运转时,将蒸发器内产生的低压低温蒸气吸入汽缸,经过压缩后,使蒸气的压力和温度增高(约 80℃,150 kPa)后排入冷凝器。

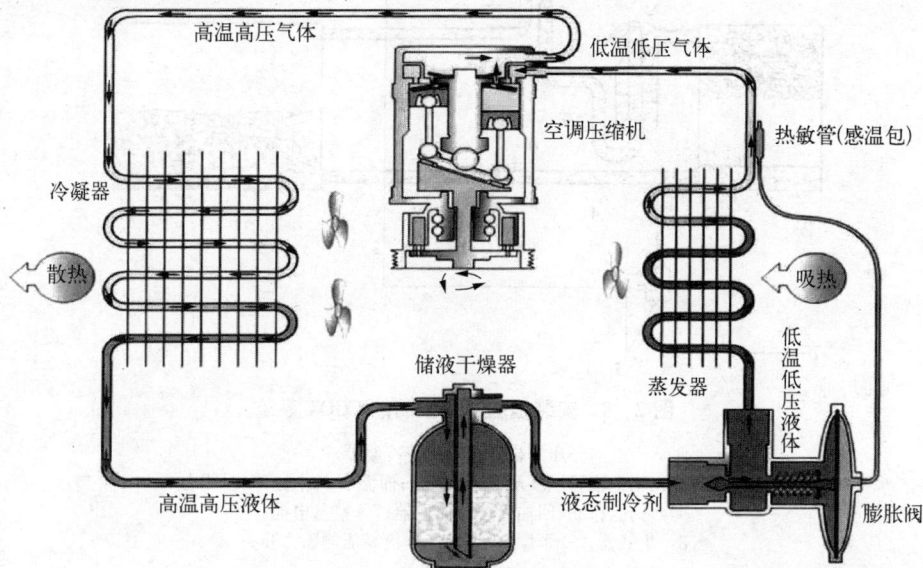

图 2-7　制冷系统的工作原理

在冷凝器中高温高压的制冷剂蒸气与外面的空气进行热交换,放出热量使制冷剂冷凝成高压液体(约 60℃,150 kPa),然后流入干燥贮液器,并过滤流出。

经过膨胀阀的节流作用,制冷剂以低压的气液混合状态进入蒸发器。在蒸发器里,低压制冷剂液体沸腾汽化,吸取车厢内空气的热量,然后又进入压缩机进行下一轮循环。

这样,制冲剂便在封闭的系统内经过压缩、冷凝、节流和蒸发四个过程,完成了一个制冷循环。

在制冷系统中,压缩机起着压缩和输送制冷剂蒸气的作用,它是整个系统的心脏。膨胀阀对起节流降压作用,同时调节进入蒸发器制冷剂液体的流量,它是系统高低压的分界线。蒸发器是输出冷气的设备,制冷剂在其中吸收被冷却空气的热量实现降温。冷凝器是放出热量的设备。从蒸发若中吸收的热量连同压缩机消耗功能所转化的热量一起从冷凝器让冷却空气带走。压缩机所消耗的功起到了补偿作用,只有消耗了外界的功,制冷剂才能把从车内较低温度的空气中吸取的热量不断地传递到车外较高温度的空气中去,从而达到制冷的目的。

5. 汽车空调制冷系统的类型

汽车空调系统基本可分循环离合器系统和蒸发器压力控制系统两类。前者压缩机的开、停由压力或温度开关控制;后者是压缩机连续运转。

循环离合孔管系统(CCOT):该系统常用恒温开关控制,如图 2-8 所示。蒸发器温度上升,恒温开关触点闭合,从而接通压缩机电磁离合器至蓄电池电路,压缩机运转,开始制冷。当蒸发器温度下降到一定水平时,恒温开关触点断开,截断离合器电路,压缩机停转,停止制冷,如此往复循环。

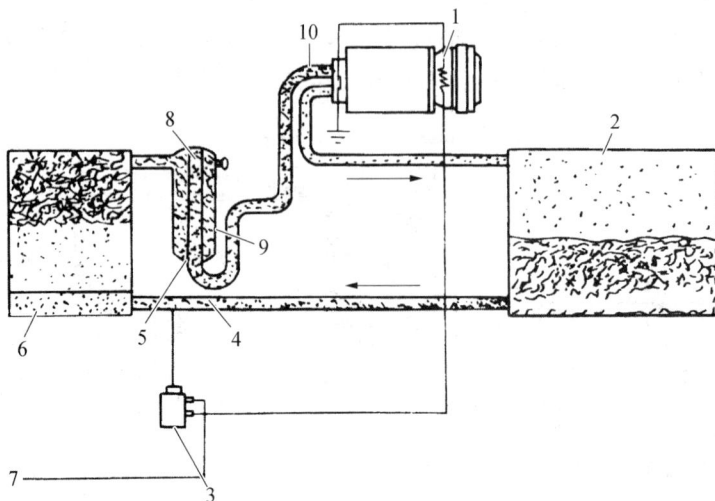

图 2-8　安装恒温开关控制的 CCOT 系统

1—压缩机离合器;2—冷凝器;
3—恒温开关(当毛细管温度至 0℃时断开;而温度上升至 7℃时闭合);
4—孔管;5—回油管;6—蒸发器;7—接蓄电池;
8—集液器;9—干燥剂;10—压缩机高压侧压力开关

CCOT 系统也可以用压力开关控制。压力开关安装在集液器上,如图 2-9 所示,利用上述开关控制压缩机的开、停,以达到控制制冷系统工作的目的。压力开关内有一膜片,和触点相连,作用于膜片上的压力低到一定值时,触点断开,至离合器的电路被切断,压缩机停转。作用到膜片上的压力高到一定水平时,触点闭合,接通蓄电池至离合器的电路,压缩机运行。

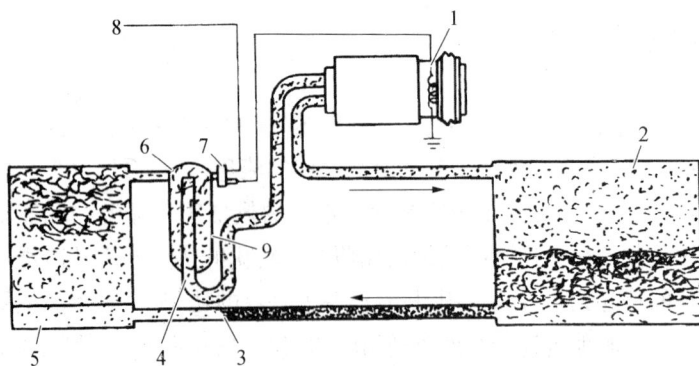

图 2-9　用压力开关控制的 CCOT 系统

1—压缩机离合器;2—冷凝器;3—孔管;4—回油孔;5—蒸发器;
6—集液器;7—压力开关;8—接蓄电池;9—干燥剂

循环离合器膨胀阀系统的膨胀阀只能控制过热,不能保证蒸发器不结冰。因此,要装用恒温开关,将其安装在蒸发器上或风箱内,用以控制压缩机的起动和停止,如图 2-10 所示。北京切诺基空调就是上述系统,但选用的是 H 形膨胀阀。

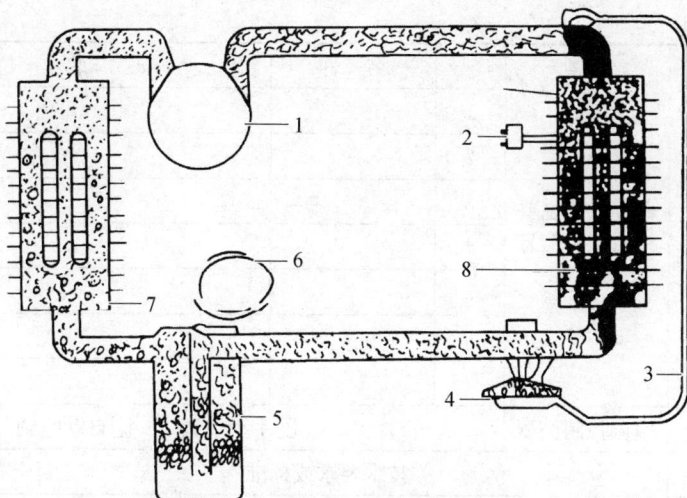

图 2－10　装用膨胀阀的循环离合器系统

1—压缩机；2—恒温开关；3—毛细管；4—膨胀阀；
5—储液干燥器；6—视液窗；7—冷凝器；8—蒸发器

议一议

三、制订汽车空调外部检查计划

在"表 2－7 汽车空调外部检查计划"的指引下，查阅车辆维修资料，了解车辆空调类型和汽车空调外部检查流程，制定汽车空调外部检查计划。

表 2－7　汽车空调外部检查计划

		车型描述	一汽丰田　　　年款　卡罗拉　　　型	
查阅待修车辆空调信息		制冷剂	□R－12(CFC－12)　　　□R－134a	
		冷冻机油		
	空调类型	制冷系统主要结构安装信息		

续　表

查阅待修车辆空调信息	空调类型	制冷系统主要结构安装信息	代号	名　称	安　装　位　置		
			1				
			2				
			3				
			4				
			5				
			6				
			7				
		空调控制类型		□手动空调　　　□自动空调			
查阅待修车辆空调外部检查流程或规范	检查项目	技术要求或标准			检查记录		
	检查制冷剂	通过观察窗如看到大量的气泡,说明制冷剂不足。若向冷凝器泼水,使其冷却,在观察窗口仍见不到泡沫,说明制冷剂过量。					
	检查压缩机	(1) 传动皮带是否断裂或松弛若传动皮带太松。(2) 压缩机内部是否有噪声。(3) 压缩机离合器是否打滑。					
	检查冷凝器	(1) 冷凝器散热片是否被尘土覆盖。(2) 冷凝器风扇是否运转良好。					
	检查管路	检查各装置过接处和接缝是否是油污在过接处和接缝有油污,表明该处有制冷剂泄露,应重新紧固或更换零件。					

D. 任务实施

做一做

在"表2-7汽车空调外部检查计划"的指引下,根据"汽车空调外部检查计划",结合车辆实际情况,从简单到复杂、从外到里、从不拆到拆等故障诊断与排除原则,逐个收集相应检修规范等信息,按检修规范和检修计划,逐步进行检修,如表2-8所示。

表2-8　汽车空调外部检查

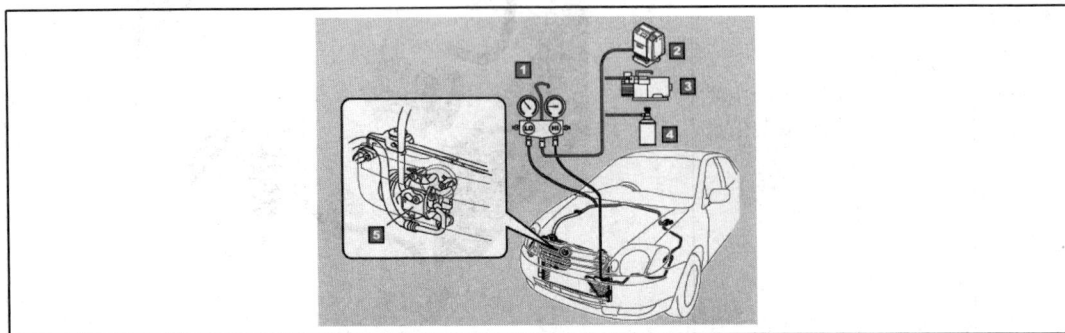

续 表

检查步骤	检修项目	操 作 要 领	检修记录
汽车空调外部检查	鼓风机风扇运转状态	使用机在 低、中、高 三速度下运转,若有异响或电动机运转不良,则应进行维修或更换,否则送风气流不足。	
	制冷剂液量的检查	(1) 通过观察窗如看到大量的气泡,说明制冷剂不足。若向冷凝器泼水,使其冷却,在观察窗口仍见不到泡沫,说明制冷剂过量。 (2) 检查各装置过接处和接缝是否是油污在过接处和接缝有油污,表明该处有制冷剂泄露,应重新紧固或更换零件。	
	压缩机运转状态	(1) 传动皮带是否断裂或松弛若传动皮带太松就会打滑,加速磨损而不能传递动力。 (2) 压缩机内部是否有噪声。噪声可能是由于损坏的内部零件造成的,内部磨损就不能有效压缩。 (3) 压缩机离合器是否打滑。	
	冷凝器及风扇状态	(1) 冷凝器散热片是否被尘土覆盖。 (2) 冷凝器风扇是否运转良好。	
	暖通阀和热控风挡是否关闭,其他风挡调节是否正常	注:若压缩机离合器不能吸合、鼓风机风扇不能运转,冷凝器风扇不能动转等等,应先进入电气系统检查,如继电器、传感器、电路断路和短路、控制单元等。	

E. 任务检验

按表2-9汽车空调外部检查检验与评估进行自评、互评及总评。

表2-9 汽车空调外部检查检验与评估

检验与评价内容	检 验 指 标	课程权重	自评	互评	点评
维修质量检验	(1) 传动皮带是否断裂或松弛若传动皮带太松。 (2) 压缩机内部是否有噪声。 (3) 压缩机离合器是否打滑。 (4) 冷凝器散热片是否被尘土覆盖。 (5) 冷凝器风扇是否运转良好。 (6) 通过观察窗如看到大量的气泡,说明原因。 (7) 检查各装置过接处和接缝是否是油污在过接处和接缝有油污,表明该处有制冷剂泄露,应重新紧固或更换零件。	20%			
检查任务完成情况	(1) 完成任务过程情况。 (2) 任务完成质量。 (3) 在小组完成任务过程中所起作用。	50%			
专业知识	(1) 能描述汽车空调的制冷原理。 (2) 能描述汽车空调的结构组成。 (3) 能描述汽车空调外部检查规范。	20%			

续　表

检验与 评价内容	检　验　指　标	课程 权重	自 评	互 评	点 评
职业素养	(1) 学习态度：积极主动参与学习。 (2) 团队合作：与小组成员一起分工合作，不影响学习进度。 (3) 现场管理：服从工位安排，执行实训室"5S"管理规定。	10%			
综合评议 与建议		评分			

F. 任务拓展

查一查

捷达汽车空调外部检查规范。

学习任务2.2　汽车空调制冷系统压力测试与检漏

A. 任务描述

　　汽车维修车间接到一辆汽车（手动空调）一年多没使用过空调，开空调无冷气，进入维修厂进行维修。维修顾问通过咨询、试车，确认故障，并填写《交车检查表》或《接车问诊表》，将车辆一起送至维修车间交给机电组进行维修。车间维修班长或组长根据《接车问诊表》，组织小组成员实施维修作业。接车问诊表如表2-10所示。完成汽车空调外部检查后，则需测试制冷系统的压力和制冷系统的检漏来排除汽车空调不制冷的相关故障，主要包括汽车空调制冷系统压力测试与汽车空调制冷系统压力检漏。

表 2-10　接车问诊表

车牌号：＿＿＿＿＿＿	车架号：＿＿＿＿＿＿	行驶里程：＿＿＿＿＿＿（km）
用户名：＿＿＿＿＿＿	电话：＿＿＿＿＿＿	来店时间：＿＿＿＿/＿＿＿＿

用户陈述及故障发生时的状况：一辆2006款一汽丰田卡罗拉汽车一年多没使用过空调，发现无冷气，进入维修厂报修。

故障发生状况提示：行驶速度、发动机状态、发生频度、发生时间、部位、天气、路面状况、声音描述

接车员检测确认建议：空调制冷不良故障

车间检测确认结果及主要故障零部件：
(1) 汽车空调外部检查，诊断故障范围。
(2) 测试空调制冷系统压力，并进行检漏。

车间检查确认者：＿＿×××××＿＿

续 表

外观确认：

（请在有缺陷部位作标识）

功能确认：（工作正常√ 不正常×）
□音响系统 □门锁（防盗器） □全车灯光 □工具
□后视镜 □天窗 □座椅 □点烟器
□玻璃升降器 □玻璃

物品确认：（有√ 无×）

□贵重物品提示
□工具 □备胎 □灭火器
□其他（ ）
旧件是否交还用户 □是 □否
用户是否需要洗车 □是 □否

- 检测费说明：本次检测的故障如用户在本店维修,检测费包含在修理费用内;如用户不在本店维修,请您支付检测费。
  本次检测费：¥_____元。
- 贵重物品：在将车辆交给我店检查修理前,已提示将车内贵重物品自行收起并保存好,如有遗失恕不负责。

接车员：_____ 用户确认：_____

B. 任务目标

1. 理解汽车空调制冷系统的结构及工作原理,能分析汽车手动空调不制冷的原因。
2. 会使用歧管压力表测试制冷系统的压力,判断汽车空调不制冷的相关故障。
3. 理会制冷系统的检漏规范,会使用相关检漏仪对汽车空调制冷系统进行检漏。

C. 任务准备

读一读

一、歧管压力表

歧管压力表组件是维护空调系统最重要的工具,如图 2-11 所示。歧管和压力表组件是用来测定空调制冷系统的高、低压侧的压力,判断制冷系统故障。测量的目的就是同时测出高、低压的读数,因为必须对压力读数进行比较来确定空调系统的工作情况。

图 2-11 歧管压力表组件

注　意

R-134a 与 R-12 两种制冷系统在制冷材料性能方面有一些区别,因此在测量两种系统压力时要注意以下几点:

(1) 由于 R-134a 与 R-12 两种制冷剂是不可互换的,因此两必须将它们的歧管、表组、加注及回收装置分开放置。维护不同制冷剂的空调系统时,应使用不同的装置以免发生交叉污染而损坏空调。

(2) R-134a 和 R-12 制冷剂使用的歧管表有不同的压力/温度刻度。每套表组必须与加装制冷剂(加注)和回收装置一起使用。歧管表组上的维护软管必须在维护接头安装有手动(转动轮)或自动回流阀。这样会防止制冷剂排入大气中。

(3) 为避免混淆,R-12 制冷剂装于白色罐,而 R-134a 制冷剂装于蓝色罐内。

(4) 为了对 R-134a 装置进行标识,低压测试管通常为带黑色条的蓝色管。高压测试管通常为红色带黑色条,而中央测试管为黄色带黑色条。

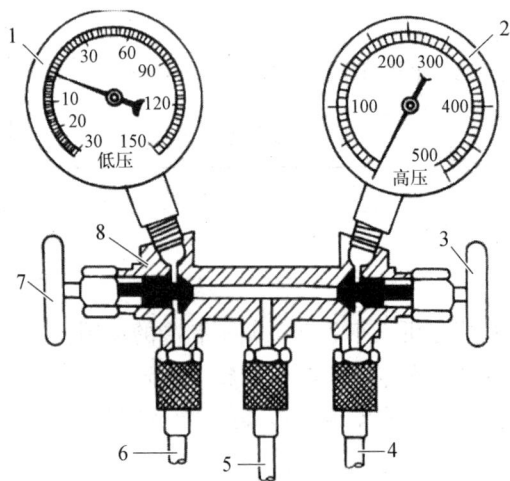

图 2-12　歧管压力表组件的构造

1—低压表(蓝);2—高压表(红);3—高压手动阀(Hi);
4—高压侧软管(红);5—维修用软管(黄);
6—低压侧软管(蓝);7—低压手动阀(Lo);8—表座

1. 歧管压力表的构造

如图 2-12 所示,歧管压力表是由两个压力表(低压表和高压表)、两个手动阀(高压手动阀和低压手动阀)、三个软管接头(一个接低压工作阀,一个接高压工作阀,一个接制冷剂罐或真空泵吸入口)组成的。这些部件都装在表座上,形成一个压力计装置。

(1) 低压表。标有蓝色标志的表为低压表。低压表也称为组合压力表,因为它有两个作用:测量压力和测真空。

低压表的顺时针方向的压力读数为 0~150 磅/平方英寸(压力刻度),而逆时针方向的读数为 0~30 英寸汞柱(真空刻度)。组合表的真空度刻度从 102 kPa~0 kPa(30 inHg~0 inHg),压力刻度从 0 kPa~827 kPa(0 inHg~120 inHg)。

(2) 高压表。标有红色标志的表为高压表。它的顺时针方向的读数为 0~500 磅/平方英寸(0~3.5 MPa)。

2. 歧管压力表的读数

检查和诊断汽车空调系统使用的压力测量单位有:Psi(磅/平方英英寸)、kgf/cm²(kgf/cm²)、国际单位 Pa(N/m²)、cmHg(厘米汞柱)、inHg(英寸汞柱)。各种单位之间的换算关系如表 2-11 所示。这种压力表的读数受大气压力变化(包括高度变化)的影响,因此所测得的压力称为"相对压力"。不受大气压力变化的压力读数称之为"绝对压力"。

<<<<

表 2-11　压强单位换算

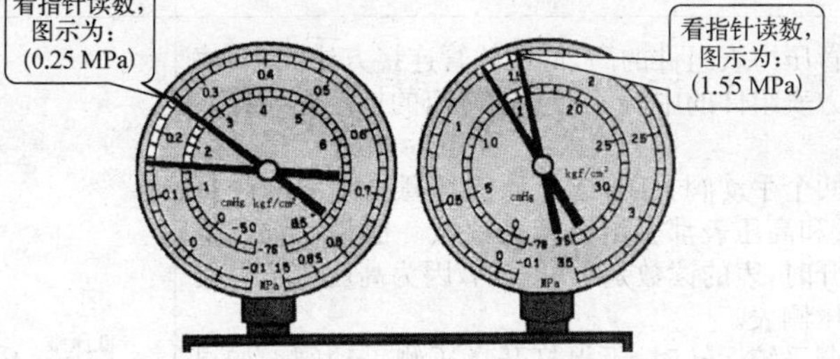

看指针读数，图示为：(0.25 MPa)

看指针读数，图示为：(1.55 MPa)

压强单位的转换关系
1 MPa=1 000 kPa，　1 kPa=1 000 Pa
1 MPa=9.8 kgf/cm²
100 Psi=0.7 MPa
一个大气压=0.101 MPa=76 cmHg=30 inHg

3. 歧管压力表的功能

歧管压力表的功能如表 2-12。

表 2-12　歧管压力表的功能

功　能	操 作 说 明	示 意 图
测量空调系统的压力	关闭高压手动阀和低压手动阀(向内转直到阀归位为止)，将歧管压力表组件的高、低压软管连接在制冷系统高、低压维修接头上。制冷剂流过阀杆到达相应的测量表，并通过读数判断系统故障。	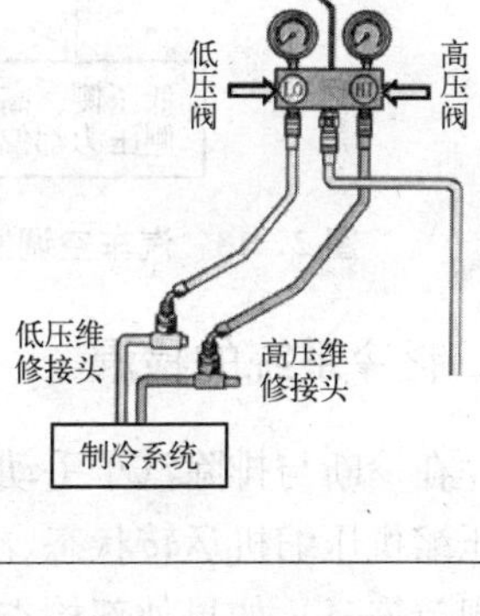 低压阀　高压阀　低压维修接头　高压维修接头　制冷系统
给系统抽空	将歧管压力表组件的高、低压软管连接在制冷系统高、低压维修接头上。歧管压力表组件的中间软管与真空泵的抽气口连接，打开高、低压阀。	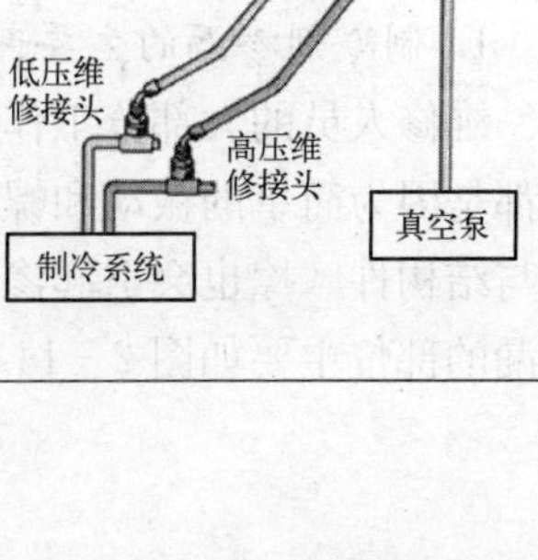 低压阀　高压阀　低压维修接头　高压维修接头　制冷系统　真空泵

续　表

功　能	操　作　说　明	示　意　图
用歧管压力表组件加注制冷剂	歧管压力表组件的高、低压软管连接方法同上,将歧管压力表组件的中间软管与制冷瓶的加注阀连接。 【注意】 　　当两个手动阀关闭,或低压阀和高压阀中一个打开时,低和高压表都会给出精确读数。但是,当高、低压阀打开时,表的读数是不可靠的,因为高压侧压力会转到低压侧表。 　　空调系统运转时,不得打开高压侧手动阀。如果当空调系统运转时,高压侧手动阀打开,高压制冷剂被迫通过高压表而冲击制冷剂罐(如果连接):这样的高压会使制冷剂罐破裂或安全罐阀接头被爆开,造成伤害和损坏。	

4. 用歧管压力表判断故障

空调歧管压力表是对汽车空调系统整体工作性能进行分析的一种常用且有效的工具。它不仅应用于制冷剂的加注,而且也是一种故障诊断工具。

在维修汽车空调过程中,对空调系统的运行状况及其故障的诊断与测定,在很大程度上依赖于技术人员对压力表读数的理解与分析。同时还必须利用汽车空调系统的理论知识进行分析诊断,这样在面对各式各样的压力显示时才能做出科学准确的分析判断。

不同压力情况会反映出不同的故障原因,如图 2-13 所示。

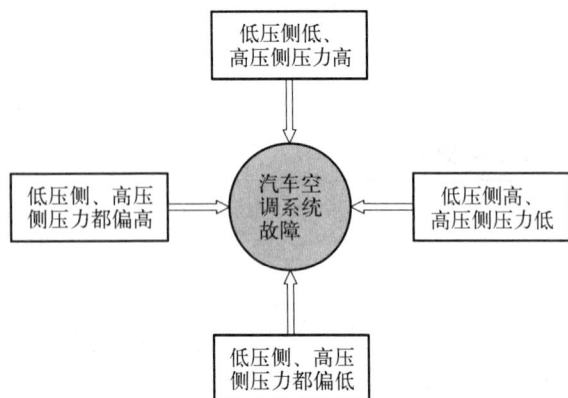

图 2-13　汽车空调制冷系统故障

二、制冷系统的检漏

在诊断与排除汽车手动空调不制冷故障时,首先要对汽车空调实施外部检查。重点观察压缩机压缩机运转状态、冷凝器及风扇状态、鼓风机风扇运转状态等,如果出现异常,必须按规范恢复。如果外部检查正常,则需要进一步检查。

空调系统中的泄漏通常为冷泄漏或热泄漏。冷泄漏是当系统未处于工作温度和压力下,如汽车在夜间停放时所发生的泄漏现象;热泄漏则指系统内处于高压周期时,如汽车交通阻塞时缓慢移动时所产生的泄漏。

1. 制冷剂渗漏的主要部位

维修人员的大部分工作时间可能就是检查、寻找和修理渗漏问题。许多渗漏毛病大部分都是因为简单的振动和螺纹接头松动引起的。拧紧这些部位就会解决密封问题。软管偶尔与结构件摩擦也会引起渗漏发生。软管、密封圈等零件变形也会引起渗漏问题。容易出现漏的部位主要如图 2-14 所示。

2. 检漏方法

检测空调系统泄漏的方法很多,简单的用肥皂液,复杂的利用电子空调检漏仪等。

1) 气泡检漏

这是一种在被怀疑渗漏地点外表面的涂抹肥皂水,如果有渗漏发生就会产生气泡和泡沫。肥皂水的检查能比较准确的判断故障的部位。气泡检漏的操作方法和步骤如表2-13所示。

2) 染料溶液检漏

这一方法是把染料引入空调制冷系统中,如果系统渗漏会在渗漏处的零件上着色,根据这一特点就可准确地判断出渗漏的部位。染料溶液检漏的操作方法和步骤如表2-14所示。

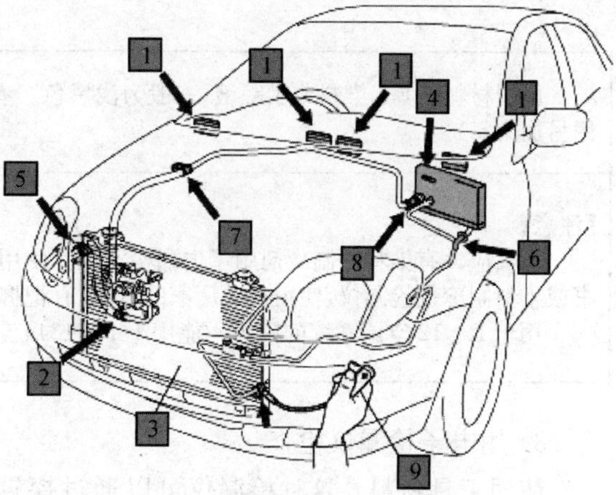

图 2-14　制冷剂渗漏的可能部位

1 送风机电阻; 2 空调压缩机; 3 冷凝器;
4 蒸发器; 5 收集器或调制器; 6 排放软管;
7 管道的连接部位; 8 EPR(蒸发器压力调节器);
9 漏气检测器

表 2-13　气泡检漏的操作方法和步骤

操 作 步 骤	图 示
步骤一:确定制冷系统中保持一定的压力,如果系统内的压力泄漏完毕,必须对系统进行加压。	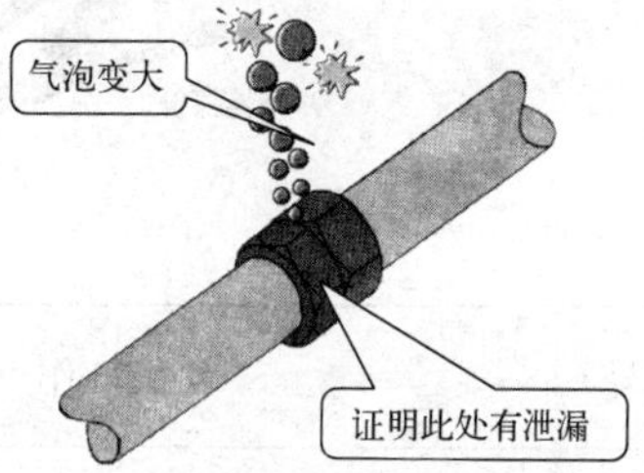 气泡变大
步骤二:用商品肥皂溶液的涂抹器将溶液抹到怀疑发生渗漏的全部接口、接头、配件或控制器处。如果用高浓度家用皂液检查时,要用刷子涂抹。	证明此处有泄漏
步骤三:观察气泡是否有胀大现象,如果有就证明此处存在泄漏的情况,如左图所示。	
使用材料工具:商品皂溶液或高浓度的家用皂液。	

表 2-14　染料溶液检漏的操作方法和步骤

操 作 步 骤	图 示
步骤一:歧管和压力表组件按正常方法接空调制冷系统。冲洗制冷系统,从歧管卸下中央软管,然后用两个1/4英寸扩口管接头,连接6英寸长1/4英寸紫铜管。把染料溶液罐连接到紫铜管上。	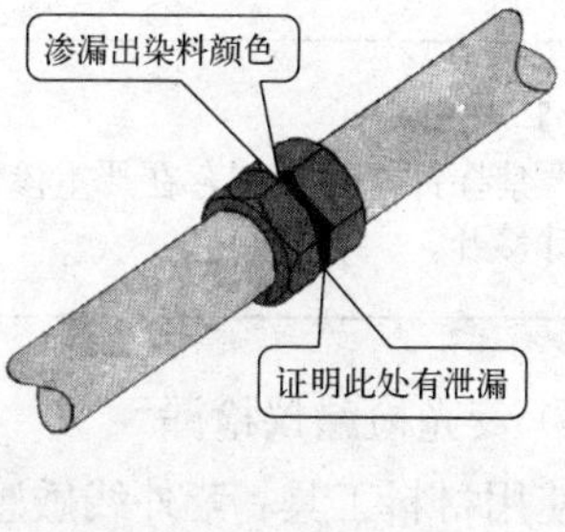 渗漏出染料颜色
步骤二:将表组中间软管一端接染料溶液桶。制冷剂罐与软管另一头连接。发动机怠速运行,空调系统调到最大冷风挡,缓慢地打开低压阀使染料溶液流入系统内。	证明此处有泄漏
步骤三:空调制冷系统加制冷剂至少达到50%的容量。空调器运转15分钟,然后把空调器和发动机两者都关闭,检查全部接头是否出现有色染料溶液的痕迹。24小时之后再次进行车辆检查,如果发现渗漏时,按需要进行修理。	

续　表

使用材料工具：染料或示踪液，一般为浅黑色。有些制造厂商应用含有红染料的制冷剂（这一种不用另加染料）。
【注意】 　　可供应含有染料的制冷剂用于内漏检漏仪。使用这类材料无须一些制造厂商的担保，借助您的说明书或染料制冷剂检漏仪，使用有关厂家的方法，有把握地进行泄漏检查。 　　用于 R - 12 空调系统的染料不能用于 R - 134a 空调系统。

3）用电子检漏仪检查

使用工具材料。这种检漏仪可以通过探针吸收任何漏出的制冷剂。如果发现制冷剂时，即发出声响报警或发出闪烁光。这是所使用的密封检漏仪中灵敏度最高的检漏仪两种电子检漏仪。电子检漏仪及检漏的操作方法和步骤如表 2 - 15 所示。

表 2 - 15　电子检漏仪及检漏的操作方法和步骤

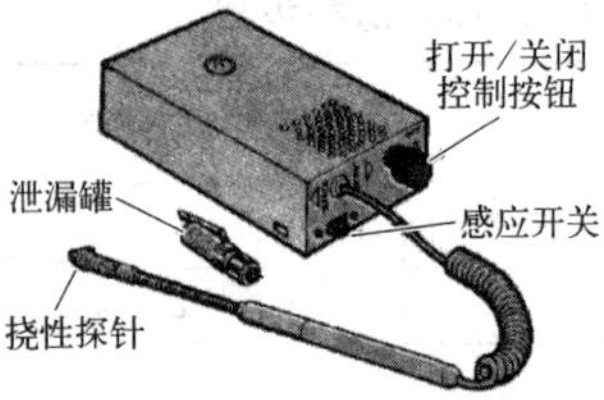

序号	操　作　步　骤	图　　示
1	将开关（ON/OFF）旋转至 ON 位置。	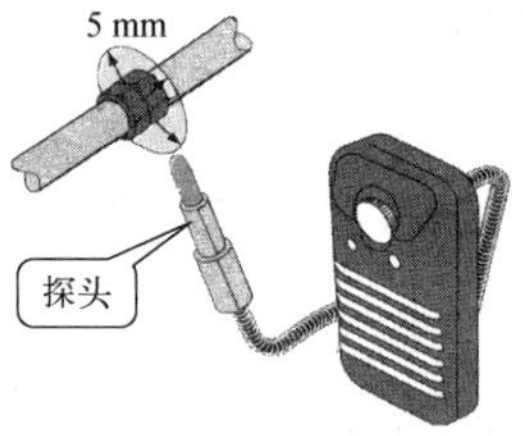
2	接通电源开关并预热约 5 分钟。	
3	将灵敏度开关拨至"L"（R - 12）或"H"（R - 134a）。	
4	检漏仪灵敏度调好后，在各控制器、密封圈及接头下面移动探头。当发现泄漏的情况检漏税仪会发出报警。	

【注意】
　　严禁探针停在已知存在严重渗漏的地方，否则检漏仪的灵敏元件可能被损坏。一旦查到渗漏时，即将探针移开。

4）荧光检漏仪检漏

使用材料工具：紫外线敏感材料，荧光检漏仪等工具，荧光检漏仪及检漏的操作方法和步骤如表 2 - 16 所示。

表 2 - 16　荧光检漏仪及检漏的操作方法和步骤

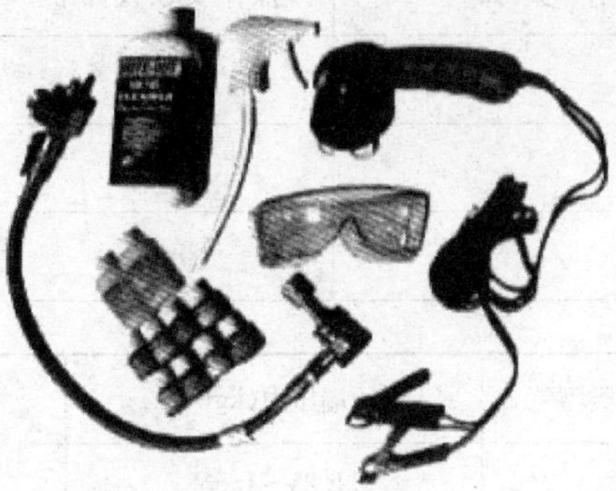

序号	操 作 步 骤	图　　示
1	将定量的紫外线敏感染料引人空调系统,空调器运行几分钟使染料在系统内流通。	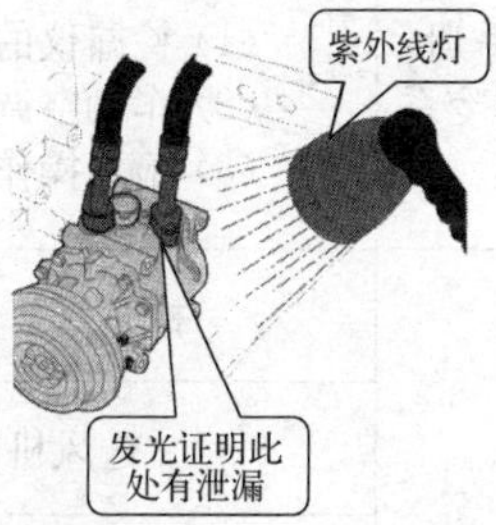 紫外线灯 发光证明此处有泄漏
2	用一台紫外线灯照射空调系统中的各个部件。如果存在泄漏,染料就会发光。这种检漏方法尤其能够精确确定微小泄漏处。	

议一议

三、制订汽车空调制冷系统压力测试与检漏计划

在"表 2 - 17 汽车空调制冷系统压力测试与检漏计划"的指引下,查阅维修资料,了解车辆空调类型特点;查阅维修手册,熟悉车辆空调制冷系统压力测试规范,制订汽车空调制冷系统压力测试与检漏计划。

表 2 - 17　汽车空调制冷系统压力测试与检漏计划

查阅维修手册,车辆空调制冷系统压力测试规范	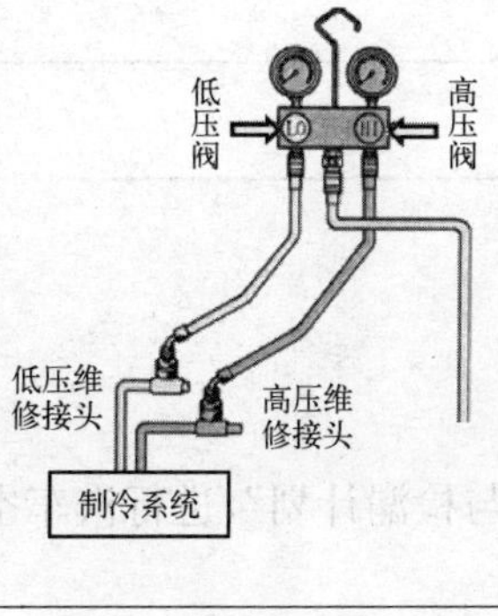 低压阀　高压阀 低压维修接头　高压维修接头 制冷系统	重点提示: 　(1) 车辆空调_____状态,连接歧管压力表组件。 　(2) 连接歧管压力表组件与车辆空调连接_____。 　(3) 车辆空调_____状态,读取压力值_____。

续　表

操 作 步 骤	操作要领或标准	检 修 记 录
汽车空调制冷系统压力测试		

制冷剂类型	低压端压力（kgf/cm）	高压端压力（kgf/cm）
R－134a	1.25～1.55	12.5～15.75
R－12	1.1～2.55	12～15.5

查阅维修手册，车辆空调制冷系统检漏规范	(1) 检漏仪的选择。 (2) 车辆空调准备。 (3) 检漏操作。

	检 修 步 骤	技术要求	检 修 记 录
汽车空调制冷系统检漏流程	送风机电阻	无泄漏	□无泄漏　□泄漏
	空调压缩机	无泄漏	□无泄漏　□泄漏
	冷凝器	无泄漏	□无泄漏　□泄漏
	蒸发器	无泄漏	□无泄漏　□泄漏
	收集器或调制器	无泄漏	□无泄漏　□泄漏
	排放软管	无泄漏	□无泄漏　□泄漏
	管道的连接部位	无泄漏	□无泄漏　□泄漏
	EPR(蒸发器压力调节器)	无泄漏	□无泄漏　□泄漏

D. 任务实施

做一做

根据"表 2-17 汽车空调制冷系统压力测试与检漏计划"，进行汽车空调制冷系统压力测试与检漏，如表 2-18 所示。

表 2-18　汽车空调制冷系统压力测试与检漏

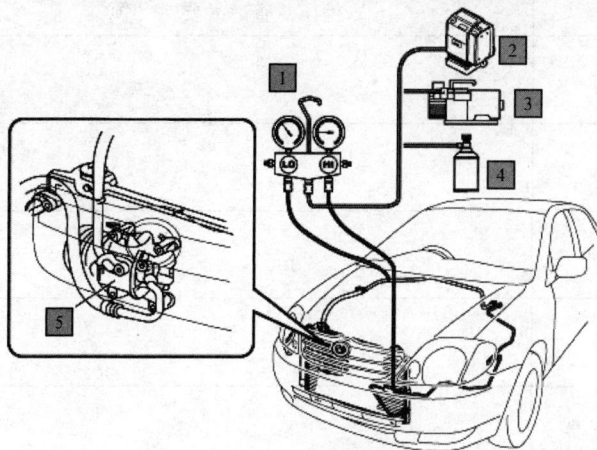

检修项目	操作要领	检修记录
测试空调制冷系统压力	关闭高压手动阀和低压手动阀(向内转直到阀归位为止),将歧管压力表组件的高、低压软管连接在制冷系统高、低压维修接头上。制冷剂流过阀杆到达相应的测量表。 　　为了保证歧管压力表能够正确显示汽车空调系统的内部压力,为诊断故障提供准确的数据,在进行检测之前,被检查的汽车应符合以下条件: 　　将所测试的车辆停放在阴凉处。 　　将空调系统调至最冷状态,鼓风机速度调至最高挡速度,循环方设置为内循环方式,出风方式设置为吹脸方向。 　　将所测试的车辆停放在阴凉处;发动机转速在 1 800~2 000 r/min。 　　打开所有车门。 <table><tr><td>制冷剂类型</td><td>低压端压力(kgf/cm)</td><td>高压端压力(kgf/cm)</td></tr><tr><td>R-134a</td><td>1.25~1.55</td><td>12.5~15.75</td></tr><tr><td>R-12</td><td>1.1~2.55</td><td>12~15.5</td></tr></table>	
制冷系统的检漏	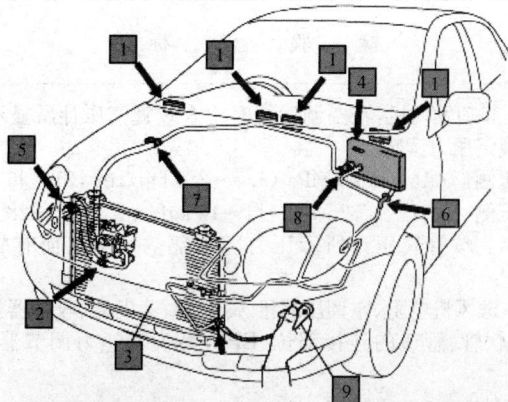 　　如果汽车空调制冷系统压力测试异常,则需要进一步对汽车空调制冷系统进行检漏。如果发现泄漏,则需要回收汽车空调制冷剂、抽真空,并加注制冷剂和冷冻机油。	

续 表

检查部位	检 查 要 领	检查记录
送风机电阻		
空调压缩机		
冷凝器		
蒸发器		
收集器或调制器		
排放软管		
管道的连接部位		
EPR （蒸发器压力调节器）		

（左侧合并单元格："制冷系统的检漏"）

重点提示：如果检漏过程中发现有泄漏，则应该按任务 2.3 中"制冷剂回收"，再按照任务 2.4 进行修复后，还要按任务 2.3 中"制冷系统抽真空、加注制冷剂等"进行操作。

E. 任务检验

按表 2-19 汽车空调制冷系统压力测试与检漏进行自评、互评及总评。

表 2-19　汽车空调制冷系统压力测试与检漏检验与评估

检验与评价内容	检 验 指 标	课程权重	自评	互评	点评
维修质量检验	（1）起动发动机，在空调运行时检查歧管气压计所显示的压力应为规定压力读数： 　低压侧：0.15~0.25 MPa（1.5~2.5 kgf/cm²，21~36 Psi）。 　高压侧：1.37~1.57 MPa（14~16 kgf/cm²，199~228 Psi）。 　提示：歧管气压计所示压力随外部空气温度而有轻微的变化。 （2）送风机电阻、空调压缩机、冷凝器、蒸发器、收集器或调制器、排放软管、管道的连接部位、EPR（蒸发器压力调节器）等无泄漏。	20%			
检查任务完成情况	（1）能描述汽车空调制冷系统主要部件的作用与原理。 （2）在小组所扮演的角色，对完成任务过程中所起作用。	50%			

（右侧竖排文字：载　　切　　线）

续　表

检验与评价内容	检 验 指 标	课程权重	自评	互评	点评
专业知识	(1) 歧管压力表的构造与使用方法。 (2) 制冷系统的检漏方法。	20%			
职业素养	(1) 学习态度：积极主动参与学习。 (2) 团队合作：与小组成员一起分工合作，不影响学习进度。 (3) 现场管理：服从工位安排、执行实训室"5S"管理规定。	10%			
综合评议与建议		评分			

F. 任务拓展

查一查

捷达汽车空调制冷系统压力测试规范与标准。

学习任务 2.3　汽车空调制冷剂的回收与加注

A. 任务描述

一辆 2006 款一汽丰田卡罗拉汽车一年多月没使用空调，发现无冷气来维修厂来报修。针对维修接待和车间确认意见，如果任务 2.2 制冷系统无泄漏，但压力低等情况。如表 2-20 所示，则需要进行制冷剂的回收与加注等维修作业，排除汽车空调不制冷故障，主要维修作业有：回收制冷剂、抽制冷系统真空、加注制冷剂、加注冷冻机油、制冷系检漏等。

表 2-20　接车问诊表

车牌号：_____	车架号：_____	行驶里程：_____ (km)
用户名：_____	电话：_____	来店时间：____/____

用户陈述及故障发生时的状况：一辆 2006 款一汽丰田卡罗拉汽车一年多没使用过空调，发现无冷气，进入维修厂报修。

故障发生状况提示：行驶速度、发动机状态、发生频度、发生时间、部位、天气、路面状况、声音描述

接车员检测确认建议：空调制冷不良故障

车间检测确认结果及主要故障零部件：
制冷剂的回收与加注。

车间检查确认者：__×××××__

续　表

外观确认：

（请在有缺陷部位作标识）

功能确认：（工作正常√　不正常×）
□音响系统　　□门锁（防盗器）　□全车灯光　□工具
□后视镜　　　□天窗　　　　　　□座椅　　　□点烟器
□玻璃升降器　□玻璃

物品确认：（有√　无×）

□贵重物品提示
□工具　□备胎　□灭火器
□其他（　　　　　　　　）
旧件是否交还用户　□是　□否
用户是否需要洗车　□是　□否

- 检测费说明：本次检测的故障如用户在本店维修，检测费包含在修理费用内；如用户不在本店维修，请您支付检测费。
  本次检测费：¥＿＿＿＿＿元。
- 贵重物品：在将车辆交给我店检查修理前，已提示将车内贵重物品自行收起并保存好，如有遗失恕不负责。

接车员：＿＿＿＿＿＿＿　　用户确认：＿＿＿＿＿＿＿

B. 任务目标

1. 理解汽车空调制冷系统的结构及工作原理，能分析汽车手动空调不制冷的原因。
2. 领会汽车空调的外部检查、检漏、加注制冷剂和冷冻机油的规范。
3. 会排除汽车手动空调不制冷故障，并按规范进行维修质量检验。

C. 任务准备

读一读

一、空调系统抽真空

对于拆开修理的空调系统或者发现制冷剂太少的空调系统，在加注新的制冷剂之前，必须用真空泵完全排除空调制冷系统内的空气和水分。

在一些设备好的汽修企业，抽空可以用专业设备。但在一般的空调修理维护工作中，也常用歧管压力表组件、真空泵等元件进行空调系统抽真空，真空泵及制冷系统抽真空操作如表 2 - 21 所示。

表 2 - 21　真空泵及制冷系统抽真空操作

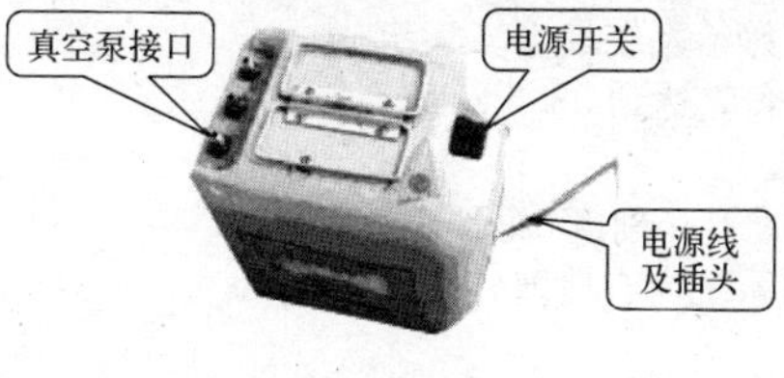

步骤	操 作 说 明	示 意 图
1	检查系统中是否还有制冷剂，如果有应该先进行回收。	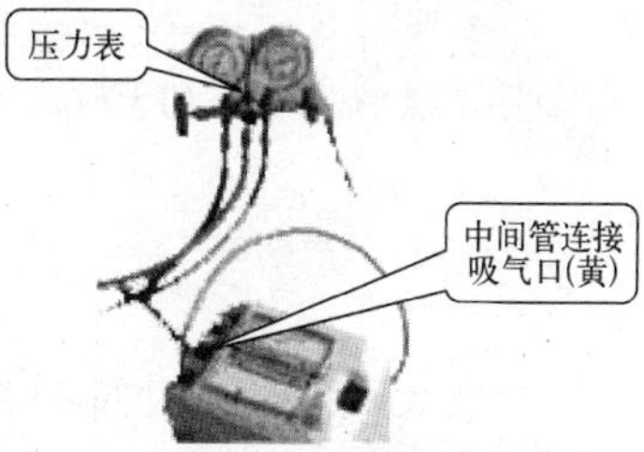
2	将歧管压力表组件连接至系统高、低压维修阀接口。	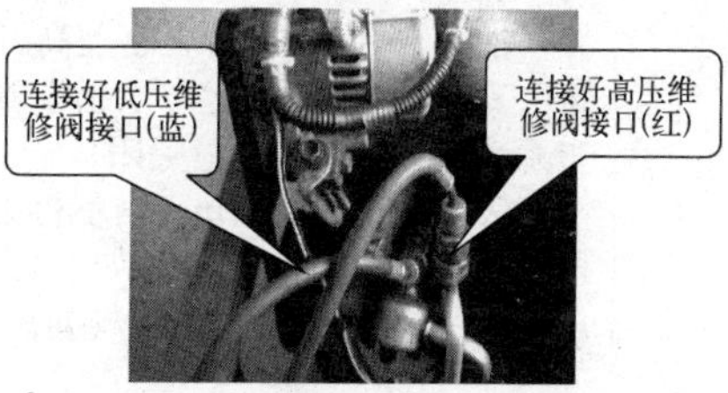
3	将歧管压力表组件的中间管连接至真空泵的"吸气口"。	
4	连接好管路之后，打开歧管压力表组件的高、低压手动阀。	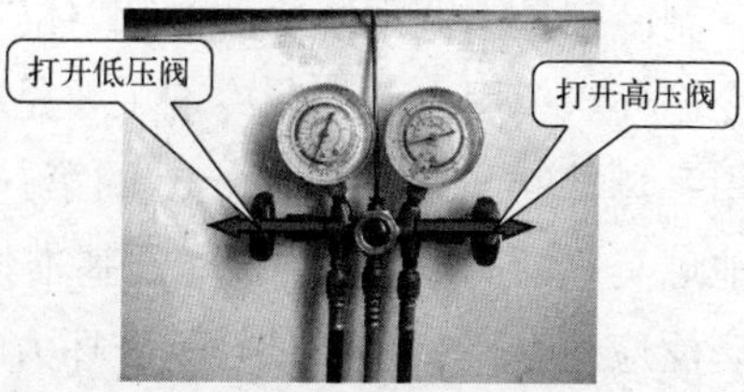

续　表

步骤	操作说明	示意图
5	打开电源开关,开始给系统抽空。 　注意约 5 min 后,表应达到 33.6 kPa,高压表表针应略低于 0 刻度。 　如高压表指针不低于 0 刻度,而且表针又非为挡铁所限位,表明系统内有堵塞,应停止抽真空,排除故障。 　观察压力表,如无泄漏,真空最低应在20.05~13.05 kPa。 　达不到上述压力时,关闭低压侧手阀,察看表指针是否上升;表针上升说明有真空损失,要查明漏点予以修理;如无泄漏,继续抽真空。	
6	先关压力表的手动阀,再关闭真空泵电源,结束抽真空。 　注意抽真空不得少于 30 min,如时间允许,可再长些。 　抽真空后,先关闭表座上高、低压侧手阀,再关真空泵电源,防止空气回流(高侧手阀在检查系统有无堵塞后就应关闭)。 　表针的上升在 5 min 内不得高于 254 mm,即不得多于 3.4 kPa 压力,如系统达不到标准,应注入一定量制冷剂,然后检漏。	

二、加注制冷剂

　　检查空调压缩机的油位且根据需要做了调整,空调系统也已经抽空,即清除了空气和水汽之后,就应对空调系统进行定量加注制冷剂。

　　在空调加注雪种的工作中,人们常用到歧管压力表加注和专用设备加注两种方法。歧管压力加注法,对设备要求不高,操作方便。现在的汽车维修行业中经常采用。

　　1. 加注制冷剂量

　　制冷剂是空调系统中的"热载体",俗称冷媒,它可根据空调系统的要求变化状态,实现制冷循环。车用空调的制冷剂主要是 R-12(CFC-12)和 R-134a(HFC-134a)。制冷剂常用字母 R(英文"Refrigerant"的第一个字母)表示,以代替英文 CFC 和 HFC。由于 R-12 对地球臭氧层有破坏作用,现已基本禁止使用;R-134a 是环保制冷剂,它替代 R-12 得到了广泛应用。R-134a 虽然不破坏大气层,却有使全球变暖的可能。R-12 和 R-134a 两种制冷剂的特性和区别。两种制冷剂特性和区别如表 2-22 所示。

表 2-22 R-12 制冷剂和 R-134a 制冷剂的比较

	R-12 制冷系统	R-134a 制冷系统
特性	不易燃、无色、无味、无毒,对金属或橡胶无腐蚀作用,吸湿性较强。	不易燃、无色、无味、无毒,对金属或橡胶无腐蚀作用,吸湿性强。
优点	安全、制冷效率高,价格便宜。	不会破坏大气层。
缺点	破坏大气层。	和冷冻机油混合后会腐蚀钢,成本高(一般在 25 元/瓶)。

使用制冷剂的安全措施:虽然空调系统维护方便、安全,但是在使用制冷剂时还必须遵守以下五项:

(1)制冷剂比氧气比重大,而且在检修时常常要将空调器放在规定的地方,如修车坑里,所以要有良好的通风设备。

(2)维护空调系统和加注制冷剂时,要戴防护镜,因为空调系统的高压侧有高压。如果高压管路破裂,会造成眼睛严重伤害。制冷剂流入大气时,蒸发极快,任何东西接触之后都会结冰。R-134a 是一种天然油溶剂,皮肤接触会引起刺激和烧伤。因此工作时,应穿上劳保服以保护皮肤和衣服。

(3)处理制冷剂罐时,应小心注意。不得用力碰撞制冷剂罐。不要将制冷剂罐置于高温处,应将其存放在凉爽的地方。避免将制冷剂罐存放在有腐蚀物的地方,如蓄电池酸液附近,制冷剂罐会因发生腐蚀而燃烧。

(4)在正常大气压和大气温度下,R-134a 是不可燃的。试验证明,压力超过大气压和空气浓度体积大于 60% 时,R-134a 变为可燃。所以,R-134a 贮存罐内绝对禁止加压缩空气。

(5)空调系统零件或维修装置也严禁充注压缩空气,因为使用压缩空气会引起火灾和爆炸。

安全警示

如果 R-12 进入眼内,不要擦它,应该立即往眼内滴入几滴灭菌矿物油,然后用水清洗,戴上灭菌纱布后去医院就医。同样,如果皮肤和眼睛接触到 R-134a 制冷剂也不要擦它,应该立即用凉水清洗,然后去医院就医,不得自己处理。

当制冷剂暴露于明火、吸入发动机或用卤化物检漏时,都会生气有毒光气,所以要保持工作区域的通风。

加注制冷剂的量:对于加注制冷剂量的多少有两个参考的标准:一是根据汽车空调厂家规定的制冷剂量,二是根据不同空调系统压力参数,通过压力表测量系统压力确定加注制冷剂量。几种车型厂家规定制冷剂充加注量参数如表 2-23 所示。

2. 加注制冷剂的操作规范

加注制冷剂的操作规范如表 2-24 所示。

表 2-23 几种车型的制冷剂充注量

车　　型	制冷剂规定充注量（单位：kg）
桑塔纳轿车	1～1.2
普通轿车	0.7～0.8
丰田皇冠	单风口：0.8，双风口：1.2
尼桑轿车	0.9～1.1

表 2-24 加注制冷剂的操作规范

步骤	操　作　方　法	示　意　图
1	在对汽车空调系统进行抽真空完毕后，保持歧管压力表的连接，关闭高、低压手动阀（这样可以避免连接压力表管的过程中空气进入系统中）。	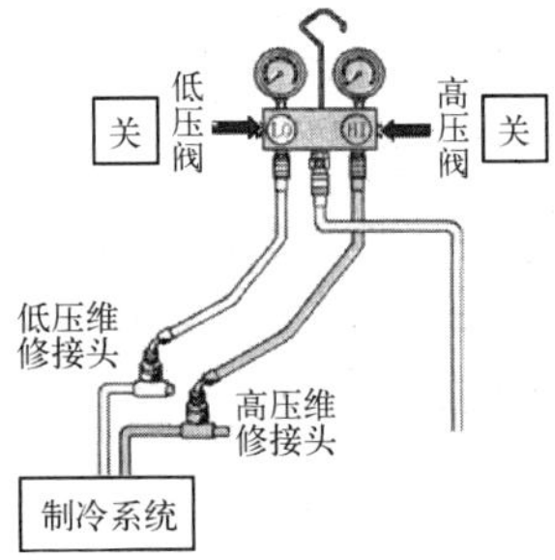
2	将排出阀安装至制冷剂罐，将表组的中间维护软管与排出阀接头连接好。	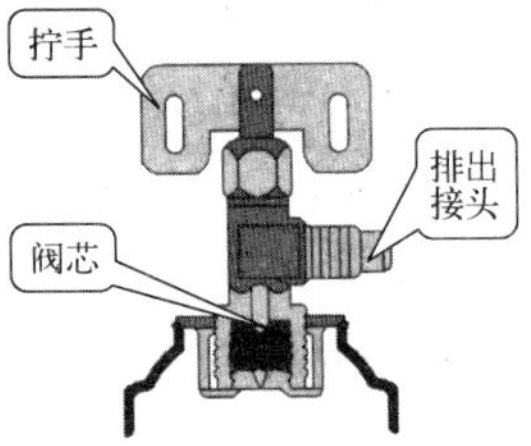
3	将"排出阀"的拧手拧下，再拧回，直到有制冷剂排出。同时，在歧管压力表中间管接头处进行排空气。	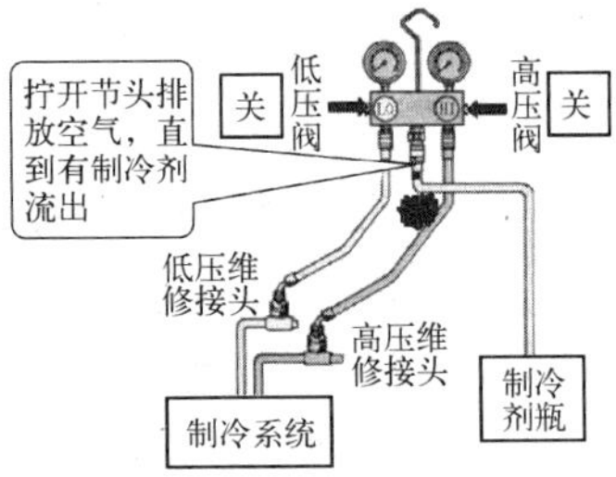
4	从高压侧加注制冷剂：打开高手动压阀，从高压侧加注（以液态形式）。	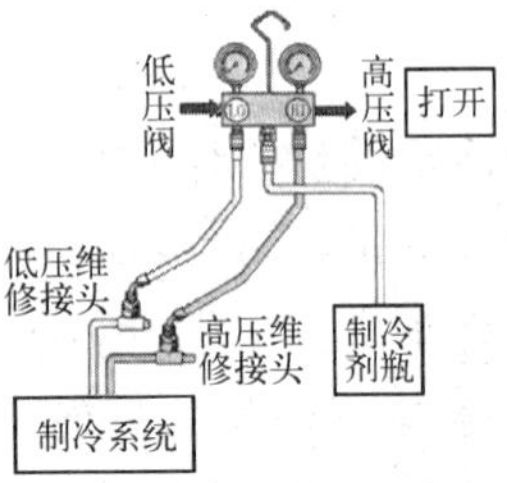

续表

步骤	操 作 方 法	示 意 图
5	用制冷剂检漏仪检查是否有泄漏情况,如果有泄漏情况应进行修理,之后再抽空加注雪种。	
6	换瓶:加注完第一瓶雪种之后,要关闭歧管压力组件的高、低压阀之后,再连接第二瓶雪种。根据(步骤二至四)进行加注操作。	
7	补充加注:当加注制冷剂量到一定的时候,系统压力增大,制冷剂不能加入时,要起动压缩机加注。方法是:关闭高压阀,风鼓风机调节至最高挡,空调温度调节到最低,吹脸模式,发动机以 1 500 r/min。打开低压阀,继续加注制冷剂直至达到标准加注量后关闭低压阀。	发动机转速 1 500 r/min 时的压力参数 项 目 / 读数(MPa) 低压表 / 0.12~0.24 高压表 / 1.2~1.6

【注意】

一定按车辆的要求加注标准量的制冷剂,不能多也不能少。如果按照标准量加注制冷剂后,发现空调系统的制冷效果并不好,那么说明,空调系统还是有故障存在,不要一味地加入更多的制冷剂,过量的制冷剂会对空调系统造成损坏。

当环境温度低时,会使制冷剂加注困难,这种情况下可以将制冷剂放入 40 ℃ 的水中温热。

当环境温度过高时,也会使制冷剂的加注困难,这种情况下可以向冷凝器喷些水或外加一个风机对空调系统进行强制散热。

起动发动机加注制冷剂时,不能打开高压阀。

以液态形式加注制冷剂时,不能从低压侧加注。如果以液态加入低压侧,可能使压缩机产生液击,从而损坏压缩机。

三、加注冷冻机油

1. 润滑油(冷冻机油)型号

冷冻机油也称为压缩机油,它是一种能在高、低温工况下均能正常工作的特殊润滑油,主要起润滑、密封、冷却作用。

润滑作用:润滑压缩机。压缩机是高速运动的机器,轴承、活塞、活塞环、连杆轴等零件表面需要润滑,以减小阻力和磨损、延长使用寿命、降低功耗、提高制冷系数。

密封作用:汽车车使用的压缩机,都为半封闭式,在压缩机输入轴承需油封来密封,防止制冷剂泄漏,有润滑油,油封才能起作用。同时,活塞环上的润滑油,不仅起减小摩擦力的作用,而且起密封作用。

冷却作用:能及时带走运动表面摩擦产生的热量,以防止压缩机温度过高或烧坏。

压缩机机油颜色为:浅黄色无味的液体。混入杂质之后:变成棕色或黑色,并且可能有一定的气味。如果发现机油变色或有气味：证明冷冻机油已经变质,应该更换新机油。冷冻机油的分类见表2-25所示。

表2-25　冷冻机油型号

制冷剂类型	R-12制冷系统	R-134a制冷系统
冷冻机油型号	ND-OIL6	ND-OIL8
冷冻机油类型	矿物质油	聚烷乙二醇(合成油)

注意

如果在R-12制冷系统中使用R-134a制冷系统的合成冷冻机油,那么合成油会腐蚀系统的密封元件。

如果在R-134a制冷系统中使用R-12制冷系统的矿物质冷冻机油,那么R-134a制冷剂与矿物质冷冻机油不相溶,机油不能随制冷剂一起循环,从而达不到润滑的效果。

冷冻机油是强吸湿品,而湿气对空调系统会有很大的破坏作用,因此用后马上要拧紧盖子。合成油比矿物油的吸湿能力要高10倍。

2. 加注冷冻润滑油的油量

制冷系统若泄漏很慢,对冷冻润滑油泄漏影响不大。若系统内制冷剂泄漏很快,冷冻润滑油也会很快泄漏。汽车空调压缩机是高速运转装置,其工作是否正常,取决于润滑是否充分,但过多的润滑油也影响制冷效果。当更换压缩机和制冷系统某一部件时,须检查压缩机内的油量。

润滑油泄漏补充加注：压缩机冷冻润滑油量的检查。如图2-15所示,卸下加油塞,通过加油塞孔察看并旋转离合器前板,把油尺用棉纱擦干净,然后插到压缩机内,直到油尺端部碰到压缩机内壳体为止,取出油尺,观察油尺浸入深度,当加油合适时,压缩机内油面应在前4~6格,若少则加入,若多则放出,然后拧紧加油孔塞。

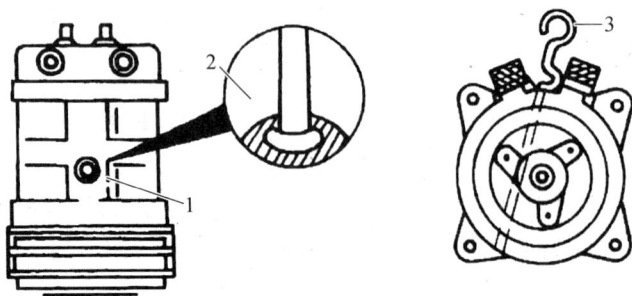

图2-15　空调压缩机冷冻润滑油量的检查

1—加油塞；2—加油孔；3—油尺

更换元件补充加注：如果空调系统未发生大量冷冻润滑油损耗，而且只有单个部件必须更换时，可直接向更换的元件加注冷冻润滑油，加注量如表2-26所示。

表2-26 冷冻润滑油加加注量

被更换的部件	冷冻润滑油补充量/ml
冷凝器	40～50
蒸发器	40～50
贮液干燥器	10～20
制冷循环管道	10～20

新压缩机装有制冷系统所需要的全部冷冻润滑油。所以当更换压缩机时，首先排空旧压缩机内的冷冻润滑油，并测量其容量。然后排空新压缩机冷冻润滑油，将与旧压缩机排出的相同的冷冻润滑油量加上20～30 ml注入新压缩机。因此更换压缩机时，新压缩机排出油量等于新压缩机总油量减去旧压缩机内的油量再减去20～30 ml。

3. 加注冷冻润滑油的方法

维修汽车空调制冷系统时通常不需加注冷冻润滑油，但在更换制冷系统部件以及发现系统有严重泄漏时，必须补充冷冻润滑油。其补充冷冻润滑油的方法有三种：

（1）从加油塞口直接加入。这种方法一般是在更换压缩机的时候，从压缩机的加油塞口直接加注。

（2）利用压缩机本身抽吸作用加注。用软管将冷冻润滑油从低压阀口处吸入，这时发动机一定要保持低速运转。

（3）利用抽真空加注冷冻润滑油的操作方法如表2-27所示。

表2-27 利用抽真空加注冷冻润滑油的操作方法

步骤	操作说明	示意图
1	将歧管压力表组件连接至系统高、低压维修接口。	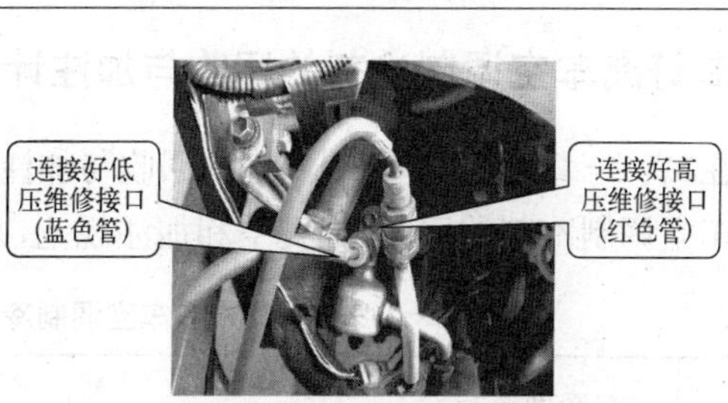 连接好低压维修接口（蓝色管） 连接好高压维修接口（红色管）
2	将歧管压力表组件的中间管连接至真空泵"吸气口"。	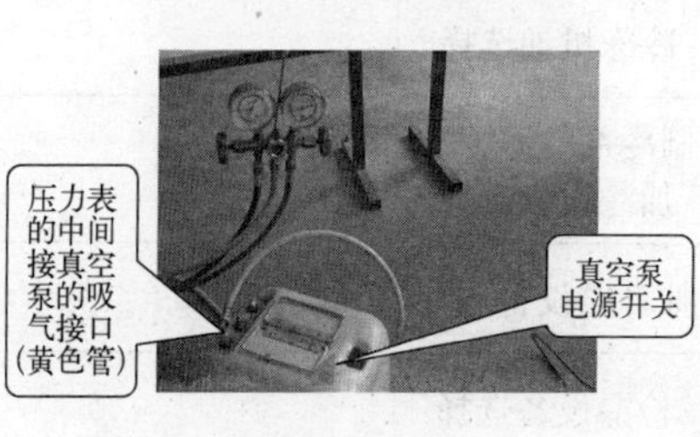 压力表的中间接真空泵的吸气接口（黄色管） 真空泵电源开关

续 表

步骤	操 作 说 明	示 意 图
3	打开歧管压力表组件的高压阀,关闭低压阀。	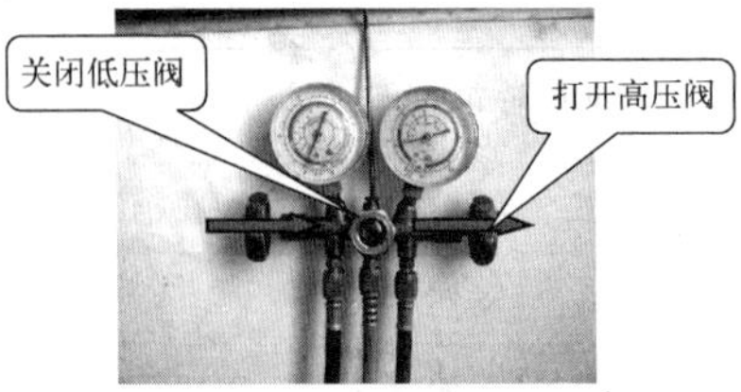 关闭低压阀　打开高压阀
4	将歧管压力表组件一头的低压管头拆下,放进盛装冷润滑油的容器中。	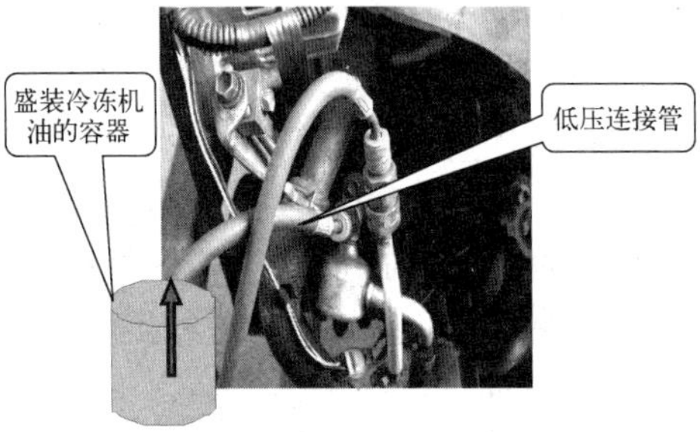 盛装冷冻机油的容器　低压连接管
5	打开真空泵的电源开关,吸入定量的冷冻机油之后,关闭电源开关,停止加油。	

【注意】
　　如果在R-12制冷系统中使用R-134a制冷系统的合成冷冻机油,那么合成油会腐蚀系统的密封元件。
　　如果在R-134a制冷系统中使用R-12制冷系统的矿物质冷冻机油,那么R-134a制冷剂与矿物质冷冻机油不相溶,机油不能随制冷剂一起循环,从而达不到润滑的效果。
　　冷冻机油是强吸湿品,而湿气对空调系统会有很大的破坏作用。因此,用完后马上要拧紧盖子。合成油比矿物油的吸湿能力要高10倍。

?!! 议一议

四、制订汽车空调制冷剂的回收与加注计划

在"表2-28汽车空调制冷剂的回收与加注计划"的指引下,查阅待修车辆维修手册,熟练汽车空调制冷剂的回收、抽真空和加注规范,并制定汽车空调制冷剂的回收与加注计划。

表2-28　汽车空调制冷剂的回收与加注计划

待修车辆空调制冷剂的回收与加注规范	制冷剂选择	
	冷冻机油选择	
	制冷剂的回收与加注设备选择	
	抽真空设备选择	
	检漏设备选择	

续　表

<table>
<tr><th></th><th>检 修 步 骤</th><th>技术要求或标准</th><th>检修记录</th></tr>
<tr><td rowspan="6">汽车空调制冷剂的回收与加注流程</td><td>汽车空调制冷剂的回收</td><td>(1) 连接歧管气压计状态：空调开关“OFF”，点火开关“LOCK”(停止发动机)。
(2) 用回收机回收制冷剂。</td><td></td></tr>
<tr><td>抽真空</td><td>(1) 抽空至歧管气压计低压侧显示为 750 mmHg 或更高。
(2) 保持 750 mmHg 或更高的显示压力抽空 10 分钟。</td><td></td></tr>
<tr><td>加注制冷剂</td><td>制冷剂是高度压缩的气体，加注制冷剂时需要特别注意处理制冷剂的预防措施。</td><td></td></tr>
<tr><td>加注冷冻机油</td><td>新压缩机排出油量＝新压缩机总油量－旧压缩机内的油量－(20～30 ml)</td><td></td></tr>
<tr><td>制冷系统的检漏</td><td>检测方法同上“任务 2.2 中制冷系统的检漏”
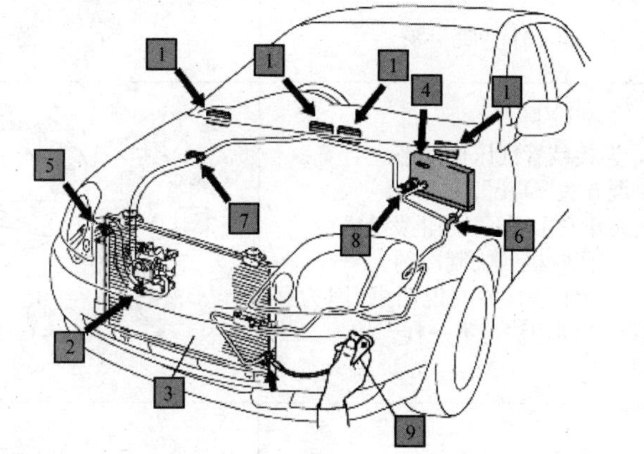
1 送风机电阻　2 空调压缩机
3 冷凝器　4 蒸发器
5 收集器或调制器　6 排放软管
7 管道的连接部位　8 EPR(蒸发器压力调节器)
9 漏气检测器</td><td></td></tr>
</table>

D. 任务实施

做一做

根据“表 2－28 汽车空调制冷剂的回收与加注计划”实施维修作业，即“表 2－29 汽车空调制冷剂的回收与加注”。

表 2‑29　汽车空调制冷剂的回收与加注

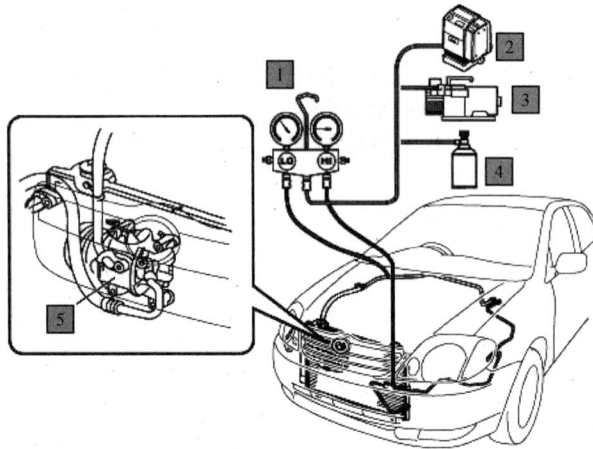

（1）汽车空调系统的故障，80％是由于系统制冷剂泄漏所造成的。如果检漏时检查出制冷系统出现泄漏，则在维修中经常要对系统中的制冷剂进行回收、抽真空、加注制冷剂和冷冻机油等操作。

（2）通过回收制冷剂、抽真空、加注制冷剂和冷冻机油，排除制冷系统不制冷故障。

检修项目	操　作　要　领	示　意　图	检修记录
回收制冷剂	1. 连接歧管气压计状态。空调开关"OFF"。点火开关"LOCK"（停止发动机）。2. 用回收机回收制冷剂。提示：参考有关的说明书，因为回收机型号不同用法也不一样。		
抽制冷系统真空	空调器系统抽出空气以便除去空调器管道内的水分（让水分蒸发），检查系统的空气密封性。（1）连接歧管气压计：把绿色软管连接到歧管气压计的中部，软管的另一端和真空泵连接。		
	（2）完全关闭歧管气压计低压侧和高压侧的阀门。		

续 表

检修项目	操 作 要 领	示 意 图	检修记录
抽制冷系统真空	（3）把加注软管的一端和歧管仪表相连,另一端和车辆侧的维修阀门相连: 蓝色软管→低压侧,红色软管→高压侧。 注意以下事项: 连接时,用手而不要用任何工具紧固加注软管。 如果加注软管的连接密封件损坏,更换; 由于低压侧和高压侧的连接尺寸不同,连接软管时不要装反; 软管和车侧的维修阀门连接时,把快速接头接到维修阀门上并滑动,直到能听到"咔嗒"声和歧管气压计连接时,不要弄弯管道。		
	（4）打开歧管气压计高压侧和低压侧两侧的阀门,开动真空泵抽空。 （5）抽空至歧管气压计低压侧显示为750 mmHg或更高。 （6）保持750 mmHg或更高的显示压力抽空10 min。		
	（7）关闭歧管气压计高压侧和低压侧两侧的阀门,关停真空泵。 注意:如果关停真空泵时两侧的阀门(高压侧和低压侧)都开着,则空气进入空调系统。		
	（8）检查空气密闭性。 真空泵停止后,高压侧和低压侧两侧的阀门关闭5分钟歧管气压计的读数应该不变。 提示:如果显示压力增加,则有空气进入空调系统,检查"O"形圈和空调系统的连接状况。 注意:如果抽空不足,空调管道内的水分会冻结,这将阻碍制冷剂的流动并导致空调系统内表生锈。	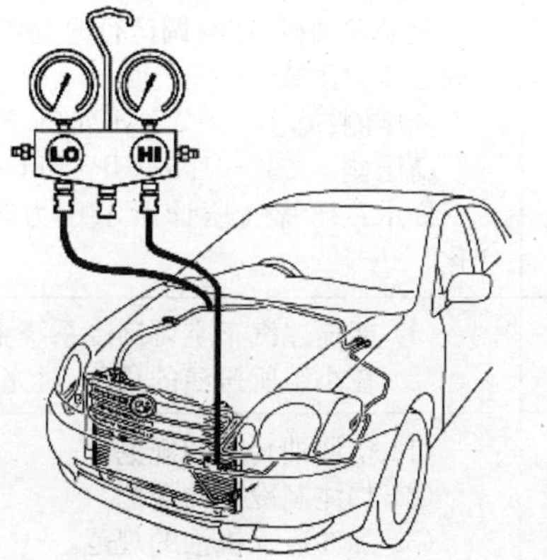	

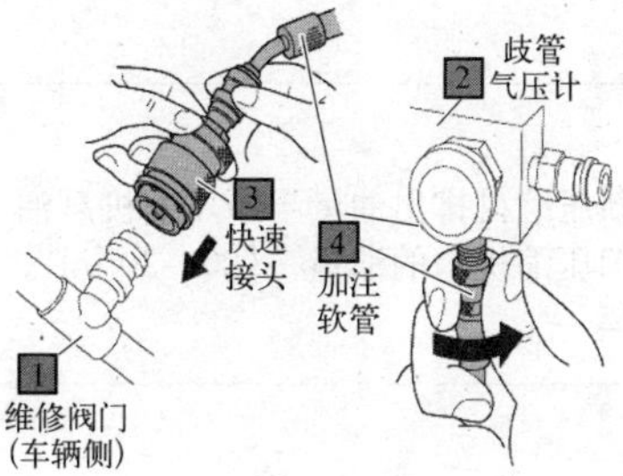

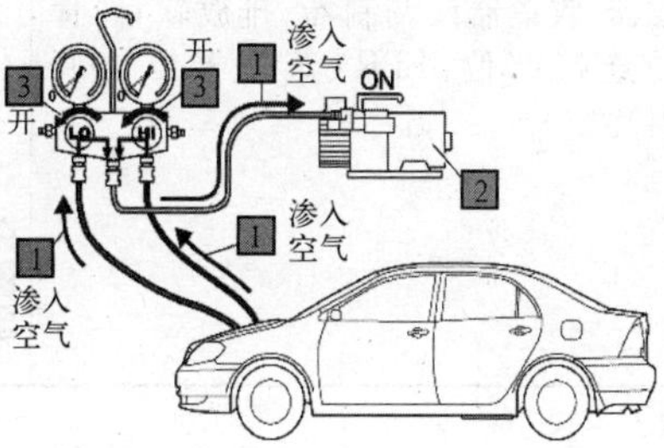

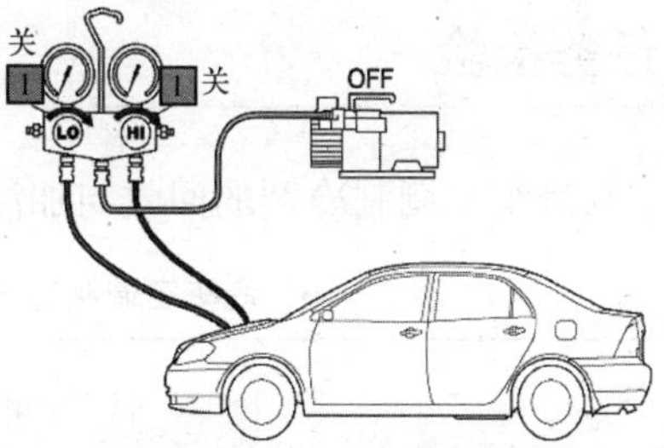

续　表

检修项目	操作要领	示意图	检修记录
加注制冷剂	制冷剂是高度压缩的气体,加注制冷剂时需要特别注意处理制冷剂的预防措施。		
加注冷冻机油	新压缩机排出油量＝新压缩机总油量－旧压缩机内的油量－(20～30 ml)。		
检漏	送风机电阻、空调压缩机、冷凝器、蒸发器、收集器或调制器、排放软管、管道的连接部位、EPR(蒸发器压力调节器)。	① 送风机电阻　④ 蒸发器　　　　⑦ 管道的连接部位 ② 空调压缩机　⑤ 收集器或调制器　⑧ EPR(蒸发器压力调节器) ③ 冷凝器　　　⑥ 排放软管　　　⑨ 漏气检测器	

E. 任务检验

　　按表 2-30 汽车空调制冷剂的回收与加注检验与评估进行自评、互评及总评。

表 2-30　汽车空调制冷剂的回收与加注检验与评估

检验与评价内容	检验指标	课程权重	自评	互评	点评
维修质量检验	起动发动机,在空调运行时检查歧管气压计所显示的压力应为规定压力读数。 　　低压侧: 0.15～0.25 MPa (1.5～2.5 kgf/cm² ,21～36 Psi) 　　高压侧: 1.37～1.57 MPa (14～16 kgf/cm² ,199～228 Psi) 　　提示:歧管气压计所示压力随外部空气温度而有轻微的变化。	20%			
检查任务完成情况	(1) 能描述汽车空调制冷系统主要部件的作用与原理。 (2) 在小组所扮演的角色,对完成任务过程中所起作用。	50%			
专业知识	(1) 空调抽真空的规范。 (2) 加注制冷剂的规范。 (3) 加注冷冻机油的规范。	20%			

续　表

检验与 评价内容	检　验　指　标	课程 权重	自 评	互 评	点 评
职业素养	(1) 学习态度：积极主动参与学习。 (2) 团队合作：与小组成员一起分工合作，不影响学习进度。 (3) 现场管理：服从工位安排、执行实训室"5S"管理规定。	10%			
综合评议 与建议		评分			

F. 任务拓展

在修理汽车空调的过程中，经常需要拆开空调系统，在修理过程中使用冷媒回收机回收空调系统中的制冷剂。由于制冷剂被储存在制冷剂回收罐内，所以拆开空调制冷系统也不会使制冷剂泄漏而污染大气。对于制冷剂要求不太严格的场合，当修理工作完成之后，存贮的制冷剂可以再泵回空调系统再使用。

1. 冷媒回收机介绍

目前有 R12 和 R134a 两种回收装置，或同一装置中有两套管路，分别供 R12 和 R134a 回收之用，如图 2-16 所示。

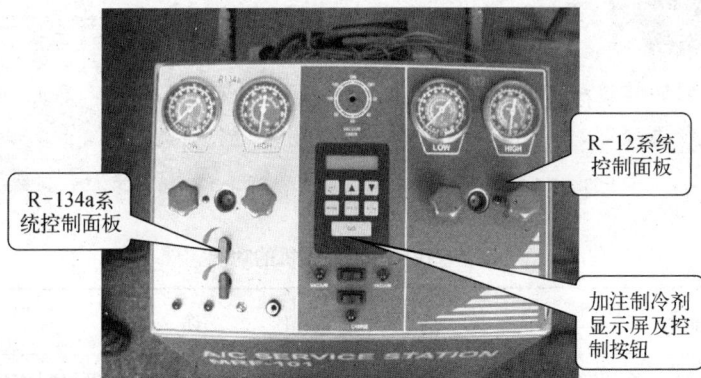

图 2-16　冷媒回收机

制冷剂的回收有冷却法、压缩法和吸附脱离法三种。冷却法使制冷剂蒸气冷却液化，回收 R12 时，回收容器需冷却到-30℃，可使用干冰等使制冷剂冷却、液化后回收，此法适宜于干净的制冷剂。冷却法有一套独立的冷却循环系统，制冷剂的回收容器在蒸发器中把蒸气冷冻成液体。从汽车空调系统排出的制冷剂通过过滤干燥器，除去水分和杂质；通过分油器除去制冷剂中的润滑油，进入回收容器。对于制冷剂纯度要求不太严格的场合，被回收的制冷剂可重新加到制冷系统。

压缩法是用压缩的方法将制冷剂蒸发变成液体，其工作原理如图 2-17 所示，从空调系统排出的制冷剂通过过滤干燥器，除去水分和杂质，通过吸气压力调节控制阀，部分液态制冷剂存留在储液筒中,气态制冷剂进入压缩机被压缩成高温高压气体,通过分油器时,与制冷剂混合的冷冻润滑油被分离出来,流回压缩机,制冷剂则进入冷凝器被冷却,通过气液分离器,被冷凝的液态制冷剂流到回收容器,回收容器中的部分气态制冷剂会通毛细管被压缩机吸入。回收装置的功能如表2-31所示。

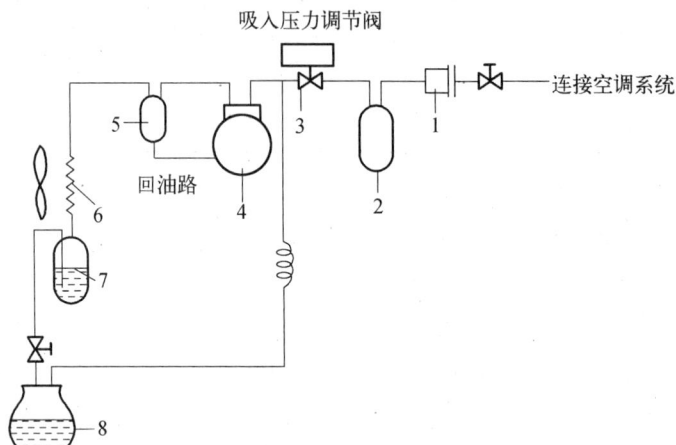

图 2-17　压缩法回收装置原理

1—过滤干燥器;2—储液筒;3—吸入压调节装置;4—压缩机;5—分油器;
6—冷凝器;7—气液分离器;8—回收容器;9—毛细管

注　意

在制冷剂的回收过程中因操作不当或管理不善造成制冷剂质量不纯,因而最好将回收的制冷剂进行再处理,一般用蒸馏法和过滤吸附法进行再处理。

表 2-31　冷媒回收机的功能

冷媒回收机的功能	用　　途
制冷剂回收	当系统内有制冷剂,但要进行系统维修,用冷媒回收机对制冷剂进行回收,以免产生污染,而且制冷剂可以再利用。
系统抽空	维修工作完成之后,要对系统进行抽真空。
加注雪种	给系统加注雪种。
加冷冻机油	在抽空之后,利用冷媒回收机加注冷冻机油,以便润滑系统。
测量系统压力	可以通过面板上的高、低压组合压力表测量系统压力,确定系统中的制冷剂量,或判断故障。

2. 冷媒回收机的控制面板介绍

冷媒回收机的控制面板介绍如表2-32所示。

表 2-32 冷媒回收机的控制面板介绍

图 示	说 明
 1—高压表;2—低压表;3—视液孔; 4—低压手动阀 5—高压手动阀; 6—制冷剂回收阀;7—抽真空、加注阀; 8—压力报警灯;9—罐满报警灯; 10—回收指示灯;11—回收按钮	(1) 高、低压表——测量制冷系统内的压力。 高压表——红色;低压表——蓝色。
	(2) 高、低压阀——控制压力表中的系统压力与冷媒机的连接。比如:关闭低压阀,那么系统的低压侧压力就和回收机不相连接。 高压阀——红色;低压阀——蓝色。
	(3) 视液孔——在加注制冷剂时,观察液态流入的制冷剂。
	(4) 回收阀——当回收制冷剂的时候打开。
	(5) 抽真空、加注阀——当抽真空或加注雪种时要打开此阀。
	(6) 压力报警灯——当回收压力过高时灯亮报警。
	(7) 罐满报警灯——当雪种回收罐满时灯亮报警。
	(8) 回收指示灯——当按下回收按钮时,指示灯会亮。
	(9) 回收按钮——按下此按钮之后,起动回收系统开始回收制冷剂。
 1—制冷剂加注控制面板;2—抽真空按钮; 3—制冷剂加注按钮;4—制冷剂加注指示灯; 5—抽真空指示灯	(1) 抽真空按钮——控制机器的抽空系统。
	(2) 制冷剂加注按钮——按下按钮,机器加注系统开始处于工作状态。
	(3) 制冷剂加注指示灯——指示机器加注系统正处于工作状态。
	(4) 抽真空指示灯——指示 R-134a 系统抽空工作。

3. 制冷剂回收的操作步骤

各种回收装置的操作方法不完全相同,下面介绍由"元征"公司生产的制冷剂回收装置的使用方法如表 2-33 所示。

表 2-33 "元征"公司生产的制冷剂回收装置的使用方法

序号	步骤	说明	图示
1	回收前准备	回收之前运转空调几分钟,便于回收时将杂质及油污带出。	
2	连接管路	将回收装置的高、低压软管连接至汽车空调的高、低压维修接口。	 高、低压阀
3	检查系统压力	检查高、低压表是否指示正压,如果没有正压说明无冷媒可回收。	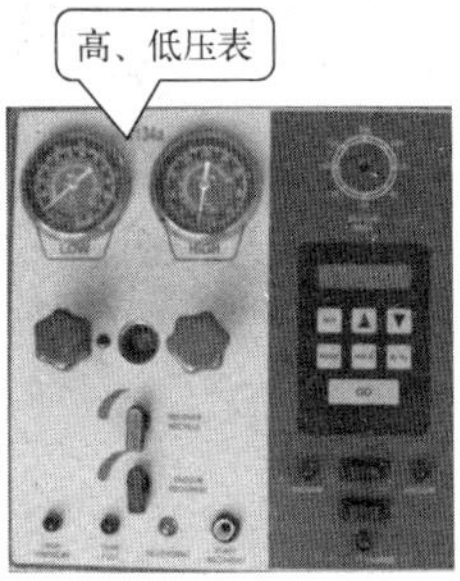 高、低压表
4	连接电源	插好冷媒回收机的电源插头,并打开机器按钮。	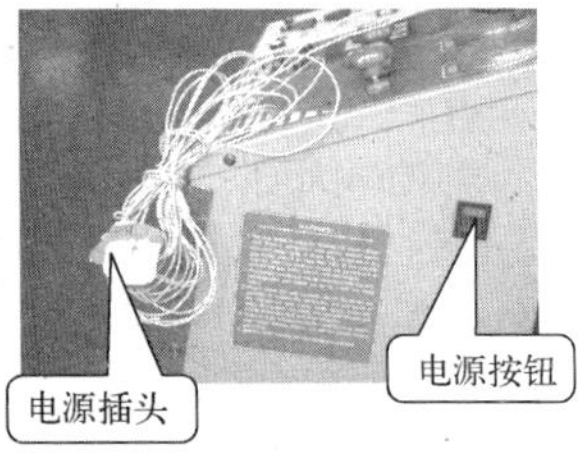 电源插头 电源按钮
5	打开换瓶阀	竖的位置为关闭,横的位置为打开。	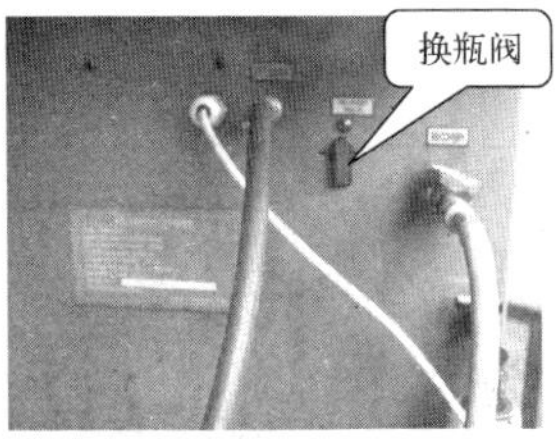 换瓶阀
6	打开制冷剂罐上的回收阀	蓝色的为回收阀,注意打开"手动阀"之前要先排空气。	 回收阀
7	回收	打开"回收阀"再按下回收阀按钮,回收指示灯亮,开始回收制冷剂。注意观察左边的两个指示灯。注意不能使制冷剂内混入空气,如果混入空气,这些制冷剂将不能再利用。	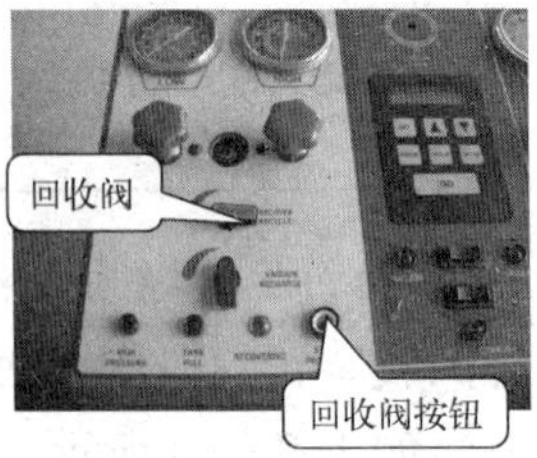 回收阀 回收阀按钮

续　表

序号	步　骤	说　　明	图　　示
8	结束回收	当压力表指示"0"时,结束回收,关闭各阀门。	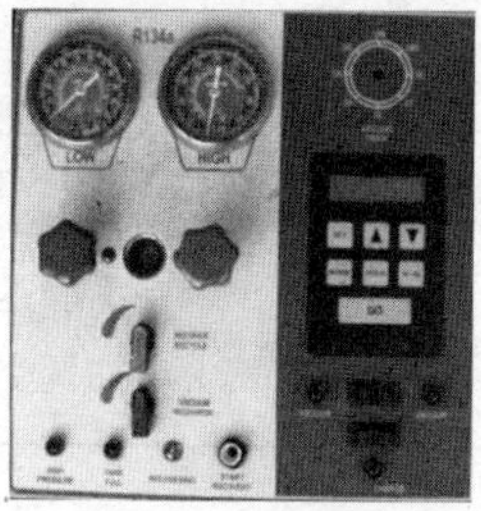

4. 冷媒回收机给系统抽真空

当空调系统修理完毕之后,可以使用冷媒回收机给系统抽真空,操作方法如表 2－34 所示。

表 2－34　冷媒回收机给系统抽真空

序号	步　骤	说　　明	图　　示
1	连接好管路	将回收机的高、低压软管连接至制冷系统的维修接口。	
2	抽真空	将高、低压手动阀完全打开,把"加注、抽真空阀"打开,并按下"抽真空"开关按钮开始抽真空。 抽真空的其他要求同用歧管压力表抽真空的操作方法相同。	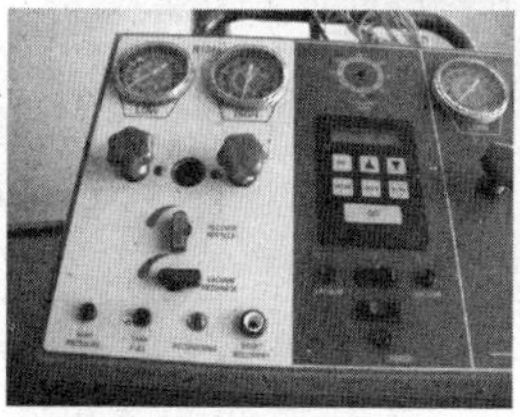

5. 冷媒回收机给系统加注冷冻机油

如果维修制冷系统或更换制冷系统元件后,需要补充加注冷冻润滑油。可以在抽真空完毕之后,直接用冷媒回收机加注定量的冷冻润滑油,操作方法如表 2－35 所示。

表 2－35　冷媒回收机加注定量的冷冻润滑油的操作方法

序号	步　骤	说　　明	图　　示
1	打开低压手动阀	打开阀之前要量好新的冷冻润滑油放在加油瓶里。	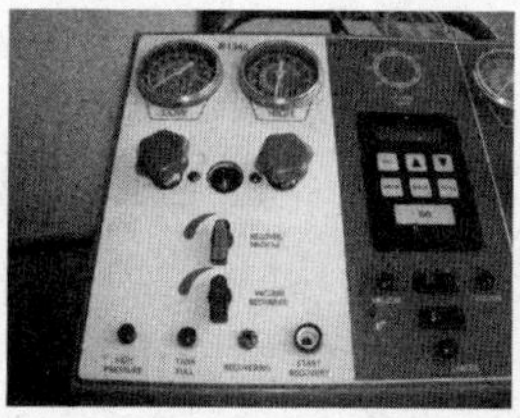

续　表

序号	步　骤	说　明	图　示
2	加注冷冻机油	打开加油瓶上的阀门,开始加注。观察加注瓶上的刻度线,达到刻度要立即关闭阀门,防止加注过量。 注意:如果控制不当可能使空气进入制冷系统,如果进入了空气应该再抽真空。	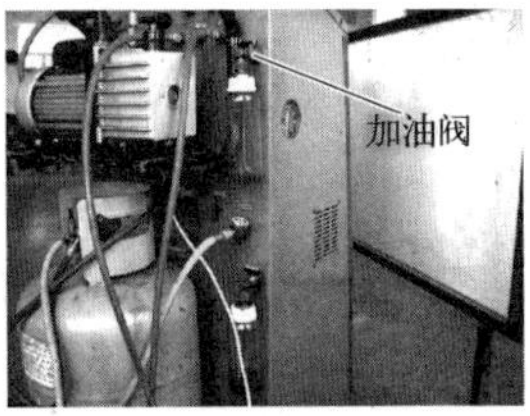

6. 用冷媒回收机给系统加注制冷剂

在抽真空完毕之后,可以使用冷媒回收机给空调系统加注制冷剂,操作方法如表 2-36 所示。

表 2-36　使用冷媒回收机给空调系统加注制冷剂的操作方法

序号	步　骤	说　明	图　示
1	打开制冷剂储存瓶的"输出阀",并且排空气	"输出阀"为红色。	
2	在控制面板上设置制冷剂的加注量	(1) 按"MODE"键——选择加注模式。 (2) 按"SET"键——设置加注的制冷剂的重量。 注:"▲"——增加;"▼"——减少	
3	打开开关和控制按钮,加注制冷剂	(1) 如果从高压低侧加注,则打开高压手动阀。 (2) 打开"加注阀",按下"加注"电源开关(指示灯会亮)。 (3) 按"GO"键,开始加注制冷剂。如果要中途暂停加注,按"HOLD"键进行暂停。	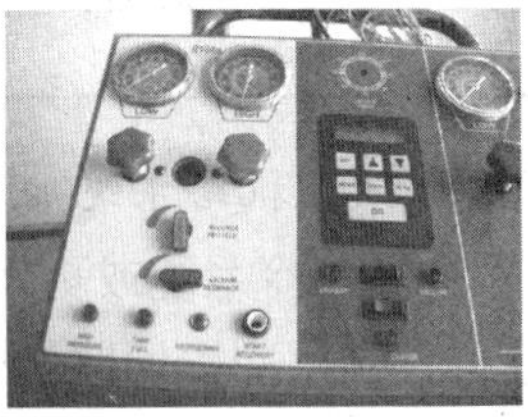
4	起动发动机加注	在运转压缩机之前必须关闭高压阀。再根据步骤二、三进行操作。	
5	结束加注	从压力表读出系统加力,如果达到规定标准,则关闭各阀门及开关结束加注。	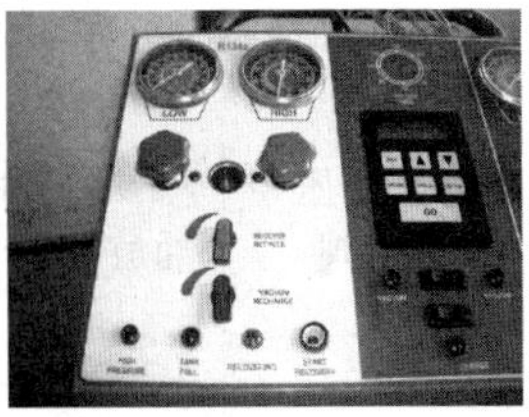

学习任务 2.4 汽车空调制冷系统管路及部件检修

A. 任务描述

汽车维修车间接到一辆汽车(手动空调)一年多没使用过空调,开空调无冷气,进入维修厂进行维修。维修顾问通过咨询、试车,确认故障,并填写《交车检查表》或《接车问诊表》,将车辆一起送至维修车间交给机电组进行维修。车间维修班长或组长根据《接车问诊表》,组织小组成员实施维修作业。接车问诊表如表 2-37 所示。

表 2-37 接 车 问 诊 表

车牌号:_____	车架号:_____	行驶里程:_____(km)
用户名:_____	电 话:_____	来店时间:____/____

用户陈述及故障发生时的状况:一辆 2006 款一汽丰田卡罗拉汽车一年多没使用过空调,发现无冷气,进入维修厂报修。

故障发生状况提示:行驶速度、发动机状态、发生频度、发生时间、部位、天气、路面状况、声音描述

接车员检测确认建议:空调制冷不良故障

车间检测确认结果及主要故障零部件:
汽车空调制冷系统管路及部件检修。

车间检查确认者:____×××××____

外观确认:

（请在有缺陷部位作标识）

功能确认:(工作正常√ 不正常×)
- □音响系统 □门锁(防盗器) □全车灯光 □工具
- □后视镜 □天窗 □座椅 □点烟器
- □玻璃升降器 □玻璃

物品确认:(有√ 无×)
- □贵重物品提示
- □工具 □备胎 □灭火器
- □其他(   )
- 旧件是否交还用户 □是 □否
- 用户是否需要洗车 □是 □否

- 检测费说明:本次检测的故障如用户在本店维修,检测费包含在修理费用内;如用户不在本店维修,请您支付检测费。
  本次检测费:¥_____元。
- 贵重物品:在将车辆交给我店检查修理前,已提示将车内贵重物品自行收起并保存好,如有遗失恕不负责。

接车员:_____   用户确认:_____

B. 任务目标

1. 理解汽车空调制冷系统部件的结构及工作原理，会制定检修计划。
2. 领会汽车空调制冷系统部件的检修规范，并实施检修作业。

C. 任务准备

 **读一读**

汽车空调制冷系统一般主要由压缩机（Compressor）、冷凝器（Condenser）、蒸发器（Evaporator）、膨胀阀（Expansion Valve）、储液干燥器（Receiver Drier）及管道（Hoses）等组成。

一、冷凝器的检修

汽车空调冷凝器的作用是把压缩机排出的高温、高压的制冷剂气体，通过冷凝器将热量散发到车外的空气中。使高温、高压的气态制冷剂冷凝成温度较高的高压液体，从而使系统制冷。冷凝器的工作过程如图 2-18 所示。

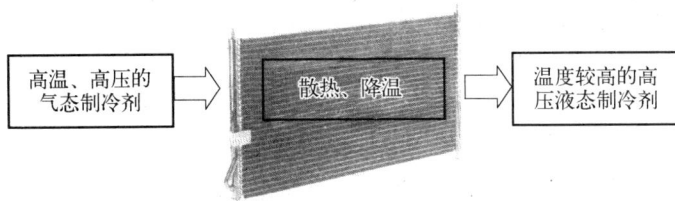

高温、高压的气态制冷剂 ➡ 散热、降温 ➡ 温度较高的高压液态制冷剂

图 2-18　冷凝器的工作过程

> **注意**
>
> 会有少量的制冷剂以气态离开冷凝器，由于下一步是储液干燥瓶，因此影响不大。如果冷凝器散热不好，有大量的制冷剂以气态离开冷凝器，那么会严重影响制冷效果。

1. 冷凝器构造与分类

冷凝器一般可分为：管片式、管带式和平行流式三种结构，三种结构冷凝器的特点如表 2-38 所示。

2. 冷凝器的检修

如果出现冷凝效率降低、水箱温度升高的故障必须及时排除。由于制冷剂泄漏，发动机机油冷却器泄漏，液力传动工作液冷却器泄漏等，会使尘埃、砂子、小昆虫等附着在翅片间，日积月累，愈积愈多形成积垢，使气流不能顺利通过冷凝器，导致冷凝效率下降。因此，要对

表 2 - 38　冷凝器的特点

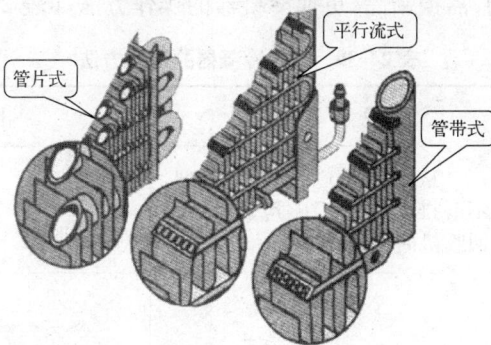

型　式	图　　　示	特　　　点
管片式	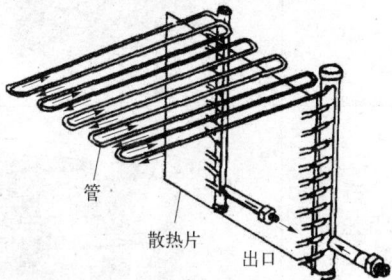	管片式冷凝器由安装在一系列薄散热片上的制冷剂螺旋管所组成。 　它是汽车空调中早期采用的一种冷凝器，制造工艺简单。
管带式	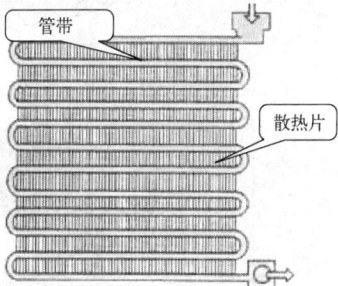	带式冷凝器一般是将小扁管弯成蛇形，在其中安置三角形的翅片或其他类型的散热片。 　这种冷凝器的传热效率比管片式冷凝器提高约 15%～20%。
平行流式	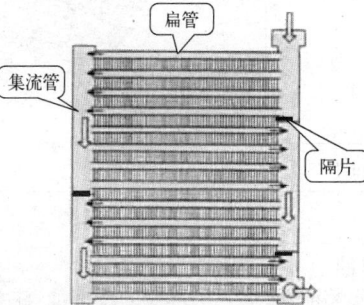	平行流式冷凝器由圆筒集管、铝制管、波形散热翅片以及连接管组成，是专为 R - 134a 提供的一种新型冷凝器。 　这种冷凝器的传热效率比管带式冷凝器提高约 30%～40%。

【管带式和平行流式两种冷凝器的区别】

　只有一条扁管自始至终地呈蛇形弯曲，制冷剂只在这一条通道中流动并进行散热。阻力大，流通性差。

　在两条集流管间用多条扁管相连，制冷剂在同一时间经多条管流通并进行散热。阻力小，流通性好，散热性能提高了 35% 左右。

冷凝器及时维护,用刷子沾上溶液,清理掉翅片间的污垢。多数情况下,由于车祸等原因损坏的冷凝器是不能修理的,需换新品,更换冷凝器的操作方法如表2-39所示。

表 2-39   更换冷凝器的操作方法

序号	步　骤	说　　明	图 示 或 提 示
1	制冷剂回收	从制冷系统中排出制冷剂,不要排入到大气中,应当用冷媒回收机回收。	
2	拆除螺栓和散热器的固定架	A——固定螺钉 B——冷凝器	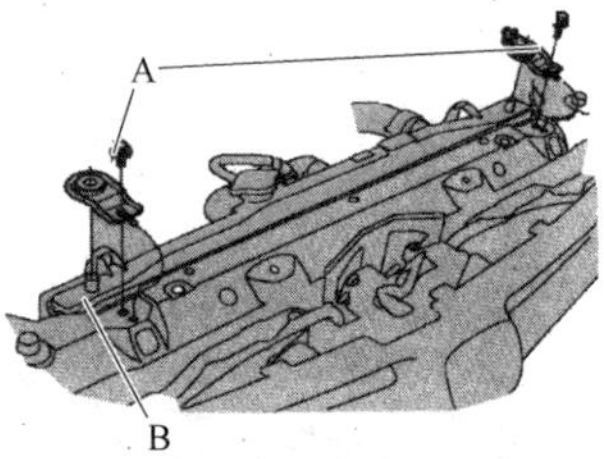
3	拆固定螺栓	拆除螺栓,然后从冷凝器上断开制冷管路。同时断开压力开关插接器。 A——制冷管头 B——压力开关	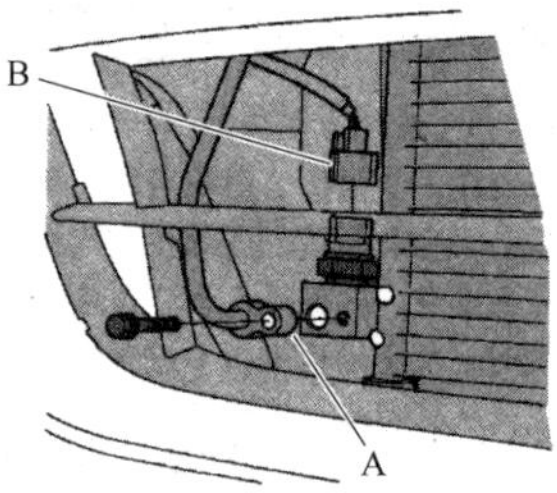
4	取出冷凝器	拆下冷凝器时,小心不要损坏冷凝器和散热器。	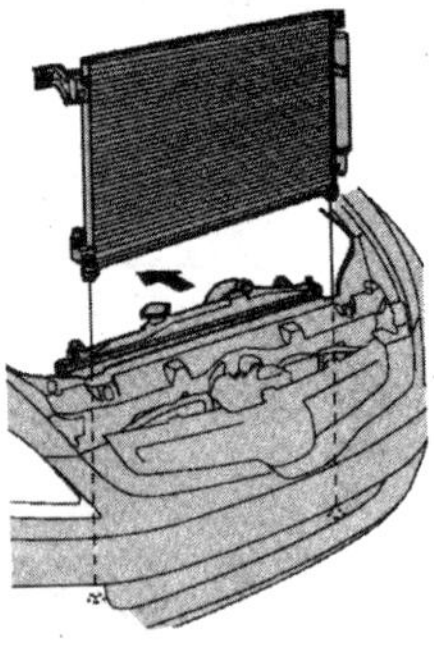
5	冷凝器的安装:按与拆卸冷凝器相反的顺序进行。		

【安装冷凝器注意事项】
　　如果要安装一个新的冷凝器,则需要加入冷冻机油。
　　每次装配都要更换一个新的O形密封圈,并在安装前,涂上一层薄薄的冷冻油,注意使用与R-12或R-134a相对应的O形密封圈,不能换用,否则可能出现泄漏的情况。
　　用完机油后,应马上盖好容器的盖子,并进行密封,以免吸入水汽。
　　不要把制冷剂溅到汽车上,它可能会损坏车身油漆;如果制冷剂接触到油漆,应立即清洗干净。
　　安装冷凝器时,注意不要损坏冷凝器和散热器片;安装完毕后,给系统充注制冷剂,检查空调的工作性能。

二、蒸发器的检修

制冷剂在蒸发器内吸收热量并蒸发,载热空气被鼓风机强迫通过蒸发器,空气的热量被汽化的制冷剂吸收,从而达到降低车内空气温度的目的。蒸发器出口的制冷剂蒸气的温度比其进口的液态制冷剂的温度低 8.9~16℃,其工作过程如图 2 - 19 所示。

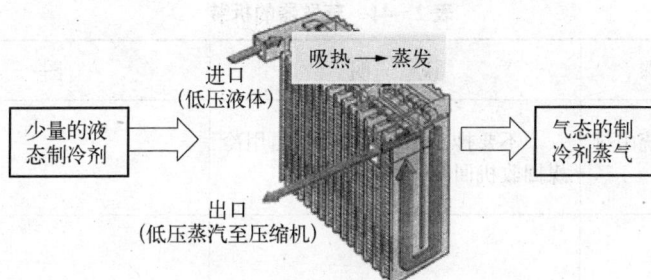

图 2 - 19　蒸发器工作过程

1. 蒸发器的构造及分类

汽车空调蒸发器有管片式、管带式和层叠式三种结构,其结构特点如表 2 - 40 所示。

表 2 - 40　汽车空调蒸发器结构特点

类型	图　示	说　明
管片式		管片式蒸发器,是由安装在一系列薄散热片内的制冷剂螺旋管构成。
管带式		管带式蒸发器,由多孔扁管、蛇形散热铝及散热片组成。
层叠式		层叠式蒸发器由两片冲压形成的铝板叠在一起组成制冷剂通道,每两片之间夹有蛇形散热铝带。

2. 蒸发器的检修

蒸发器的故障一般是泄漏和脏堵等情况。如果叶片脏污以及管道堵塞或扭结等情况会使制冷系统的制冷能力下降,蒸发器芯是无运动部件,一般不会磨损。

蒸发器出现脏堵等情况影响制冷效果,应拆下蒸发器芯进行清洗。如果蒸发器芯出现泄漏的情况,一般更换一个新的蒸发器芯。蒸发器的拆装的主要步骤如表 2-41 所示。

表 2-41 蒸发器的拆装

序号	步骤	说明	图示
1	从制冷系统中排出制冷剂	不要排入到大气中,应当用冷媒回收机回收。	
2	拆下螺栓,然后从蒸发器芯子上断开制冷管路	吸气管——为低压管,是连接蒸发器出口和压缩机之间的管路。 储液管——为高压管,是连接蒸发器进口和储液干燥瓶之间的管路。	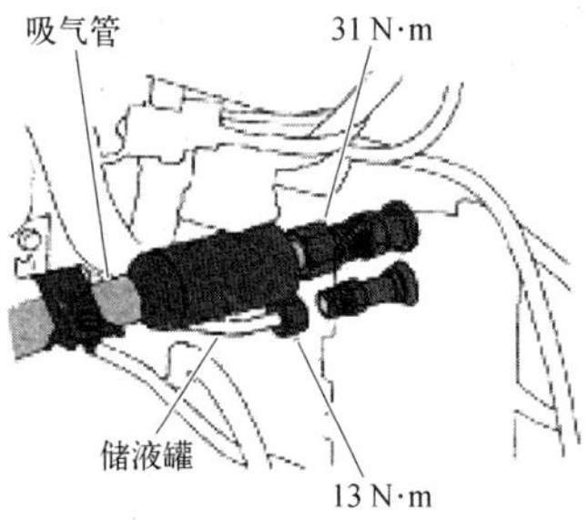 吸气管　31 N·m 储液罐　13 N·m
3	拆下鼓风机装置	注意:拆鼓风机总成之前,要先拆卸副驾驶室前的工具箱。	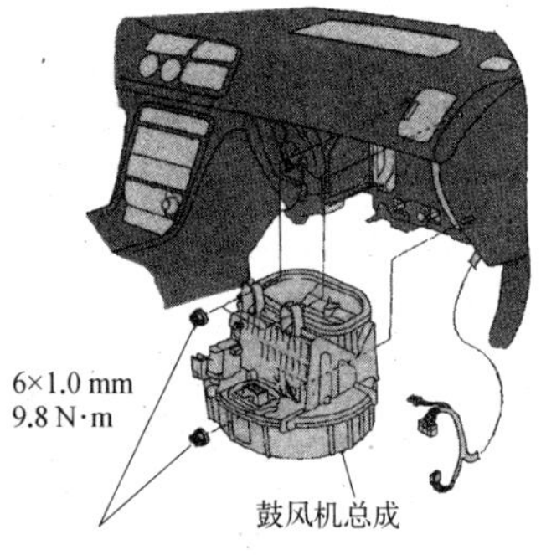 6×1.0 mm 9.8 N·m 鼓风机总成
4	拆下膨胀阀	A——H 形膨胀阀	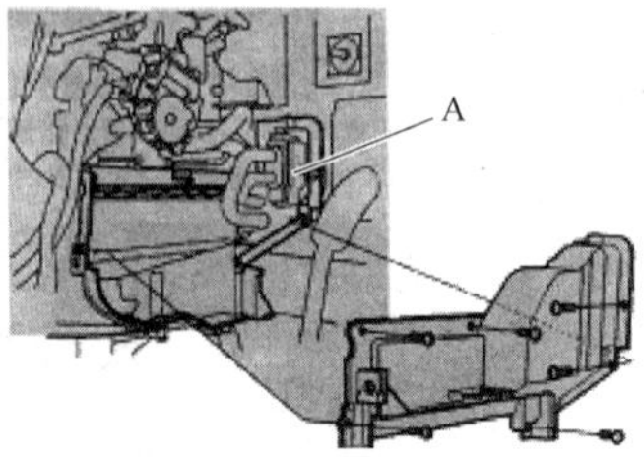 A

续　表

序号	步　骤	说　　明	图　　示
5	小心地拉出蒸发器芯子,不得弯曲管路	B——蒸发器芯	
6	蒸发器的安装:按与拆卸冷凝器相反的顺序进行。		

【安装蒸发器注意事项】
　　如果安装新的蒸发器芯子,则应加注冷冻机油。(安装完毕后,从维修接品或压缩机上加注)。
　　在各接头处更换新的O形密封圈,并在安装前涂抹一薄层冷冻机油。一定要使用适合的O形密封圈,以防泄漏。
　　使用冷冻机油之后,立即盖上容器盖并进行密封,以防止进入湿气。
　　不要将冷冻机油溅洒到车辆上,防止损坏喷漆表面。如果已溅到喷漆表面上,立即将其冲洗干净。
　　将系统抽空,对系统进行加注,检测系统性能。
　　安装蒸发器芯时,一定要安装好蒸发器箱的排水管,防止的凝结水漏入车厢内。

三、储液干燥器或储液罐的检修

1. 储液干燥器的检修

　　由于汽车空调正常工作时,制冷剂的供应量大于蒸发器的需要量,所以在高压侧液态制冷剂有一定的储存量。同时由于制冷剂在冷凝器中可能没有完全液化成液态,如果这部分没有液化的制冷剂进入蒸发器,会严重影响到空调制冷效果,因此在高压侧设置一个储液干燥器,如图2-20所示。

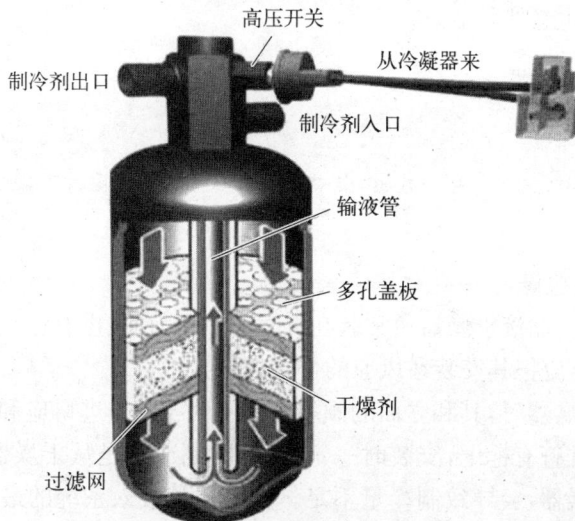

图2-20　储液干燥器

作 用

（1）储存制冷剂：暂时储存一部分的制冷剂，使气液分开。

（2）过滤水分和杂质：可以吸收空调系统中的水分，如果制冷剂中含有水分，会使膨胀阀口结冰阻塞。储液干燥器可以避免此类故障。

（3）防止气态制冷剂进入蒸发器：储液干燥器的位置和设计结构可以防止气态的制冷剂进入蒸发器，如果这部分没有液化的制冷剂进入蒸发器，会严重影响到空调制冷效果。

（4）提供缓冲空间：能及时调整和补充供给膨胀阀液态制冷剂的流量，以保证系统内制冷剂的连续性和稳定性。

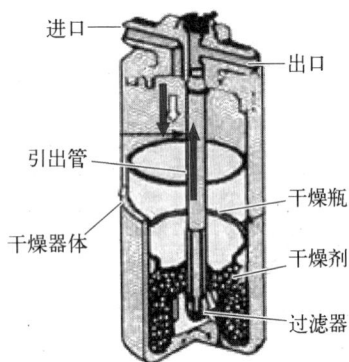

图2－21　储液干燥器的结构

1）储液干燥器的构造

储液干燥器接收冷凝器排出的制冷剂。它安装在冷凝器和膨胀阀之间，由一个储液干燥器体、滤清器、干燥剂、引出管和观察窗等构成，其结构如图2－21所示。

干燥剂：干燥剂是硅胶、分子筛、汽车胶（Mob8il—Gel）等吸附系统内吸湿气的固体。它可以放置在两层滤网之间，也可以放在金属丝袋中。其吸湿能力和它的品种、用量和环境温度有关。

滤清材料：滤清材料可防止干燥剂尘污和其他杂物随制冷剂在空调系统内循环。有些干燥剂前后有一层滤清材料，制冷剂必须通过两层滤清材料和一层干燥剂，然后才能离开储液罐。有些干燥器内没有滤清材料，只有滤网，金属丝滤网的功能同滤清材料一样。

出液管：出液管的功能是保证进入热力膨胀的制冷剂全部是液体，进入储液罐的制冷剂是气、液合物，气体在上、液体在下，出液管的下管口深入罐底，因此从中通过的只有液体，流向膨胀阀的制冷剂也必然是液态。

注 意

进出口一般有（IN进口）和（OUT出口）及箭头标识，安装时不要装反。

2）储液干燥器的检修

储液干燥的安装。储液干燥器通常装在汽车散热器前面，也有把它装在蒸发器附近，如图2－22所示。总之，应把其安装在风凉的位置处。

安装立式储液干燥器时，其和立面的倾斜角度不大于15°，进口应和冷凝器出口相连通。储液干燥进口处，通常打有标记，安装时一定要记住，制冷剂是从干燥器下部流入膨胀阀进口的，接反了储液干燥器，会导致制冷量不足。干燥器是接入系统的最后一个部件，应防止湿气进入系统和干燥器。

储液干燥器的维护。储液干燥器内干燥剂失效时,湿气会集聚在膨胀阀孔口,结成冰块,系统发生堵塞,必须更换。如出液口残缺,液体管路内会发生不正常的气体发闪,应更换旧储液干燥器。

排湿时,必须彻底抽真空,要选用可靠的真空泵。为了防止杂质在系统内循环,膨胀阀进口、压缩机进口和储液干燥器内部,均装有滤网,要是滤网堵塞,必须更换储液干燥器。

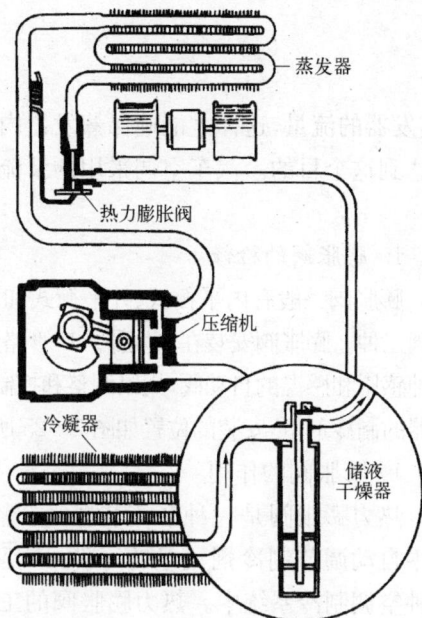

图2-22 储液干燥器的安装位置

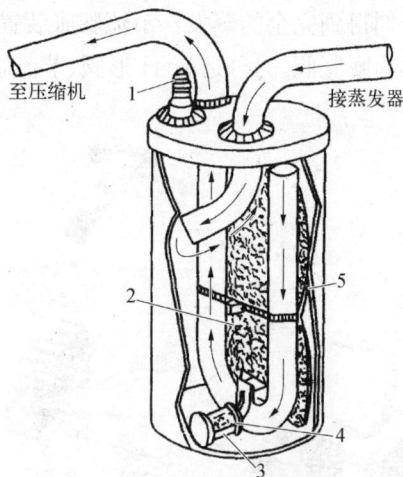

图2-23 储液器的构造

1—测试孔口;2—干燥剂;3—滤网;
4—泄油孔;5—出气管

2. 储液器的检修

储液器和储液干燥器类似,集液器的主要功能是防止液态制冷剂进入压缩机产生液击,也用于储存过多的液态制冷剂,内含干燥剂也起储液干燥器的作用。储液器的结构,如图2-23所示。

制冷剂从集液器上部进入,液态制冷剂落入容器底部,气态制冷剂积存在上部,并经上部出气管进入压缩机。在容器底部,出气管弯处装有带小孔的滤清器,允许少量的积存在管弯处的机油返回压缩机。但液体制冷剂不能通过,因而要用特殊过滤材料。

储液罐装在系统的低压侧,装有集液器的空调系统都用膨胀管,安装位置如图2-24所示。低压侧的压力控制器,如循环离合器系统控制蒸发器温度压力开关,常安装在集液器上。集液器中干燥器剂组成和特性,和储液干燥器内完全一样。

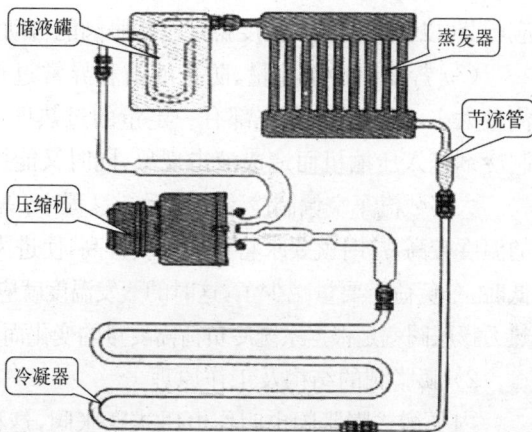

图2-24 储液罐的安装位置

注　意

注意干储液干燥器和储液罐安装位置的不同。

储液干燥器和储液罐均不能维修,若发现故障,应更换新元件。

四、节流膨胀装置的检修

为了达到最大的制冷效果,必须控制进入蒸发器的流量,这样才能确保蒸发器内的注液态制冷剂得到完全的蒸发。节流膨胀装置能够达到这个目的。汽车空调采用的节流膨胀装置有热为膨胀阀,另外还有 H 形阀、节流管等。

1. 膨胀阀的检修

膨胀阀一般有内平衡式、外平衡式和 H 形膨胀阀三种。膨胀阀安装在蒸发器入口管路上,它是一种感压和感温的自动阀,用以调整和控制进入蒸发器的制冷剂量,安装的位置如图 2 - 25 所示。

1) 膨胀阀的作用

热力膨胀阀是一种节流装置,它是制冷系统中自动调节制冷剂流量的元件,广泛应用于各种空调制冷系统中。热力膨胀阀的工作特性好坏直接影响整个制冷系统能否正常工作。热力膨胀阀一般有三个作用:

(1) 节流降压。它使从冷凝器来的高温高压液态制冷剂节流降压成为容易蒸发的低温低压雾状制冷剂进入蒸发器,即分开了制冷剂的高压侧和低压侧。

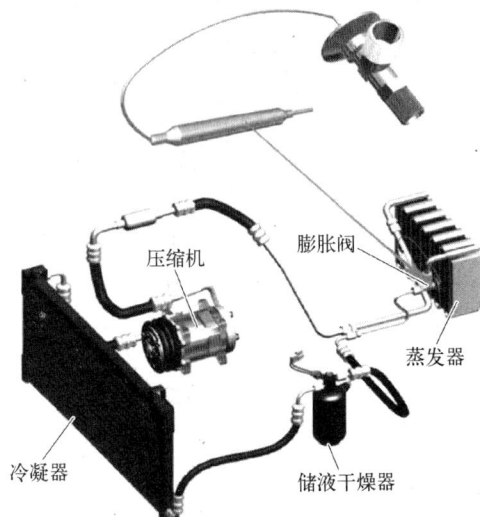

图 2 - 25　膨胀阀的安装位置

（压缩机　膨胀阀　蒸发器　冷凝器　储液干燥器）

(2) 自动调节制冷剂流量。由于制冷负荷的改变以及压缩机转速的改变,要求流量作相应调节,以保持车室内温度稳定。膨胀阀能自动调节进入蒸发器的流量以满足制冷循环要求。

(3) 控制制冷剂流量、防止液击和异常过热发生。膨胀时以感温包作为感温元件控制流量大小,保证蒸发器尾部有一定量的过热度,从而保证蒸发器容积的有效作用,避免液态制冷剂进入压缩机而造成液击现象,同时又能控制过热度在一定范围内。

大多数汽车空调制冷系统在运行过程中,其冷负荷是变化的;如系统刚开始降温时,车内的温度较高,这时就要求将蒸发温度升高,使进入蒸发器的制冷剂流量增大。而当车内温度较低时,令负荷需要量减少了,这时的蒸发温度就应相应地降低,使进入蒸发器的流量减小。因此,热力膨胀阀就是根据系统冷负荷需要量的变化而自动地调节其流量,使制冷系统能正常地工作。

2) 膨胀阀的结构及工作原理

内平衡式膨胀阀也叫作恒压式膨胀阀,这种膨胀阀从针阀的蒸发器侧到膜片下侧有一孔形通路,其结构与工作过程如表 2 - 42 所示。

<<<< -----------------------------------

表 2–42　内平衡式膨胀阀结构与工作过程

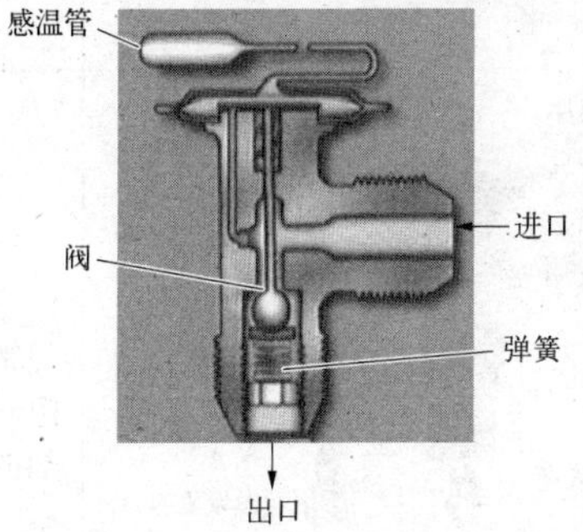

工作过程	工 作 原 理	图　　示
蒸发器中温度稳定	感温包内的压力,弹簧压力,及蒸发器内制冷剂的压力处于平衡状态,阀门处于静止状态,制冷剂的流量恒定。	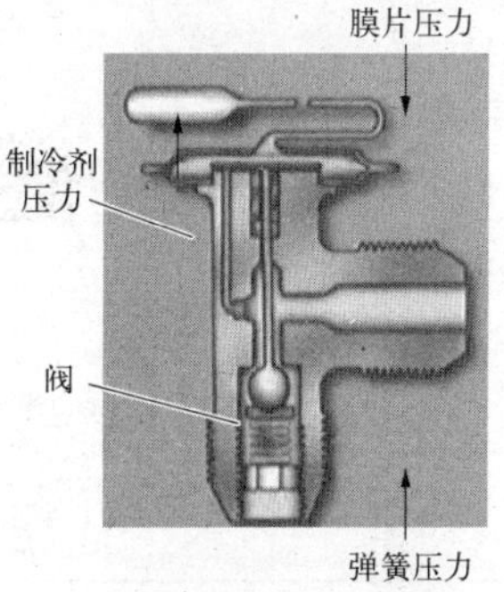
蒸发器中温度升高	制冷剂提前蒸发完毕,过热部分加长,蒸发器出口温度上升,从而使感温包内的压力上升,克服弹簧力的作用,使阀门开度增大,增加流入蒸发器的制冷剂的量。	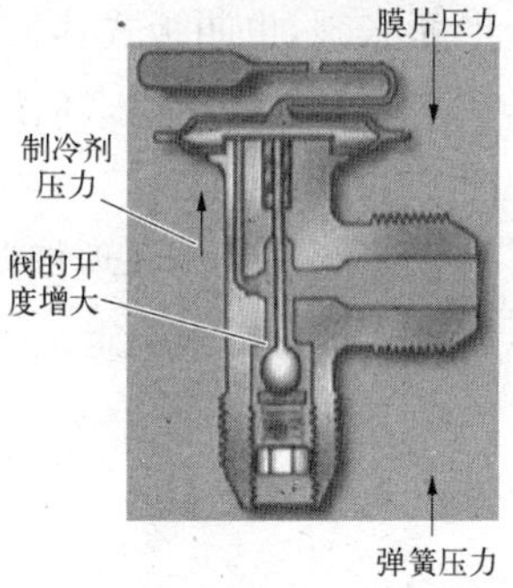
蒸发器中温度降低	制冷剂未能蒸发完毕,过热部分减少,蒸发器出口的温度下降,从而使感温包内的压力下降,弹簧力大于感温包内的压力,而使阀门开度关小,这样就减小了流入蒸发器的制冷剂的量。	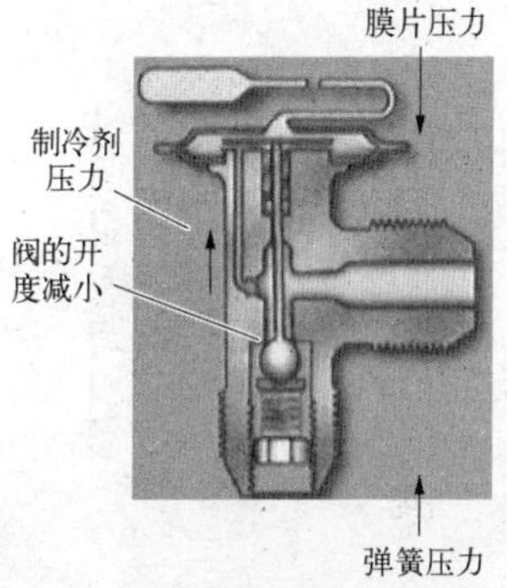

　　外平衡式膨胀阀也叫作温控式膨胀阀,这种膨胀阀有一毛细管连接至蒸发器出口处,探测蒸发器压力,其结构与工作过程如表 2–43 所示。

表 2-43 外平衡式膨胀阀结构与工作过程

工作过程	图 示	工作原理
蒸发器中温度升高	热负荷大，制冷剂流量大	热敏管中的气体膨胀，通过毛细管作用在膜片上部的压力 A 增大，大于弹簧力 C 与蒸发器内压力 B 之和，阀门开度增大，增大了进入蒸发器的制冷剂的流量。
蒸发器中温度降低	热负荷小，制冷剂流量小	热敏管中的气体缩小，通过毛细管作用在膜片上部的压力 A 减小，小于弹簧力 C 与蒸发器内压力 B 之和，阀门开度减小，减小了进入蒸发器的制冷剂的流量。

H 形膨胀阀，也叫板式热力膨胀阀，由于 H 形膨胀阀的可靠性高，又便于机械手装配，在汽车空调系统中运用愈来愈广泛。H 形膨胀阀从原理上讲是属于热力膨胀阀的范畴，其结构如图 2-26 所示。

H 形膨胀阀的工作原理如图 2-27 所示。阀门的开度由弹簧压力、蒸发器出口压力、感温器压力三个压力作用决定。

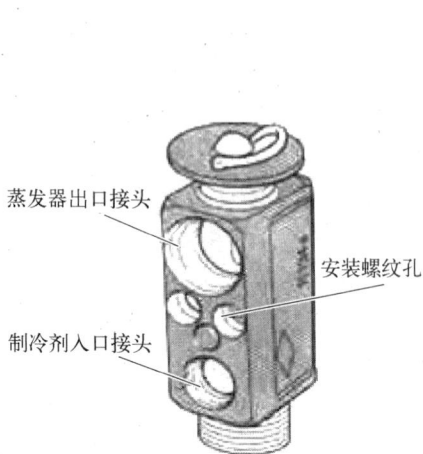

图 2-26 H 形膨胀阀的结构

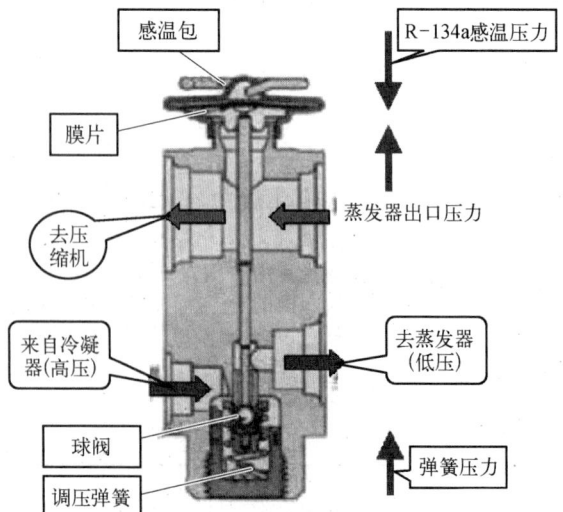

图 2-27 H 形膨胀阀的工作原理

2. 节流管的检修

1) 节流管构造

节流管是用于离合器节流短管空调系统（CCOT）的节流元件，如图2-28所示，它没有感温包、平衡管，由一个小孔节流元件和一个网状滤清器组成。与膨胀阀相比，它结构简单，可靠性好，价格便宜，但节流管只有节流膨胀的作用，而没有调节制冷剂流量的功能，在低速运行时制冷效果差一些。

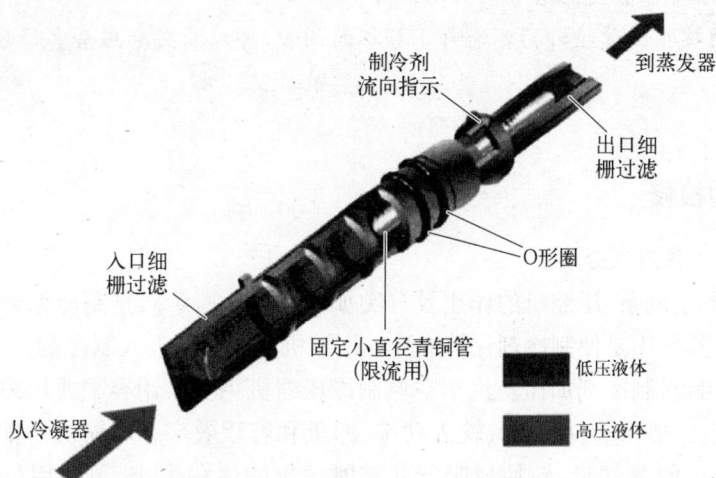

图2-28　节流管

特点

结构简单，可靠性好，价格便宜。

不能根据负荷的变化自动调节流量的大小。

安装有节流管的制冷系统，在节流管和压缩机之间安装一个气液分离器。

一旦节流管阻塞或失效，通常直接换件。如果因阻塞使流量过小，清洗之后节流效果不会很理想。

2) 节流管的更换

福特公司和通用公司所使用的孔管式汽车空调系统使用节流管，这种细管安装在冷凝器和蒸发器之间。使用这种固定流量的细管，其优点是当拆开空调器进行维修时，很容易更换细管。

步骤一：首先将空调系统完全排空。

步骤二：从蒸发器上拆下高压侧管。将看到的O形圈拆下并报废。向进气口内倒入少量冷冻机油，用来润滑管中的O形圈。

步骤三：修理通用公司的车辆时，可用尖嘴钳或专用拔卸器将细管拆下。修理福特公司车辆时，只能用专用拆卸工具将细管卸下。

步骤四：将专用拆卸工具插入细管内。顺时针转动拆卸工具，衔住细管的凸台。慢慢转动专用工具螺帽拉出细管。拆卸时,如果细管断裂,用专用细管拔卸器,将损坏部分拔出。

步骤五:装上细管,用清洁的冷冻机油润滑O形圈,短头向着蒸发器插入细管一直插到位为止。接好高压侧管。

注 意

拆装时,不得在蒸发器芯管内转动细管。

假如专用破损细管拔卸器不能卸下损坏的细管,可以购买专用全套修理工具再进行拆卸。

五、压缩机的检修

1. 压缩机的作用及分类

压缩机俗称空调泵,压缩机的作用及分类如表2-44所示。是制冷循环系统中必不可少的一个元件,其作用是使制冷剂保持循环。压缩机从低压侧吸入制冷剂蒸气,然后经过压缩向冷凝器排出,对制冷剂加压。汽车空调制冷压缩机主要采用容积式压缩机。压缩机的性能指标主要有:排气量、制冷量、输入功率、净重和容积效率。压缩机的排气量是指在单位时间里,所排出的蒸气量,转换成吸气状态时输出的体积大小,单位用(m^3/h)或(L/h)表示。

表2-44　压缩机的作用及分类

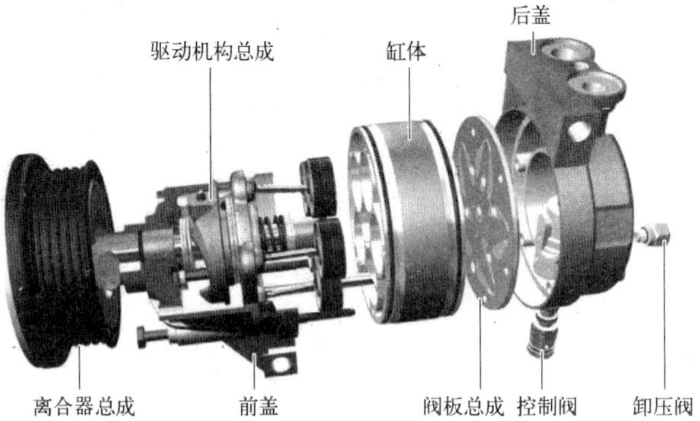

	功 用	图 示	功 能 说 明
汽车空调压缩机的作用	抽吸作用	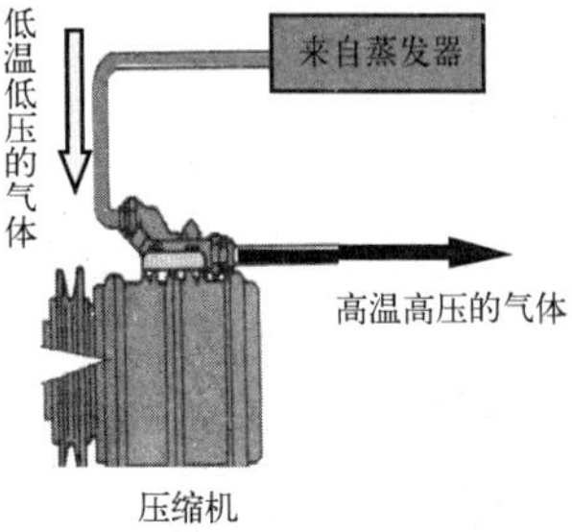	在压缩机的入口处形成低压区,使来自蒸发器低压状态的制冷剂被吸入压缩机内。

续 表

功 用	图 示	功 能 说 明
汽车空调压缩机的作用	压缩作用 高温高压的气体 压缩机	压缩机工作,把低温低压的气体压缩成高温高压的气体,是制冷剂在系统中形成循环的动力源。
汽车空调压缩机的类型		

2. 变排量压缩机构造及工作原理

这种压缩机活塞的工作行程可以根据高、低压压力比率而改变。活塞行程的改变直接影响压缩机的压缩比率从而调节制冷剂的输出率,改变制冷效率。在正常工作情况下压缩机是持续运转,压缩机离合器不发生离合动作,如图 2-29 所示。

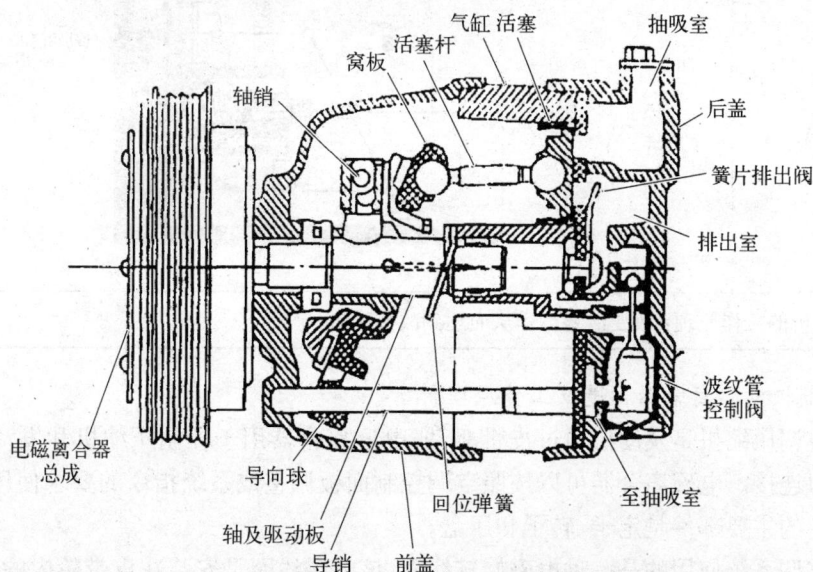

图 2-29 V-5 变排量压缩机结构

旋转斜盘的倾斜度决定了活塞的行程。旋转斜盘的倾斜度取决于腔内压力、活塞顶部和底部的压力以及斜盘前后的弹簧力。旋转斜盘斜度变化的工作原理如表 2-45 所示。

表 2-45　旋转斜盘斜度变化的工作原理

	最小排量 壳体压力　PC　气动阀门　低压　BP　HP　高压　BP
活塞行程变小，压缩比率减小	

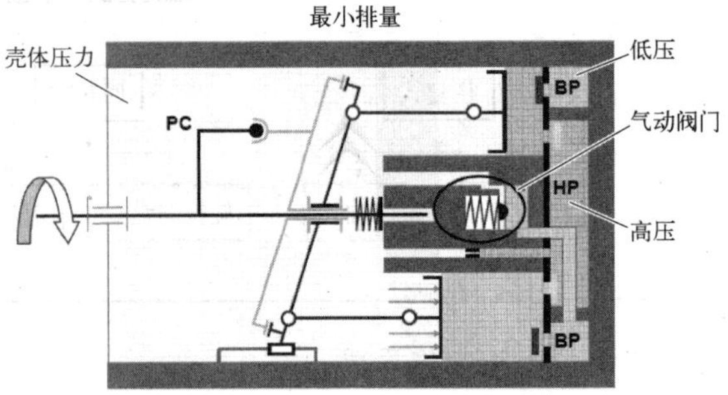

	最大排量 壳体压力　PC　气动阀门　低压　BP　HP　高压　BP
活塞行程增大，压缩比率增大	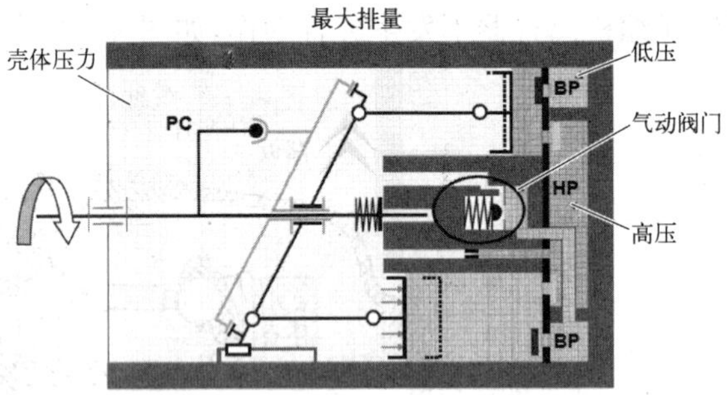

变排量压缩机的工作原理：改变活塞行程从而达到改变排量。

3. 压缩机电磁离合器构造及工作原理

汽车空调压缩机是发动机通过皮带驱动，电磁离合器用于控制压缩机和发动机皮带轮之间的动力连接。电磁离合器可以按照空调控制面板调整或系统指令的要求使压缩机工作或停止。它的主要部件是定子、转子和压盘。

老式空调系统使用的是一种电磁旋转线圈，该电磁线圈是安装在皮带轮内的，并随皮带轮旋转。离合器的电接头是由固定电刷总成和旋转滑环构成。现在汽车空调系统采用固定线圈式离合器,电磁线圈安装在压缩机的端盖上,并且用电接头直接连接线圈导线。

1) 电磁离合器的结构

如图 2-30 所示,电磁离合器由定子、转子、压盘组成。定子电流流过电磁线圈时产生吸力,吸合压盘。转子靠内表面的滚针轴承支撑,随皮带轮一起转动,由发动机带传动一起转动。压盘与压缩机轴用键固定在一起。

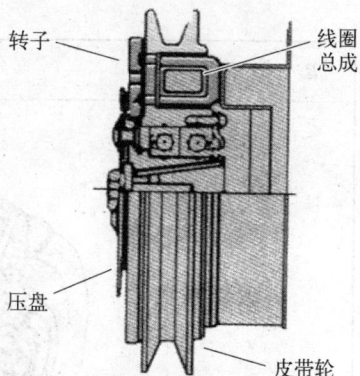

2) 电磁离合器的工作原理

由于转子上的带轮通过传动带与发动机曲轴相连,所以只要发动机运转,带轮就随之转动。离合器未通电时,压缩机不工作;当打开制冷开关时,定子线圈中有电流通过产生磁力,吸引压盘,使之压在转子的摩擦片上借助摩擦力使离合器作为一个整体工作,从而带动压缩机主轴运转,如图 2-31 所示。

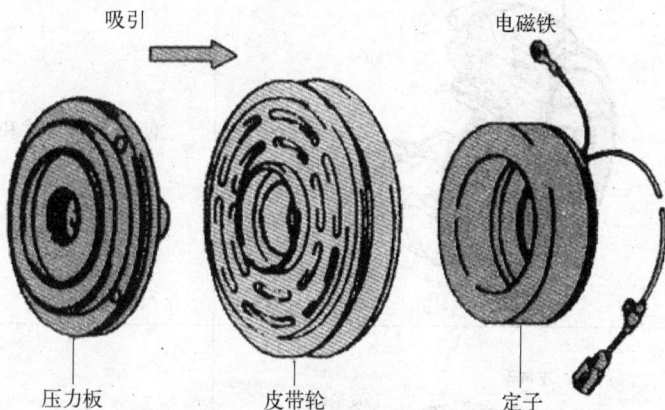

图 2-30　电磁离合器的结构

图 2-31　电磁离合器的工作原理

3) 电磁离合器的分类

电磁离合器按形状可分为:F 型、G 型、R 型、P 型,如表 2-46 所示。

表 2-46　电磁离合器类型

离合器类型	结　构　图	备　　注
F 型		使用于曲轴式压缩机

续　表

离合器类型	结　构　图	备　　注
G 型	定子 定子线圈 压力板 压缩机轴 皮带轮	使用于曲轴式压缩机
R 型	定子 定子线圈 带皮带轮的转子	使用于斜盘式和叶片式压缩机
P 型	皮带轮 带皮带轮的转子 定子线圈 定子 压力板	使用于斜盘式和叶片式压缩机

4) 电磁离合器间隙

电磁离合器的间隙不当会导致离合器出现严重故障,所以必须注意。压盘与转子间的间隙过大会吸合不上或出现离合器打滑现象,过小会导致压缩机不能停止工作或出现异响。

4. 压缩机的检修

1) 空调维修专用工具

空调维修专用工具如表 2-47 所示。

表 2-47　空调维修专用工具

工 具 号	名 　称	用 　途	图 　示
KV99105700	离合器盘扳手(V5 型)	拆卸中心螺母	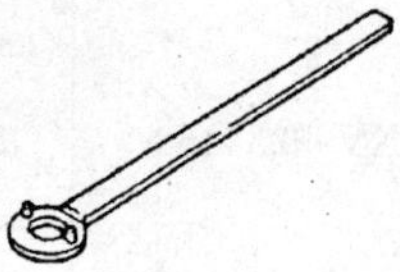
KV991058	离合器盘工具(V5 型)	拆卸/安装离合器盘	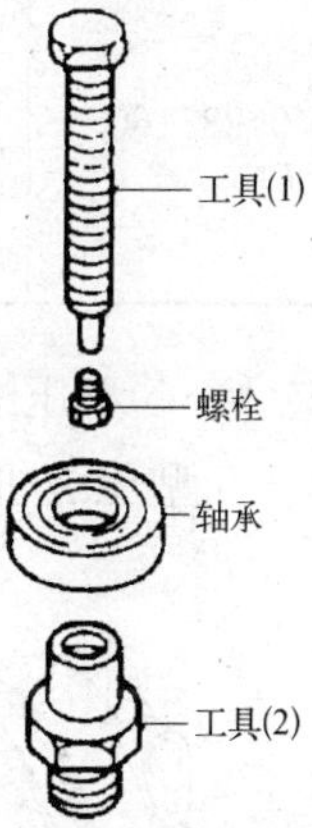 工具(1) 螺栓 轴承 工具(2)
KV99105810	离合器盘工具(1)		
KV99105820	离合器盘工具(2)		
KV99105830	螺栓		
KV99105840	轴承		
KV99105900	传动带轴压入工具(V5 型)	安装带轮	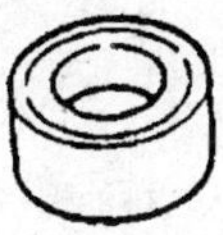
KV99106000	线圈压入工具(V5 型)	安装离合器电磁阀	
KV99232022	离合器盘拔具(DKS16H 型)	拆卸离合器盘	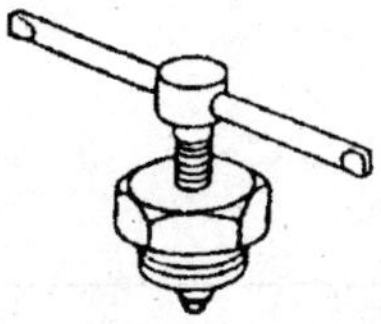
KV99231010	离合器盘扳手(DKS16H 型)	拆卸轴螺母和离合器盘	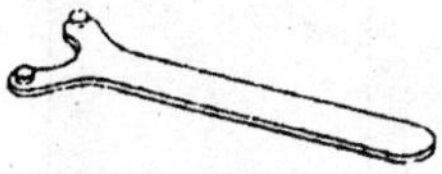
KV99233034	扳具导向器(DKS16H 型)	拆卸带轮	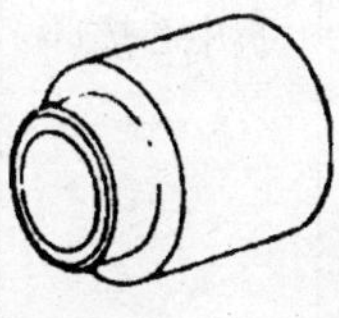

续 表

工 具 号	名　　　称	用　　途	图　　示
KV99234160	皮带轮安装器(DKS16H 型)	安装带轮	
KV99235160	螺母扳手(DKS16H 型)	拆卸锁紧螺母	

2) V-5 型压缩机电磁离合器总成的拆卸

V-5 型压缩机电磁离合器的分解如图 2-32 所示,拆卸步骤和方法如表 2-48 所示。

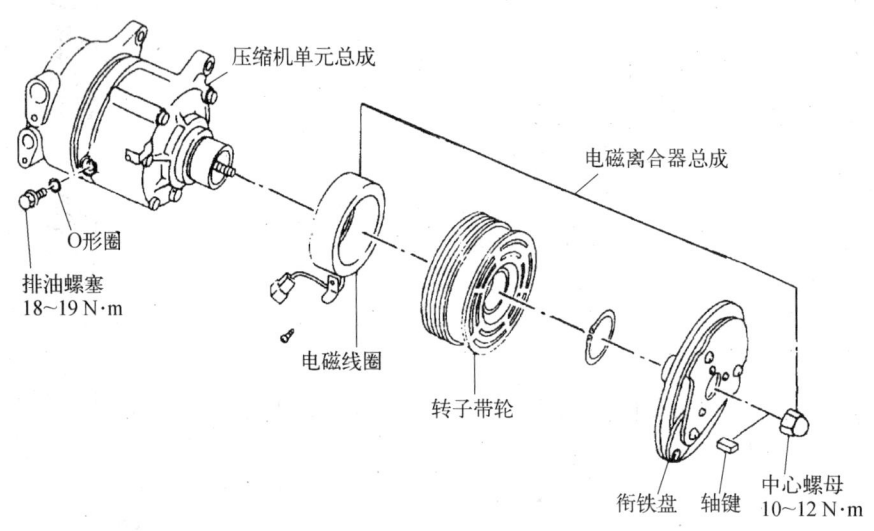

图 2-32　压缩机电磁离合器分解

表 2-48　压缩机电磁离合器拆卸

序号	步　骤	说　　明	图　　示
1	拆中心螺母	用离合器扳手扳住衔铁盘,同时拆下中心螺母。	

续　表

序号	步　骤	说　　明	图　　示
2	安装拆卸工具	按次序装好工具。	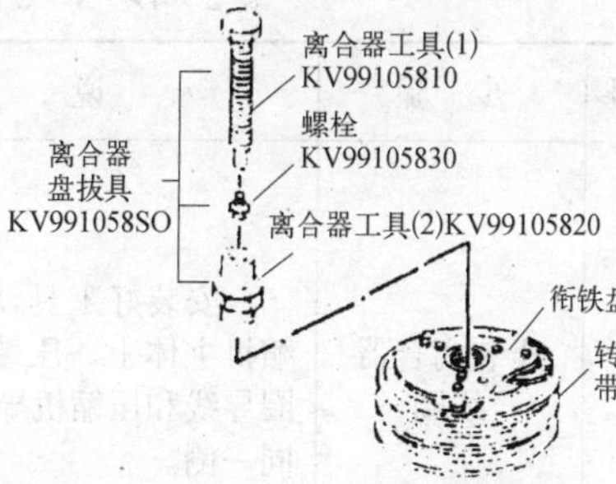
3	拆离合器压盘（衔铁盘）	用扳手扳住离合器工具(2)，同时拧紧离合器(1)，离合器压盘即可拆下。	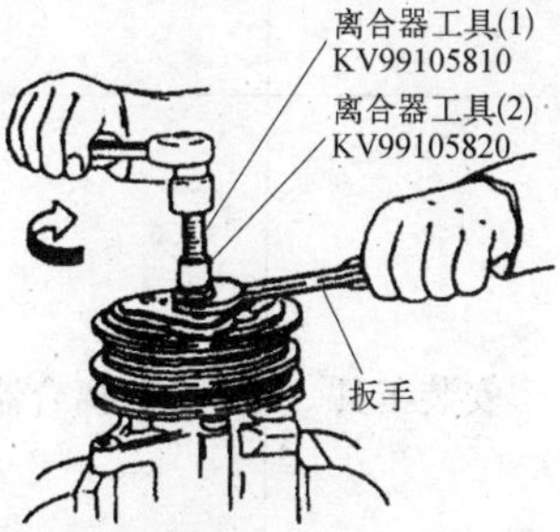
4	拆挡环	用卡环钳拆下挡环。	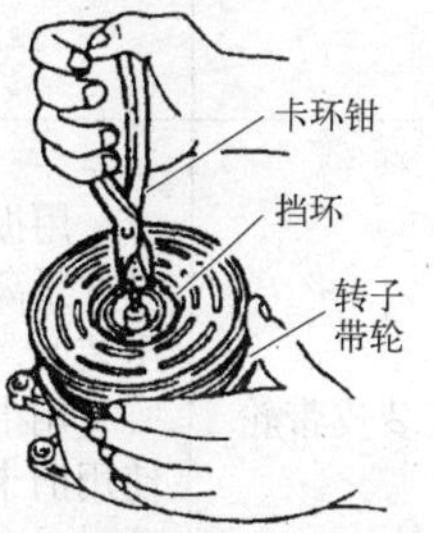
5	拆皮带轮	用齿轮拨具拆下带轮。	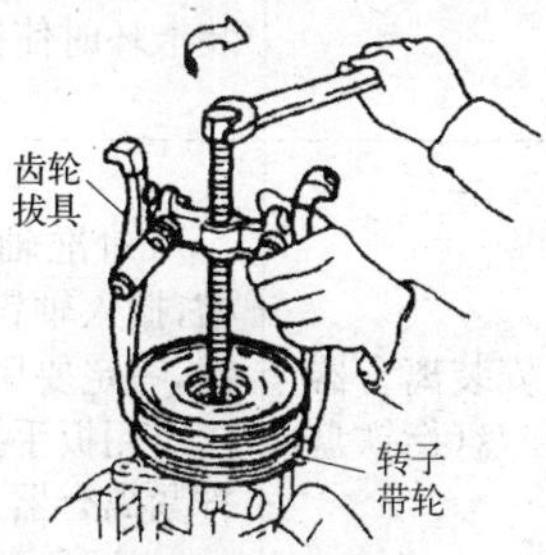
6	拆离合器线圈	拧下导线固定螺钉并拆下线圈。拆卸线圈时，注意不要使齿轮拨具的卡爪损伤导线和接地线。	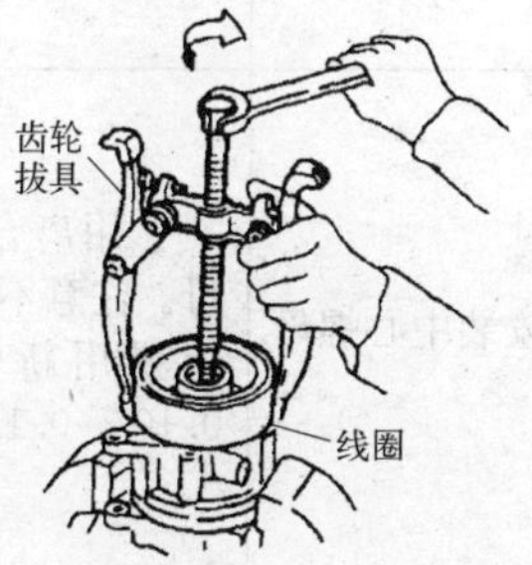

3）V-5型压缩机电磁离合器总成的安装

V-5型压缩机电磁离合器总成的安装方法如表2-49所示。

表2-49　V-5型压缩机电磁离合器总成的安装方法

序号	步　骤	说　　明	图　　示
1	压装离合器线圈	安装好工具,将线圈压装在压缩机主体上。压装线圈之前,将线圈导线和压缩机导线(接头)整理到同一侧。	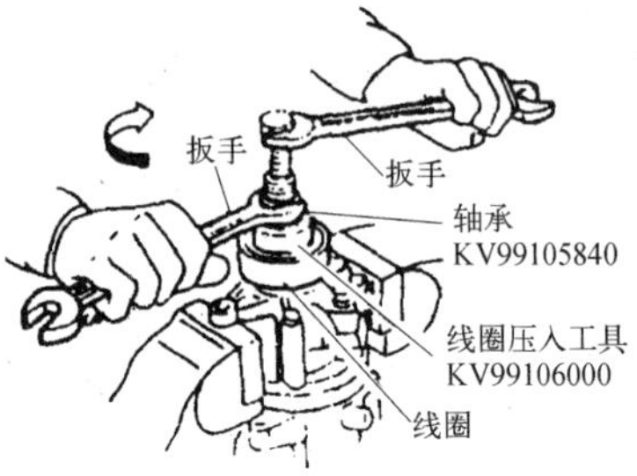 扳手　扳手　轴承KV99105840　线圈压入工具KV99106000　线圈
2	安装工具	将离合器工具(1)拧紧至轴上。	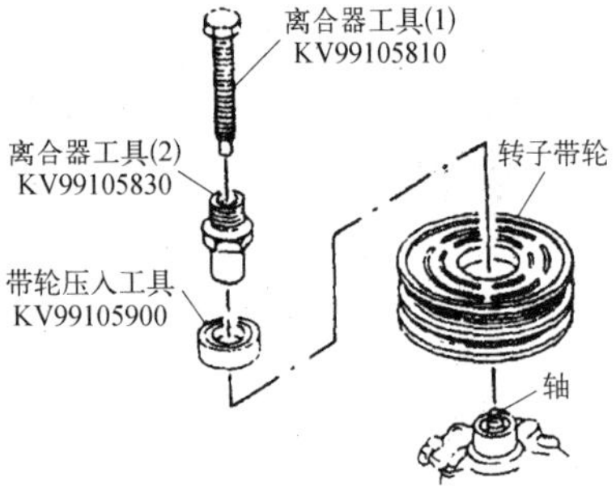 离合器工具(1)KV99105810　离合器工具(2)KV99105830　带轮压入工具KV99105900　转子带轮　轴
3	安装皮带轮	用扳手扳住离合器工具(1),同时拧紧离合器工具(2),将转子带轮压装好。 用卡环钳装上挡环,注意不要使用旧卡环,要用新卡环。安装卡环时,注意不要损坏轴承密封。安装卡环时使锥部朝上。	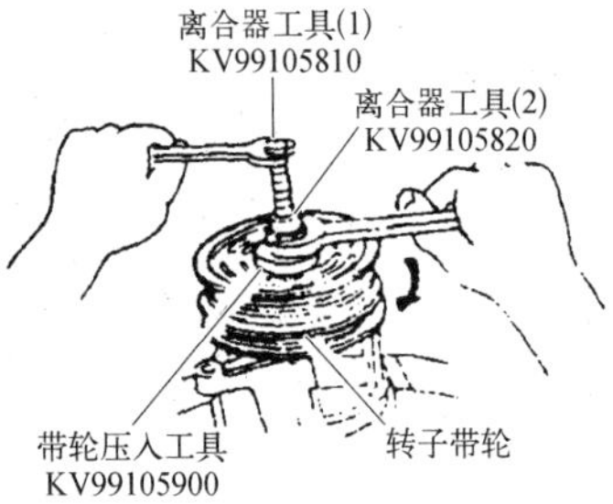 离合器工具(1)KV99105810　离合器工具(2)KV99105820　带轮压入工具KV99105900　转子带轮
4	安装离合器压盘(衔铁盘)	对准轴的键槽和衔铁盘的键槽,插入轴键。不要重复使用旧轴键,一定要用新的。 用扳手扳住离合器工具(1),并拧紧离合器工(2)。 注意离合器间隙。	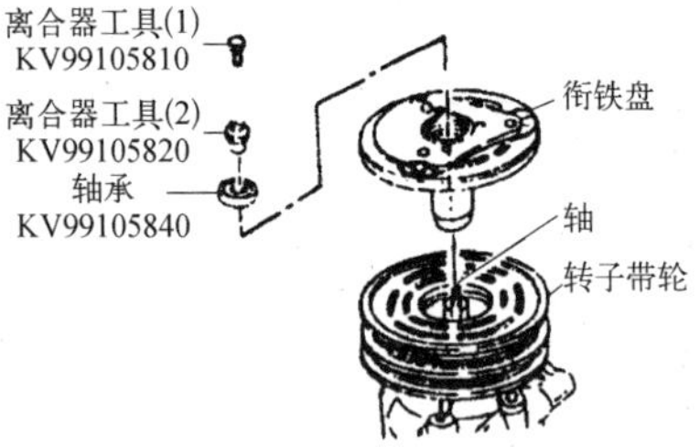 离合器工具(1)KV99105810　离合器工具(2)KV99105820　轴承KV99105840　衔铁盘　轴　转子带轮
5	安装中心螺母	用离合器盘扳手安装中心螺母。注意不要重复使用旧螺母,一定要用新的。螺母拧紧力矩为0.10~0.12 N·m。	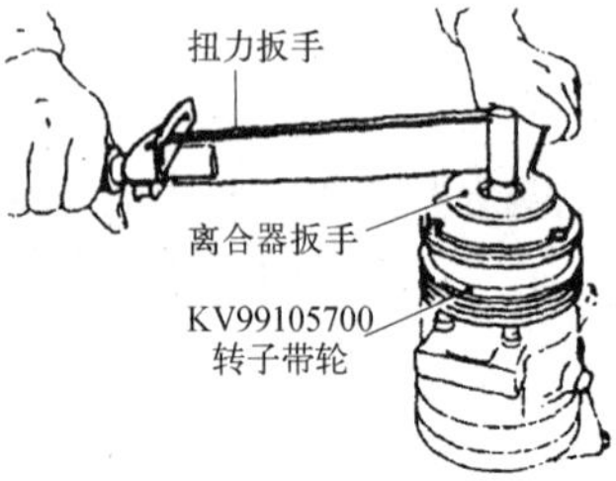 扭力扳手　离合器扳手KV99105700　转子带轮

4) V-5 型压缩机电磁离合器间隙的检查与调整

离合器间隙不当会引起明显的故障。如果间隙过大，离合器会出现工作时打滑或压缩机不能工作等故障，如果间隙过小，在压缩机不工作时离合器出现异响，或不能停止压缩机工作从而烧坏压缩机等故障。因此在更换或维修离合器后必须进行间隙检查和调整，检查调整步骤和方法如下。

V-5 型压缩机电磁离合器间隙标准值为 0.3～0.6 mm。如图 2-33 所示，检查压缩机电磁离合器的间隙。

图 2-33　检查电磁离合器间隙

间隙过大时按如下方法进行调整：扳住压盘（衔铁盘），拆下中心螺母。使用专用工具，压下衔铁盘以减小间隙。调整后重新测量间隙，在获得规定的间隙后，用离合器盘扳手装好中心螺母。

间隙过小时按如下方法进行调整：安装好工具。拉高衔铁盘以增大间隙。

安装调整完毕后，用手转动转子带轮，检查转动是否平稳且无干涉噪声。在离合器线圈上加上电压，检查数次常规的离合器开关动作。用手正反翻压缩机 5 转以上，使压缩机内的冷冻油均匀分布，后使发动机怠速运转并带动压缩机约 1 h 的时间。

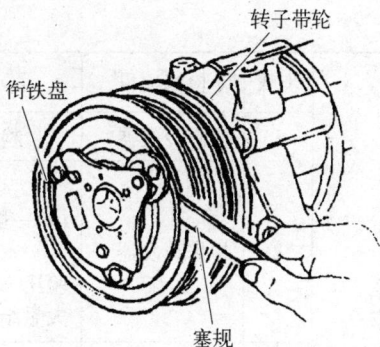

议一议

六、制订汽车空调制冷系统管路及部件检修计划

在"表 2-50 汽车空调制冷系统管路及部件检修计划计划"的指引下，查阅维修资料，了解车辆空调类型特点，熟悉车辆空调检修规范；通过使用歧管压力表检测制冷系统压力，判断制冷系统管路及部件故障的原因，并制订检修制冷系统管路及部件故障计划。

表 2-50　汽车空调制冷系统管路及部件检修计划

车辆空调信息描述	空调类型	车　辆　描　述	
		制冷剂	
		冷冻机油	
		制冷系统主要结构	
		制冷系统控制类型	
使用歧管压力表检测制冷系统压力	步骤	操 作 要 领	
	1		
	2		
	3		
	4		
	5		
	6		

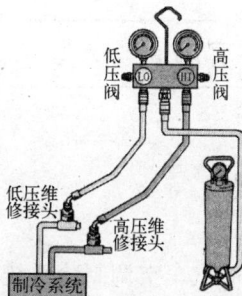

续　表

	步骤	检修项目	技术要求或标准	检修记录
汽车手动空调制冷系统管路及部件检修流程	1	检修冷凝器	检查冷凝器风扇,冷凝器是否有脏堵的情况。	
	2	检修蒸发器	蒸发器的泄漏因为压力低,外表面结露,隐藏在蒸发箱内,一般不易被发现。 蒸发器的检漏一般通过气密性试验(充压试验)取得,试验压力:1.2 MPa。正常情况下,蒸发器表面温度很低,但只大量结露而不能结霜或结冰。	
	3	检修干燥器	储液干燥滤清器一般脏物积存过多而堵塞及压力开关失灵故障为常见。当出现下列情况之一的,应予更换储液干燥滤清器: 手摸储液器两头接管温度,温差较大必须更换; 系统产生堵塞时必须更换; 空调因故障停用或已将系统某部件拆开时间较长必须更换; 储液干燥滤清器的压力开关失灵时可旋下直接更换。	
	4	检修节流膨胀装置	可先连接空调歧管压力表组,提高发动机转速。将高压端的压力保持在 15 kg/cm²,此时观察低压表的压力,其压力应在 2 kgf/cm²,这样为正常。	
	5	检修压缩机	检修时,先观察空调压缩机的电磁离合器是否能正常吸合,是否存在打滑现象,以及驱动皮带是否打滑。 仔细听压缩机运转时是否有明显的机械噪音。 检测压缩机的工作温度,其正常工作温度为 50℃ 左右,如果压缩机的内部存在泄漏,其工作温度会高于正常工作温度。 要注意,空调制冷剂过量或机油过少,压缩机的工作温度也会过高,制冷剂不足或管路有堵塞,压缩机的工作温度会过低。如果是压缩机故障,则需要更换。	
	6	空调连接管路的检查	管路破损或内部过脏必须更换。管路破损严重,有油迹的地方就会泄漏。手握皮管的金属卡头用力左右旋转,转得动的必会漏(特别是压缩机出口至冷凝器进口处软管),越松漏得越大。各连接头的橡胶密封圈和气门芯咀应完好无损,管路内应清洁干净,注意胶管磨损粒及尼龙衬套脱落堵塞,确保管路通畅和密封。	

D. 任务实施

做一做

　　根据"表 2-50 汽车空调制冷系统管路及部件检修计划",结合车辆实际情况,从简单到复杂、从外到里、从不拆到拆等故障诊断与排除原则,逐个检修。按检修规范和检修计划,逐步进行检修训练,最终排除故障,如表2-51所示。

表2-51　汽车空调制冷系统管路及部件检修

检修冷凝器	当发动机转速稳定在1 800 r/min时,测量制冷系统压力,高、低压两侧压力都过高。起空调制冷不够的原因可能很多,但是系统压力出现高低压都高的情况,一般是由冷凝器散热不良引起的。 　当冷凝器散热不良时,高温高压的气态制冷剂经过冷凝器后没有完全变成液态,气态制冷剂流过蒸发器时不能膨胀吸热,因此引起制冷效果不良的故障。应当检查冷凝器风扇,冷凝器是否有脏堵的情况。		
	检查内容	操 作 要 领	检修记录
检修蒸发器	蒸发器最常见的故障是脏物堵塞和泄漏。脏物堵塞可用氮气或经干燥处理的压缩空气反复吹冲,直到干净通畅为止。蒸发器必须经常清理外表脏物,注意传热翅片不要弄倒或损坏,保证它们的传热性能。 　蒸发器的泄漏因为压力低,外表面结露,隐藏在蒸发箱内,一般不易被发现。蒸发器的检漏一般通过气密性试验(充压试验)取得,试验压力:1.2 MPa。正常情况下,蒸发器表面温度很低,但只大量结露而不能结霜或结冰。		
	检查内容	操 作 要 领	检修记录
检修干燥器	低压侧压力极低接近真空、高压侧压力较低,高压管路变形则进行更换修理,储液干燥器阻塞则更换。		
	检查内容	操 作 要 领	检修记录

检修节流膨胀装置	当检测到低压侧压力低,高压侧压力高情况时,可能是膨胀节流阀堵塞。可先连接空调歧管压力表组,提高发动机转速,将高压端的压力保持在 15 kg/cm²,此时观察低压表的压力,其压力应在 2 kgf/cm²,这样为正常。如果高于此值,则说明膨胀调节阀开度大;如果低于此值,则说明膨胀阀开度小。这样可以大致确认膨胀阀是否存在故障,这是在拆卸膨胀阀之前做的确认检查。		
	检查内容	操 作 要 领	检修记录
检修压缩机	当低压侧压力高,高压侧压力低的情况时,有可能是压缩机不能进行有效压缩,内部有泄漏,低压侧气态制冷剂不能及时的被压缩到高压侧,引起制冷不足的故障。 检修时,先观察空调压缩机的电磁离合器是否能正常吸合,是否存在打滑现象,以及驱动皮带是否打滑。仔细听压缩机运转时是否有明显的机械噪音。检测压缩机的工作温度,其正常工作温度为 50℃ 左右,如果压缩机的内部存在泄漏,其工作温度会高于正常工作温度。要注意,空调制冷剂过量或机油过少,压缩机的工作温度也会过高,制冷剂不足或管路有堵塞,压缩机的工作温度会过低。如果是压缩机故障,则需要更换。		
	检查内容	操 作 要 领	检修记录
空调连接管路的检查	管路破损或内部过脏必须更换。管路破损严重,有油迹的地方就会泄漏。手握皮管的金属卡头用力左右旋转,转得动的必会漏(特别是压缩机出口至冷凝器进口处软管),越松漏得越大。各连接头的橡胶密封圈和气门芯咀应完好无损,管路内应清洁干净,注意胶管磨损粒及尼龙衬套脱落堵塞,确保管路通畅和密封。		
	检查内容	操 作 要 领	检修记录
检修结论			

E. 任务检验

按表2-52检修制冷系统管路及部件故障检验与评估进行自评、互评及总评。

表2-52　检修制冷系统管路及部件故障检验与评估

检验与评价内容	检 验 指 标	课程权重	自评	互评	点评
维修质量检验	(1) 冷凝器风扇运转：□正常　□不正常 (2) 冷凝器：□无脏堵　□有脏堵 (3) 蒸发器：□无脏堵或泄漏　□有脏堵无脏物堵塞或泄漏 (4) 传热翅片：□无弄倒或损坏　□有弄倒或损坏 (5) 储液干燥器：□无阻塞或更换　□有阻塞或无更换 (6) 膨胀节流阀□无脏堵　□有脏堵 (7) 空调压缩机的电磁离合器是否能正常吸合： 　□正常　□不正常 (8) 空调压缩机是否存在打滑以及驱动皮带是否打滑： 　□无　□有 (9) 压缩机运转时是否有明显的机械噪音：□无　□有 (10) 如果是压缩机故障,是否更换：□无　□有	20%			
检查任务完成情况	(1) 能描述汽车空调主要部件的作用与原理。 (2) 在小组完成任务过程中所起作用。	50%			
专业知识	(1) 汽车空调压缩机的结构与检修规范。 (2) 冷凝器和蒸发器的结构与检修规范。 (3) 膨胀阀的结构类型与工作原理。 (4) 储液干燥器的功能与检修规范。 (5) 管道部件的检修规范。	20%			
职业素养	(1) 学习态度：积极主动参与学习。 (2) 团队合作：与小组成员一起分工合作,不影响学习进度。 (3) 现场管理：服从工位安排、执行实训室"5S"管理规定。	10%			
综合评议与建议		评分			

F. 任务拓展

查一查

汽车空调变排量压缩机的应用与检修规范。

学习任务2.5　汽车空调电气控制系统故障检修

A. 任务描述

　　汽车维修车间接到一辆汽车(手动空调)一年多没使用过空调,开空调无冷气,进入维修厂进行维修。维修顾问通过咨询、试车,确认故障,并填写《交车检查表》或《接车问诊表》,将车辆一起送至维修车间交给机电组进行维修。通过前面4个任务的检修后,空调仍制冷不良。则需按任务2.5继续诊断与排除汽车手动空调电气控制系统相关故障,彻底完成汽车手动空调制冷不良故障。检修项目主要包括鼓风机及线路、压力传感器及线路、压缩机电磁阀及线路、蒸发器温度传感器及线路、环境温度传感器及线路、加热器控制开关及线路、空气混合风门控制拉索、空调放大器等车间维修班长或组长根据《接车问诊表》,组织小组成员实施维修作业。接车问诊表如表2-53所示。

表 2-53　接 车 问 诊 表

| 车牌号: _____ | 车架号: _____ | 行驶里程: _____ (km) |
| 用户名: _____ | 电　话: _____ | 来店时间: ____/____ |

用户陈述及故障发生时的状况:一辆2006款一汽丰田卡罗拉汽车一年多没使用过空调,发现无冷气,进入维修厂报修。
故障发生状况提示:行驶速度、发动机状态、发生频度、发生时间、部位、天气、路面状况、声音描述
接车员检测确认建议:空调制冷不良故障
车间检测确认结果及主要故障零部件: 汽车空调电气控制系统故障检修。
车间检查确认者:_____×××××_____

| 外观确认:

(请在有缺陷部位作标识) | 功能确认:(工作正常√　不正常×)
□音响系统　　□门锁(防盗器)　　□全车灯光　　□工具
□后视镜　　　□天窗　　　　　　□座椅　　　　□点烟器
□玻璃升降器　□玻璃

物品确认:(有√　无×)
□贵重物品提示
□工具　□备胎　□灭火器
□其他(　　　)
旧件是否交还用户　□是　□否
用户是否需要洗车　□是　□否 |

续 表

- 检测费说明：本次检测的故障如用户在本店维修，检测费包含在修理费用内；如用户不在本店维修，请您支付检测费。

  本次检测费：¥_____元。
- 贵重物品：在将车辆交给我店检查修理前，已提示将车内贵重物品自行收起并保存好，如有遗失恕不负责。

  接车员：_____   用户确认：_____

B. 任务目标

1. 理解单风口空调结构与控制原理，会检测空调电气控制系统的故障。
2. 理会汽车空调电气控制系统部件的控制原理和检修规范，会相关检修作业。
3. 会排除汽车手动空调电气控制系统故障，并按规范进行维修质量检验。

C. 任务准备

读一读

一、汽车空调电气控制系统的结构与工作原理

1. 汽车空调电气控制系统的结构

为了使汽车空调系统能正常地工作，维持车室内所需的舒适性条件，汽车空调系统中需要有一系列控制元件和调节执行装置。汽车空调控制系统已由手工操作发展到半自动化或全自动化控制。

手动空调顾名思义就是手动调节的汽车空调系统，即汽车的温度调节、通风模式以及风速等都是依靠驾驶员手动各种控制键来实现的。这无疑增加了驾驶员的劳动强度，但手动空调是比较经济，所以目前仍然广泛应用在大多数中级和经济型轿车上。

手动空调系统的组成部件因车型而异，但大多数系统都具有空调放大器、蒸发器、热敏电阻（蒸发器温度传感器）、双压（高、低压）开关、发动机冷却液温控开关、压缩机、冷凝器、储液干燥器以及所有必要的管路和软管等组成，如图 2-34 所示。

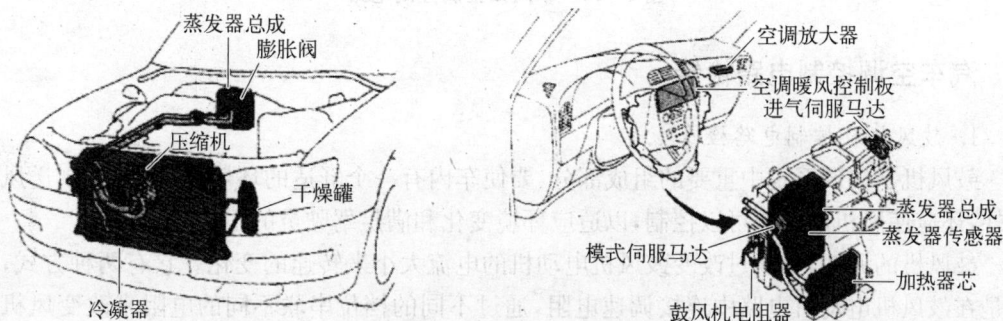

图 2-34 手动空调系统组成

单风口空调它结构简单,功能比较单一,只有自然风和制冷风两种,而且出风口模式不能调整。但价格比较便宜,在现代汽车里一般加装在货车上,外观如图 2-35 所示。

图 2-35 单风口空调

单风口空调系统由两部分组成,一部分由压缩机、冷凝器、干燥瓶、膨胀阀、蒸发器等元件组成的制冷系统,另一部分由鼓风机、冷凝器等元件组成的电路控制系统。

2. 单风口汽车空调控制原理

单风口空调控制电路比较简单,它是最基本和最典型的电路,如图 2-36 所示。现代汽车空调上的控制电路很多都是在此基础上发展起来的,并不断地完善。控制电路主要是控制鼓风机、压缩机离合器、冷却风扇的工作。

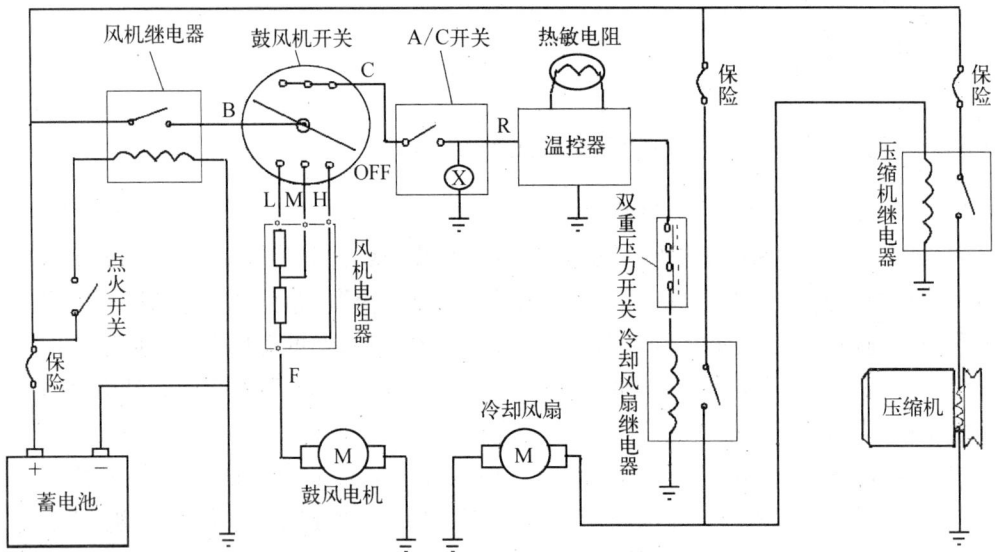

图 2-36 单风口空调控制电路

二、汽车空调控制电路检修

1. 鼓风机及控制电路检修

鼓风机是空调系统中重要的组成部分,要使车内有一个舒适的环境,除了要控制送风温度外,还应使风机的转速可以控制,以适应环境变化和满足驾驶员的不同需要。

鼓风机的调速,是通过改变鼓风机电动机的电流大小来转速的变化。它有两种方式,一种是在鼓风机电动机电路中连接调速电阻,通过不同的档位串联不同的电阻来改变风机转速,另一种是用功率管的改变电动机的电流来实现转速的变化。单风口空调的鼓风机是采用第一种控制方式。

鼓风机控制电路：鼓风机电路由电源、鼓风机、开关、调速电阻器等元件组成。鼓风机控制电路的原理及检修如表2-54所示。

表 2-54　鼓风机控制电路的原理及检修

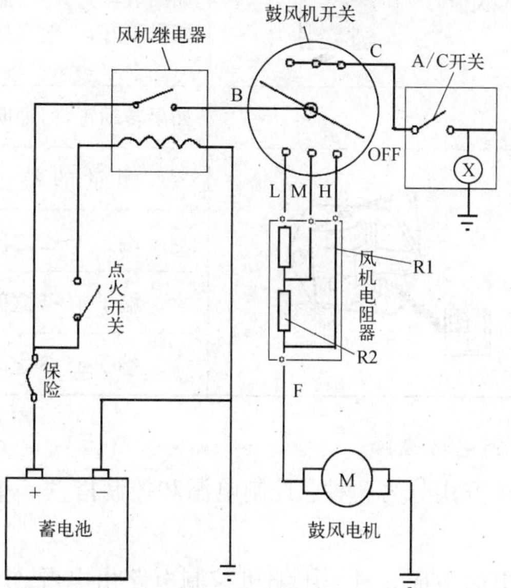

鼓风机所处挡位	工　作　情　况		
鼓风机开关处于OFF挡	(1) 鼓风机没有电源，不工作。 (2) A/C开关没有电源，因此按 A/C 开关，制冷系统也不工作。		
鼓风机开关处于LO(低速)挡	A/C 开关接通电源，制冷系统可以工作。 蓄电池 → 风机继电器 B → 鼓风机开关 L --→ 风机电阻器 R1 搭铁 ← 鼓风机马达 ← 风机电阻器 R2 由于鼓风机电动机串联了电阻 R1 和 R2，在电源电压不变的情况下，电流较小，因此鼓风机以低速运转。		
鼓风机开关处于M(中速)挡	蓄电池 → 风机继电器 B → 鼓风机开关 L --→ 风机电阻器 R1 搭铁 ← 鼓风机马达 ← 风机电阻器 R2 鼓风机电动机只串联了电阻 R2，在电源电压不变的情况下，电流比处于低速挡时大，因此鼓风机以中速运转。		
鼓风机开关处于HI(高速)挡	蓄电池 → 风机继电器 B → 鼓风机开关 L --→ 风机电阻器 R1 搭铁 ← 鼓风机马达 ← 风机电阻器 R2 鼓风机电动机未串联电阻，电流最大，因此鼓风机以高速运转。		

（左侧竖排）鼓风机控制电路的原理分析

	检测方法	图　　示	说　　明
检测鼓风机	用万用表测量电阻值	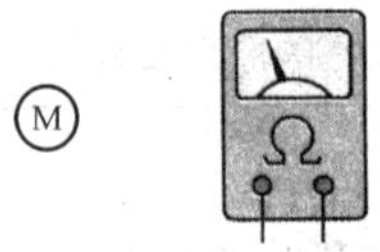	如果 $R=0$，证明鼓风机电机线圈短路；如果 $R=$ 无穷大，证明鼓风机线圈断路；如果不好，一般直接更换。
	用蓄电池		如果转动正常，证明鼓风机是好的。
调速电阻器的检查	用万用表测量电阻值		测量的端子 标准值/(Ω)

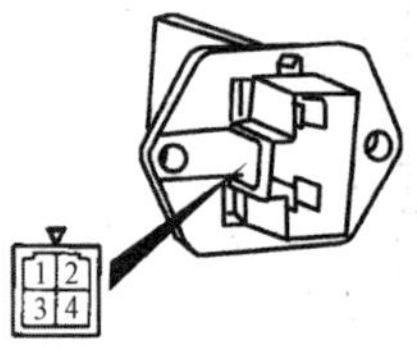

测量的端子	标准值/(Ω)
端子4～2之间	1.9
端子4～1之间	1.1
端子4～3之间	0.5

2. 压缩机离合器控制电路检修

压缩机离合器的控制方式分为两种：控制电源和控制搭铁。单风口空调属于控制电源方式。

压缩机离合器控制电路组成元件：压缩机控制电路由电源、电磁离合器、A/C 开关、温控器、压力开关等元件组成，其检修如表 2-55 所示。

表 2-55　压缩机控制电路检修

	组成元件	图　　示	作　　用
压缩机离合器控制电路组成	电磁离合器		用来切断皮带轮和压缩机主轴的动力连接。
	温控器		当蒸发器的温度过低时（正常为 4～10℃）停止压缩机工作，防止蒸发器结冰。
	压力开关		前面已介绍。
	A/C 开关		控制压缩机电磁离合器电源的通断。压缩机只有在打开 A/C 开关的前提下才会工作。
	电源		主要由蓄电池、点火开关、风机断电器、保险丝组成。

续　表

压缩机离合器的控制电路	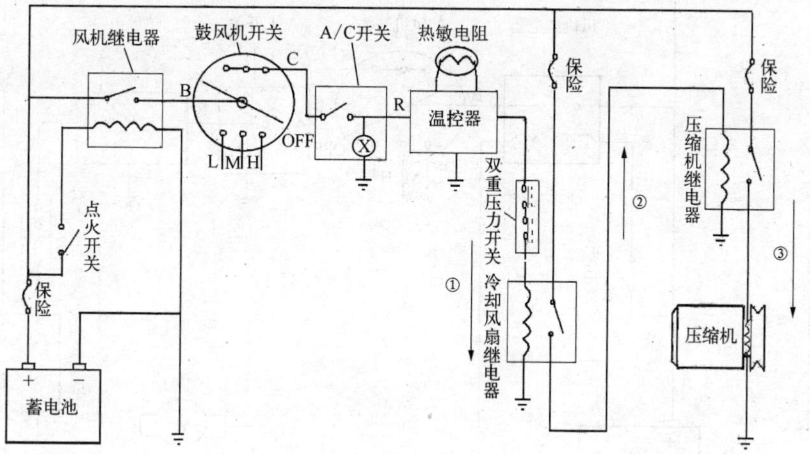	压缩机离合器的控制电路

	前提条件	工作情况	电　流　分　析
压缩机离合器控制电路分析	打开鼓风机开关和A/C开关,要使压缩机工作,必须打开鼓风机开关	正常情况	电流①:电流①的作用是控制压缩机继电器触点闭合。 蓄电池 → 风机继电器B → 鼓风机开关 → A/C开关 搭铁 ← 冷却风扇继电器 ← 双重压力开关 ← 温控器 电流②:通过风扇继电器控制压缩机继电器。因为只有冷凝风扇工作时,制冷系统才达到制冷的效果,否则只能浪费发动机功率。 蓄电池 → 风机继电器 → 压缩机继电器 → 搭铁 电流③:直接控制压缩机电磁离合器的工作情况。 蓄电池 → 压缩机继电器 → 压缩机离合器 → 搭铁
		系统压力过高	压力开关断开,那么"电流①"就不能到达冷凝风扇继电器,继电器触点不闭合,"电流②"和"电流③"就不存在,因此压缩机也不会工作。
		蒸发器温度过低	温控器断路,"电流①"断路。原理同上。

3. 冷凝器风扇控制电路检修

　　冷凝器风扇是对流过冷凝器的高温高压力的气态制冷剂进行散热,使气态制冷剂变成液态制冷剂。如果冷凝器风扇不工作,空调是不能产生制冷效果。控制电路及检修如表2-56所示。

表 2 - 56 冷凝器风扇控制电路及检修

冷凝器风扇的控制电路	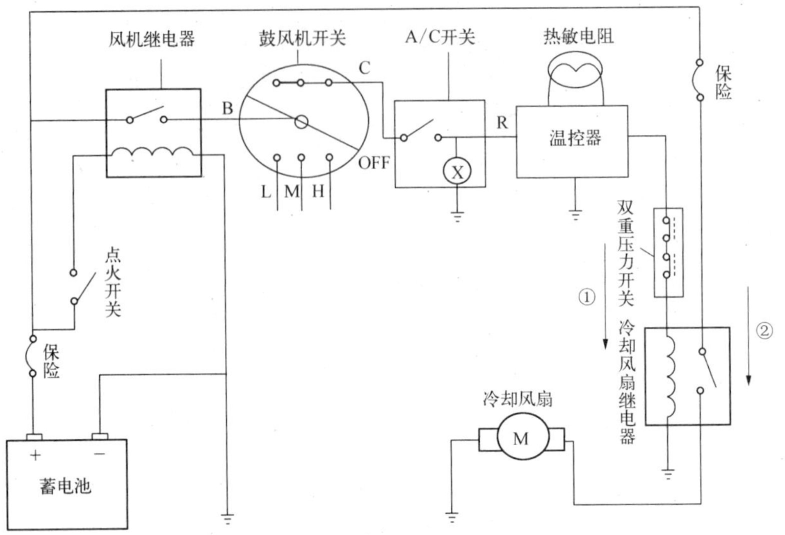

冷凝器风扇的控制电路分析	前提条件	工作情况	电 流 分 析
	打开鼓风机开关、A/C开关	正常情况	电流①：控制压缩机继电器触点闭合。 蓄电池 → 风机继电器B → 鼓风机开关 → A/C开关 搭铁 ← 冷却风扇继电器 ← 双重压力开关 ← 温控器
			电流②：控制冷凝器风扇工作，同时控制压缩机继电器的工作。 蓄电池 → 风扇继电器 → 压缩机继电器 搭铁 ← 冷凝器风扇
		系统压力过高	压力开关断开，那么"电流①"就不能到达冷凝风扇继电器，继电器触点不闭合，"电流②"就不存在，因此冷凝器风扇也不会工作。
		蒸发器温度过低	温控器断路，"电流①"断路。原理同上。

三、其他控制装置的检修

1. 温度控制装置的检修

1）机械式温控器

机械式温控器结构如图 2 - 37 所示，它主要由感温系统、调温机构、触头开闭机构组成。感温系统主要由毛细管和波纹管构成，在这个密封的空腔内充满处于饱和状态的感温剂。感温管一端插入蒸发器表面的翅片上，感受蒸发器出风口方向的表面温度。当蒸发器表面温度变化时,感温装置内的工质也随温度而发生压力变化,致使波纹管伸长或缩短,并将此压力信号传递出去,以控制电路的通断。在一定的温度变化范围内,感温工质的压力与温度变化呈线性关系,如图 2-38 所示,即力点 A 的位移与感温工质的压力变化呈正比关系。

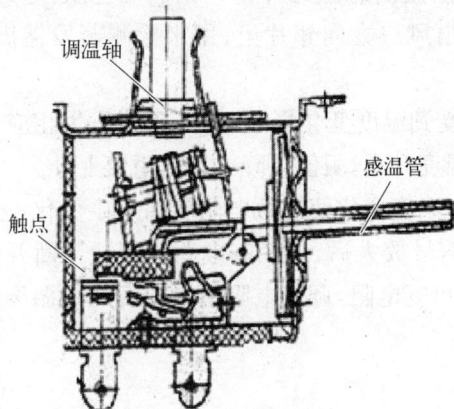

图 2-37　机械式温控器结构　　　　　图 2-38　机械式温控器工作原理

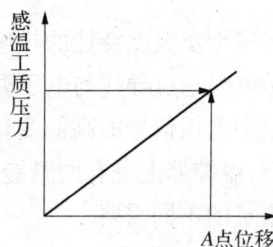

　　温控器的工作原理图如图 2-39 所示。通过温控器调温旋钮预设温度后,若蒸发器表面温度高于设定值,此时触头开关闭合,接通电磁离合器电路,压缩机工作。随着时间推移,蒸发器表面温度不断下降,毛细管内感温剂压力下降,波纹管收缩,当降至设定温度值时,在弹簧的拉力下,活动触头与固定触头快速分离,压缩机停止运转。压缩机停转后,在鼓风机的吹拂下,蒸发器表面温度重新上升,毛细管内感温工质温度随之升高,管内压力不断增大,波纹管伸长,克服预置弹簧力,推动杠杆移动,使活动触头与固定触头闭合,电磁离合器线圈通电,压缩机旋转。由于温控器的作用,这一过程不断循环往复,使车内温度能在一定范围内得到控制,调节凸轮的位置和调节弹簧的预紧力,以改变温控器的起作用时机,从而使送风温度改变,达到人们要求的舒适范围。

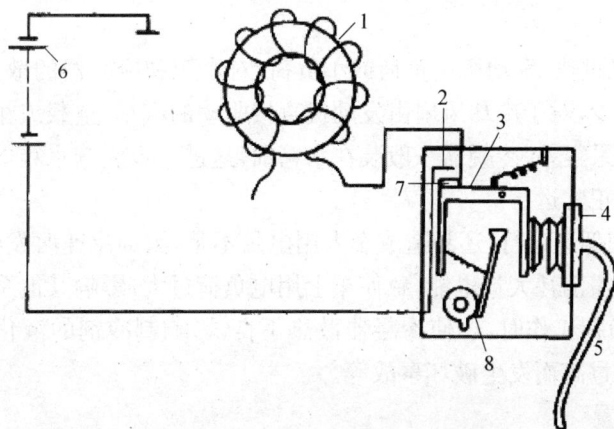

图 2-39　机械式温控器控制原理

1—电磁离合器;2—触点;3—摆动框架;4—波纹管;
5—毛细管;6—蓄电池;7—绝缘块;8—调节器

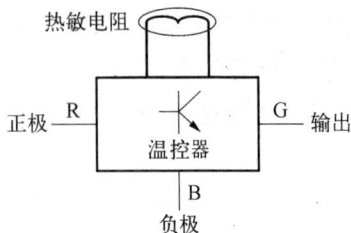

图 2-40 机械式温控器控制原理

2) 电子式温控器

电子式温控器是目前汽车空调上广泛使用的一种温度控制器,一般简单的电子式温控器只具备温控功能。如图2-40所示,它所用的感温元件为一只热敏电阻,通过小插片插在蒸发器出风口方向翅片上,用来检测蒸发器出风口温度。

热敏电阻受到温度变化影响时,其阻值发生相应变化,空调上多采用负温度特性的热敏电阻,即随着温度升高,阻值下降,反之,阻值上升。

热敏电阻通过导线与电子温控器相连,由于温度变化使热敏电阻阻值发生变化,进而转化为线路中电压信号的高低变化,经温控器将信号放大后,再控制电路的接通与断开,实现循环制冷,温控器上设有调温旋钮,实际上为一可变电阻,调节电阻值可改变送风温度范围,以满足乘员的不同需要。

2. 车速控制装置

对于非独立式的空调系统,当发动机处于怠速运行或车辆慢速行驶时,此时若开启空调将会引起以下不良情况:① 造成发动机空负荷工况或小负荷工况怠速不稳定,甚至造成发动机熄火,影响汽车的低速和怠速性能。② 引起发动机过热,发动机空负荷或小负荷,对水箱和冷凝器的散热主要由冷却风扇完成,迎风通风量很少,对于冷却风扇由发动机直接驱动的汽车,空载或小负荷时,风压和风量均不充足,散热效果很差,冷凝器一般装在水箱前,这进一步影响水箱的散热,造成发动机过热,影响发动机的正常运行。③ 空调长时间低速运行,还易造成车上用电量不足,因为怠速时发电机发出的电量相当有限,空调工作时需消耗大量电能,致使车上用电负荷过大,影响其他系统的正常工作。④ 空载或小负荷工作时,还使冷凝器散热不良,影响制冷剂的液化,致使空调制冷效果差,甚至管道压力过高而发生破坏事故等。

1) 怠速切断器

怠速切断器又叫怠速继电器,它在发动机怠速过低时,可以自动切断压缩机电磁离合器电源。

(1) 造成发动机空负荷工况或小负荷工况怠速不稳定,甚至造成发动机熄火,影响汽车的低速和怠速性能。

(2) 引起发动机过热,发动机空负荷或小负荷,对水箱和冷凝器的散热主要由冷却风扇完成,迎风通风量很少,对于冷却风扇由发动机直接驱动的汽车,空载或小负荷时,风压和风量均不充足,散热效果很差,冷凝器一般装在水箱前,这进一步影响水箱的散热,造成发动机过热,影响发动机的正常运行。

(3) 空调长时间低速运行,还易造成车上用电量不足,因为怠速时发电机发出的电量相当有限,空调工作时需消耗大量电能,致使车上用电负荷过大,影响其他系统的正常工作。

(4) 空载或小负荷工作时,还使冷凝器散热不良,影响制冷剂的液化,致使空调制冷效果差,甚至管道压力过高而发生破坏事故等。

2) 怠速提升装置

采用怠速切断装置空调系统,一旦汽车处于空负荷或小负荷时,空调便不能开启,破坏了空调系统的舒适性要求,特别是在堵车或是炎热的夏季,这种情况就更为突出,采用怠速提高装置就能解决这一矛盾。即A/C开关闭合后,在接通离合器电源的同时,自动地提高发动机的急速转速。增加一定的功率来保证压缩机继续工作,若空调未启动或压缩机被温控装置切断电源而停止工作时,发动机仍按原调定转速运行,而无须重新调定发动机急速,如图 2 - 41 所示。

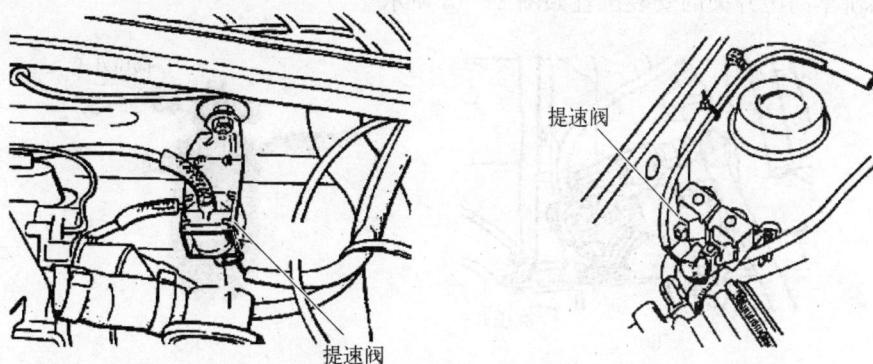

图 2 - 41 急速提升装置

常见的急速提升装置有以下 3 种:

(1) 节气门直接驱动式急速提升装置。

(2) 旁通空气道式急速提升装置。

(3) 发动机急速电动机控制式。

3. 压力控制装置的检修

常见压力开关主要有四种:高压开关、低压开关、双重压力开关、三重压力开关。

1) 高压开关

汽车空调在使用过程中,当出现散热片堵塞、风扇不转或制冷剂充注过量等不正常状况时,系统压力就会异常升高,此时若不停止压缩机的运转,过高的压力将导致压缩机损坏、管道破裂等故障发生。高压开关的外形如图 2 - 42 所示,高压开关与压缩机离合器串联,如果压缩机排气压力过高,高压开关断开,切断通向离合器线圈的电流,压缩机便停止工作。

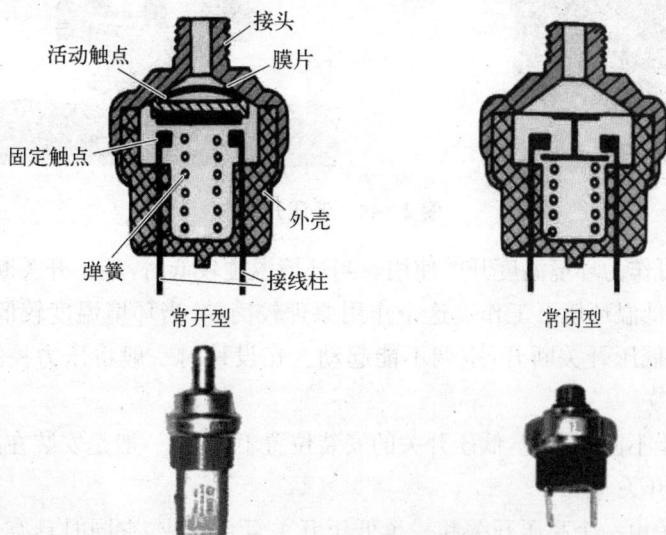

图 2 - 42 高压开关

　　高压开关有两种形式：常开型和常闭型。高压开关的安装位置，对于不同的车型，高压开关的安装位置不同。一般是安装在储液干燥器、高压管路或压缩机接头处。高尔夫轿车和桑塔纳轿车高压开关的安装位置如图 2-43 所示。

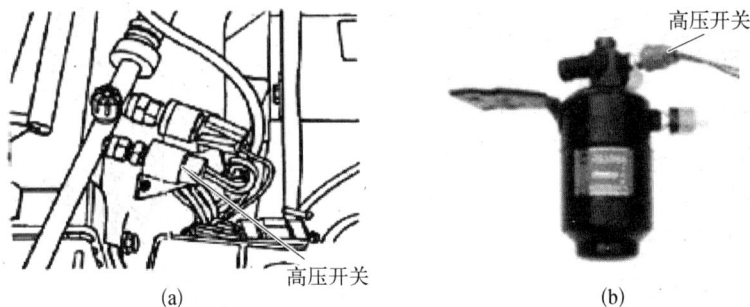

图 2-43　高压开关的安装位置

(a) 高尔夫轿车高压开关安装位置　(b) 桑塔纳高压开关的安装位置

　　2) 低压开关

　　常用的低压开关一般装在制冷系统的高压端，用来防止压缩机在异常低压下工作。空调工作时高压侧压力过低，一般表明系统存在泄漏。另外，在小型的汽车空调制冷系统中，很多压缩机本身不带润滑油，在这种环境下继续运行可能导致严重损坏，并且空调送出的风不凉，又增加了发动机功耗。在这种情况下，低压开关动作，触点断开，压缩机停转，起到保护作用，外形如图 2-44 所示。

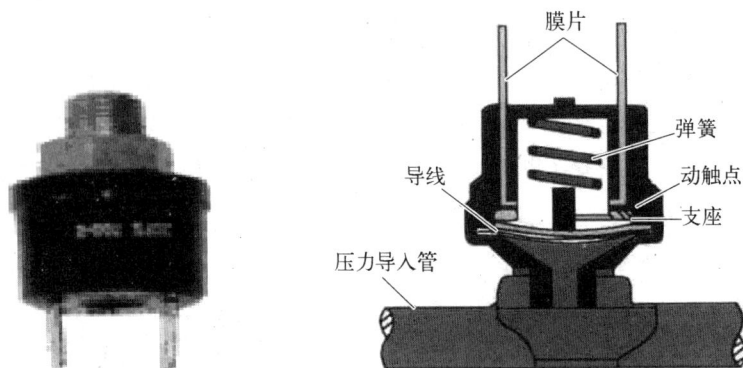

图 2-44　低压开关

　　低压开关还可作为环境温度开关使用。当环境温度较低时，低压开关断开，切断离合器电源，防止空调在低温环境下工作。这个作用原理较简单，当环境温度较低时，制冷剂对应的压力也低，这时低压开关断开，空调不能起动。在设计时一般将压力控制在 0.196 MPa（对应温度为 10℃）。

　　安装位置对于不同的车型，低压开关的安装位置不同，但一般是安装在高压管路中。

　　3) 双重压力开关

　　双重压力开关由一个高压开关和一个低压开关复合而成，它同时具有低压开关和高压开关的功能，外形如图 2-45 所示。

双重压力开关安装在制冷系统的高压管路中,当系统制冷剂泄漏致使压力过低或已没有制冷剂循环时,双重压力开关中的低压开关动作,切断压缩机电磁离合器电源,以保护压缩机免受破坏。如果由于散热不良等原因导致系统压力超过设计值时,双重压力开关中的高压开关动作,切断压缩机离合器电源。

图 2-45　双重压力开关　　　　　　图 2-46　三重压力开关

4) 三重压力开关

为了减少压力开关的数量和接口,以进一步减少制冷剂泄漏的可能,使空调结构更加紧凑,目前很多汽车空调采用三重压力开关(三段式压力开关)这种开关由高-低开关(双重压力开关)和一个中压开关组成,装在制冷系统高压端,如图 2-46 所示。

(1) 高-低压开关(双重压力开关)。这一开关是一个常闭开关,如果制冷管道高压端压力太高(由于散热不良等)或太低(由于泄漏)三重压力开关动作,开关断开,三重压力开关的参数如表 2-57 所示,使压缩机停止工作,以防止压缩机在异常高或异常低的压力下运转。

表 2-57　三重压力开关工作压力参数

三重压力开关 (MPa)	高　　压	OFF: 3.14
	中　　压	ON: 1.6
	低　　压	OFF: 0.196

(2) 中压力开关。如果冷媒压力低于 1.6 kPa(15.5 kg/cm^2)时,三重压力开关会传递信号到风扇控制单元,或直接控制冷凝的继电器来改变冷凝器风扇和水箱风扇的速度(高-低)只要设计上中压开关闭合,则风扇仅高速运转。

4. 真空控制装置

1) 真空控制装置的构造与原理

真空管路控制原理如图 2-47 所示,真空管路控制分两部分,真空罐 1 的真空经由真空电磁阀 2 分别控制真空阀 3 的内、外循环风门 4、5 以及暖风水阀 8。

按下空调开关"A/C"按钮时,真空电磁阀 2 不能接通真空管路,循环风门处于外循环状态,暖风水阀 8 处于 B 的开启状态。此时,可同时使用冷气与暖气。

若同时按下"A/C"开关和"REC"按钮真空电磁阀 4 换向,接通真空管路,真空阀 3 处于关闭状态,系统在内循环状态工作。此时,暖风水阀 8 处于关闭状态,切断了循环水路,空调系统只能使用冷气,不能使用暖风。

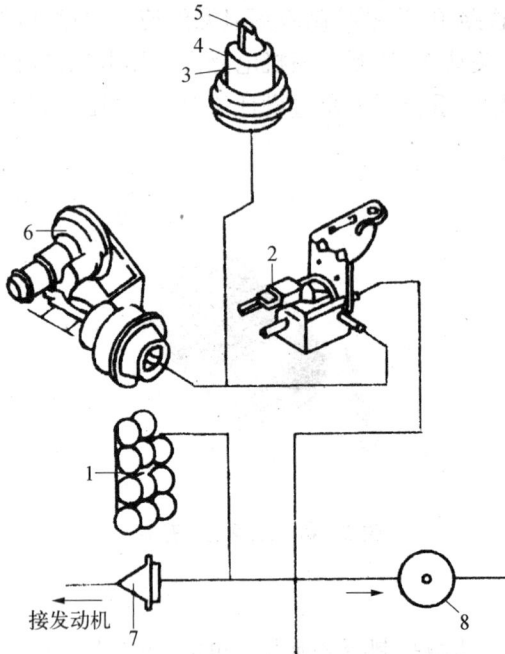

图 2-47 真空管路控制原理

图 2-48 真空罐

1—真空阀;2—真空电磁阀;3—真空阀;4—内循环风门;
5—外循环风门;6—止回阀;7—真空泵;8—暖风水阀

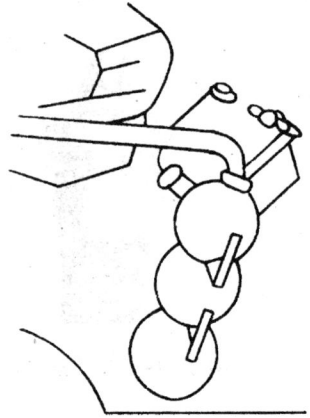

2) 真空控制元件的功能

(1) 真空罐。真空罐与发动机进气管相接,如图 2-48 所示。其内的真空度为 0.008 MPa,使空调系统的真空控制部分有足够的真空度,并且随发动机工况的变化而变化。

(2) 止回阀。安装在真空罐与发动机进气之间,如图 2-49 所示。真空罐内真空度若小于 0.008 MPa 时,止回阀打开;而真空度达到 0.008 MPa 时,则关闭。

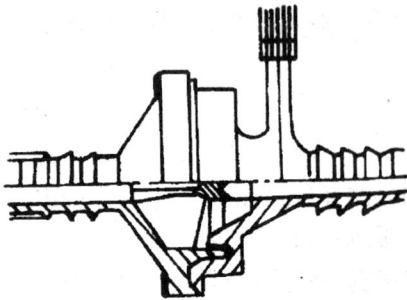

真空电磁阀

图 2-49 止回阀

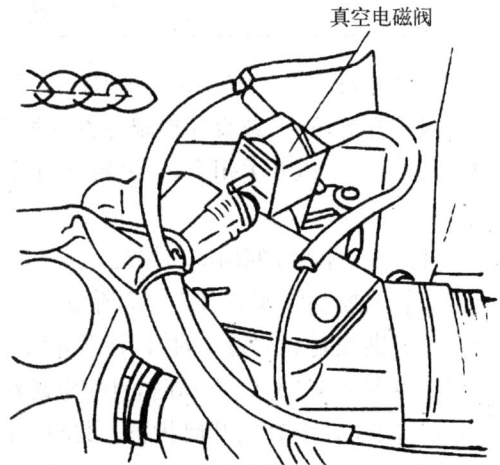

图 2-50 真空电磁阀的安装位置

(3) 真空电磁阀。它为一个双向阀,通常是常开只有在空调系统用于内循环时,真空电磁阀才接通真空管路,控制循环风门真空阀和暖风水阀,它的安装位置如图 2-50 所示。

（4）循环风门真空阀。它与外循环风门相连,在真空状态下,可关掉外循环风门,同时打开内循环风,如图 2-51 所示。

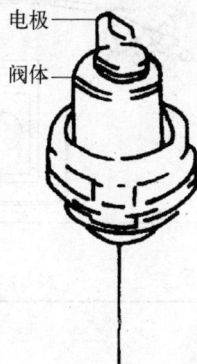

图 2-51 循环风门真空阀

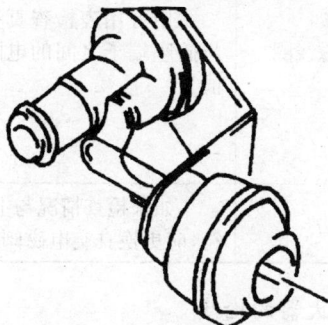

图 2-52 暖风水阀

（5）暖风水阀。如图 2-52 所示,它串接在暖风进水管中。通常是常开的,使暖风水路处于开路状态。只有在真空的状态下,阀的膜片被吸合,使暖风水管关闭,停止暖风工作。

3）真空电磁阀的检修

真空电磁阀的检修、检查方法和步骤如表 2-58 所示。

表 2-58 真空电磁阀的检修步骤和方法

序号	步　骤	说　　　明	图　　示
1	拆真空电磁阀	拆下真空电磁阀插接线头和连接软管,拧下固定螺钉,拆下真空电磁阀。	
2	检查电磁阀	（1）用蓄电池与真空电磁阀插座相连,从 A 口吹入空气,空气应该从 B 口喷出。 （2）断开蓄电池与真空电磁阀的连接,从 A 口吹入空气,空气不应该从 B 口喷出。	

续　表

序号	步　骤	说　　明	图　　示
3	检查电磁线圈	用万用表检查真空电磁阀、与插座端子之间的电阻值,额定值为∝。	
4	修理方法	如果检查情况与上述要求不符,应更换真空电磁阀。	

5. 空调放大器的检修

最基本的空调放大器由温度控制器和速度控制器组成。其内部电路由发动机转速检测电路,温度控制电路和放大驱动电路组成,如图2-53所示。

图 2-53　基本空调放大器原理

发动机转速检测电路转速信号是从点火线圈负极输入,用来检测发动机是否达到规定转速,如果转速过低,则输出信号使三极管 VT_1 导通,VT_3 截止,压缩机电磁离合器不能工作。

温度检测电路的温度信号是由蒸发器温度传感器(热敏电阻)输入,如果温度过,电路输出信号使三极管 VT_2 导通,VT_3 截止,压缩机电磁离合器不能工作。

只有当转速和温度信号都满足条件的情况下,压缩机离合器才能接合,压缩机工作。采用这种空调放大器的车型有天津夏利。

手动空调主要应用多功能放大器,这种放大器在温度控制和速度控制的基础上增加了其他功能,使放大器更加完善,如图2-54所示,它由工作电源、信号电路、

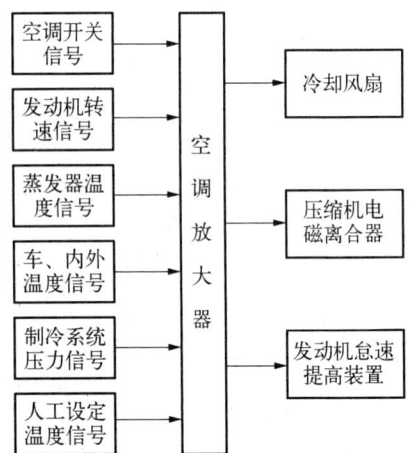

图 2-54　手动空调多功能
放大器工作原理

执行器电路和空调放大电路等组成。空调放大器根据空调开关等各种信号控制压缩机电磁离合器、发动机怠速提高等装置。采用空调放大器控制空调系统的车型有：本田、丰田海狮、神龙富康等。

议一议

四、制订汽车空调制冷系统管路及部件检修计划

在"表 2-59 检测汽车手动空调电气控制系统故障计划"的指引下,收集汽车手动空调的控制原理,分析汽车手动空调电气控制系统故障原因;参照故障检修流程制订汽车手动空调电气控制系统故障检修计划。

表 2-59　检测汽车手动空调电气控制系统故障计划

1. 待修车辆信息

卡罗拉汽车空调控制原理

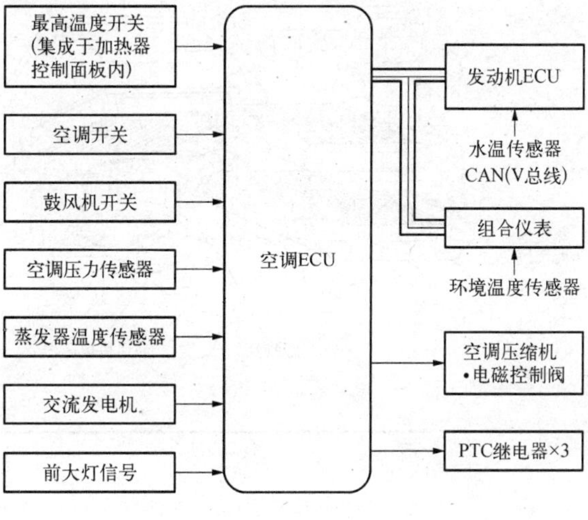

- 最高温度开关(集成于加热器控制面板内)
- 空调开关
- 鼓风机开关
- 空调压力传感器
- 蒸发器温度传感器
- 交流发电机
- 前大灯信号
- 空调ECU
- 发动机ECU
- 水温传感器　CAN(V总线)
- 组合仪表
- 环境温度传感器
- 空调压缩机·电磁控制阀
- PTC继电器×3

卡罗拉汽车空调主要部件

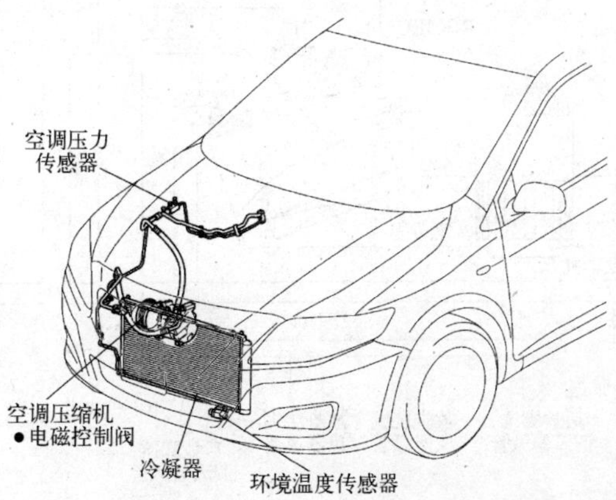

- 空调压力传感器
- 空调压缩机·电磁控制阀
- 冷凝器
- 环境温度传感器

续　表

卡罗拉汽车空调主要部件	 组合仪表　阳光传感器*1 发动机ECU 加热器控制面板●最高温度开关*2 DLC3　车内温度传感器*1　空调ECU 加热器芯　清洁空气滤清器 蒸发器温度传感器　鼓风机电动机 蒸发器　膨胀阀　鼓风机电阻器
卡罗拉汽车空调模式位置和风门工作原理	 前除霜器　加热器芯 FRESH　RECIRC G H F B A I J K E D C 鼓风机电动机　蒸发器 侧调风器 后放脚坑调风器风管　放脚坑调风器风管　放脚坑调风器风管　后放脚坑调风器风管　中央调风器　侧调风器

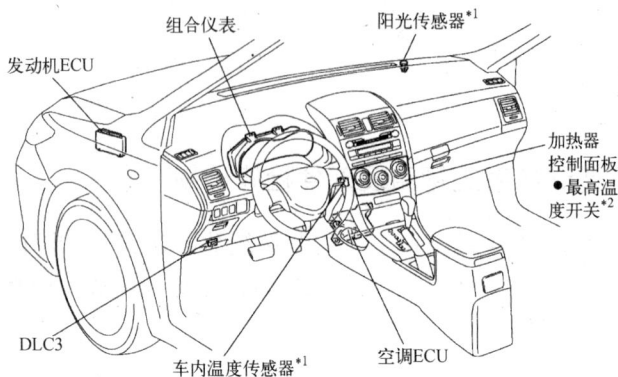

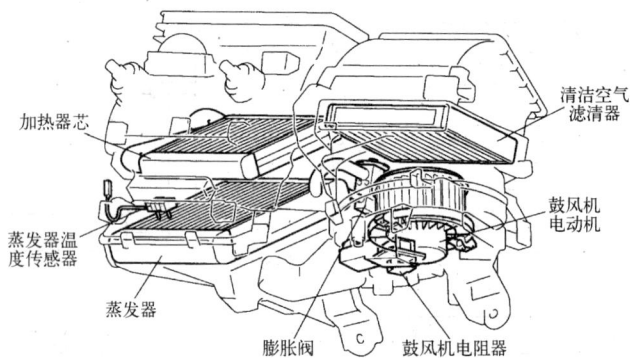

续　表

控制风门	工作位置	风门位置	工作原理
朝气控制风门	FRESH	A	吸入新鲜空气。
	RECIRC	B	使车内空气再循环。
空气混合控制风门	最低温度至最高温之间 18℃（65 ℉）～ 32℃（85 ℉）	C-D-E (C′-D′-E′)	改变热空气和冷空气混合比,持续将温度从 HOT 调节至 COLD。
模式控制风门	⛆ DEF	H, K	通过前除霜和侧调风器给挡风玻璃除霜。
	FOOT/DEF	H, J	通过前除霜和侧调风器给挡风玻璃除霜。同时,空气也从放脚坑调风器风管和后放脚坑调风器风管吹出。
	FOOT	U, I	空气从放脚坑调风器风管、后放脚坑调风器风管和侧调风器吹出。此外,从前除霜吹出少量空气。
	BI-LEVEL	F, I	空气从中央主调风器、侧调风器、放脚坑调风器风管和后放脚坑调风器风管吹出。
	FACE	F, K	空气从中央主调风器、侧调风器吹出。

卡罗拉汽车空调模式位置和风门工作原理

出气与气流量

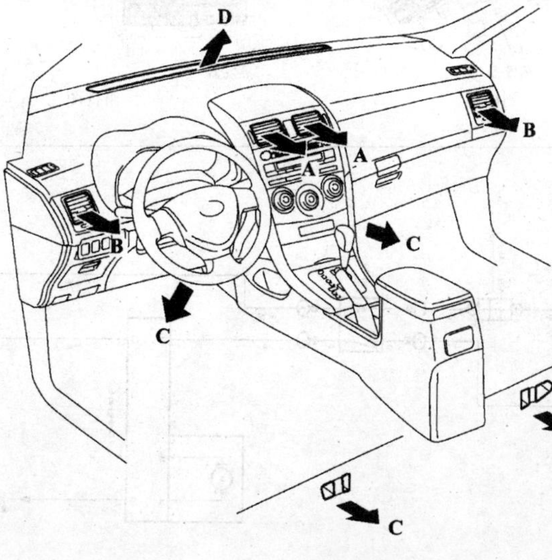

续　表

指　示	模　式	A 中央	B 侧	C 放脚坑	除霜器
出气与气流量	FACE	O	O	—	—
	BL-LEVEL	O	O	O	—
	FOOL	—	O	O	O
	FOOL/DEF	—	O	O	O
	DEF	—	O	—	O

O 的大小表示气流量的比例。

空调和鼓风机单元

采用半中央位置空调单元,其蒸发器和加热器芯均位于车辆的纵向位置。

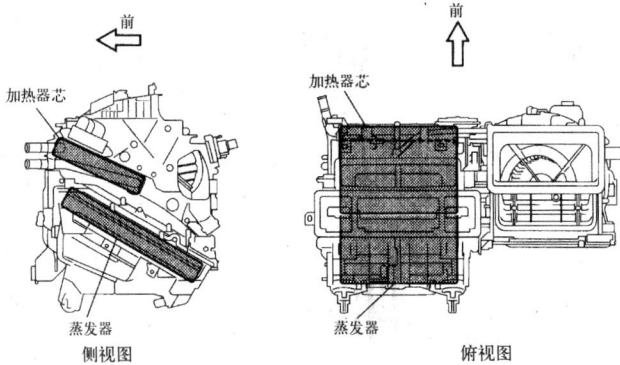

侧视图　　　　俯视图

卡罗拉汽车空调电路

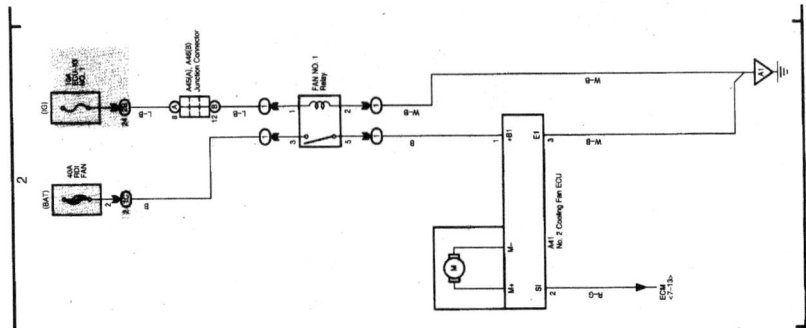

续　表

总电路图

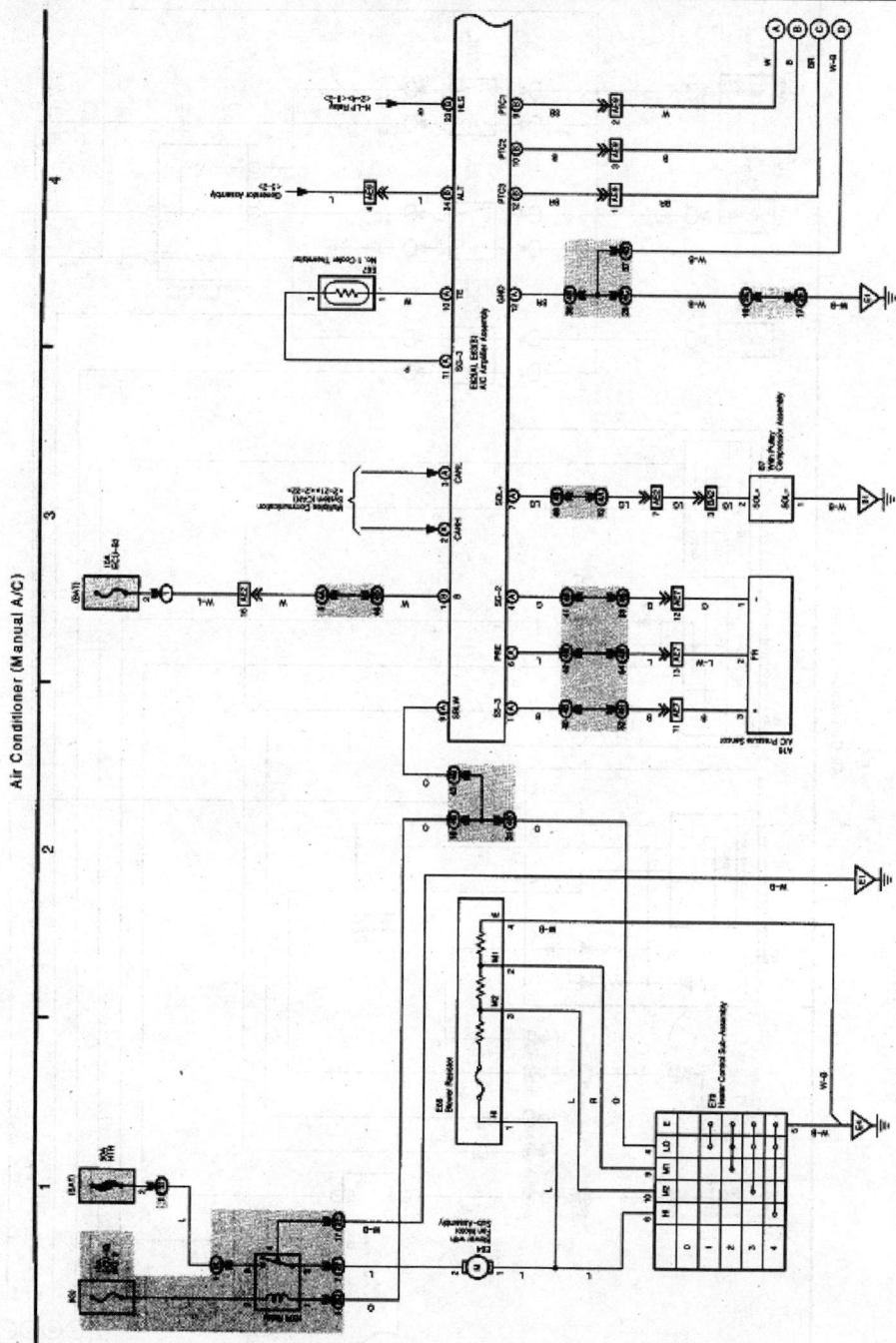

卡罗拉汽车空调电路

续　表

卡罗拉汽车空调电路

Air Conditioner (Manual A/C)

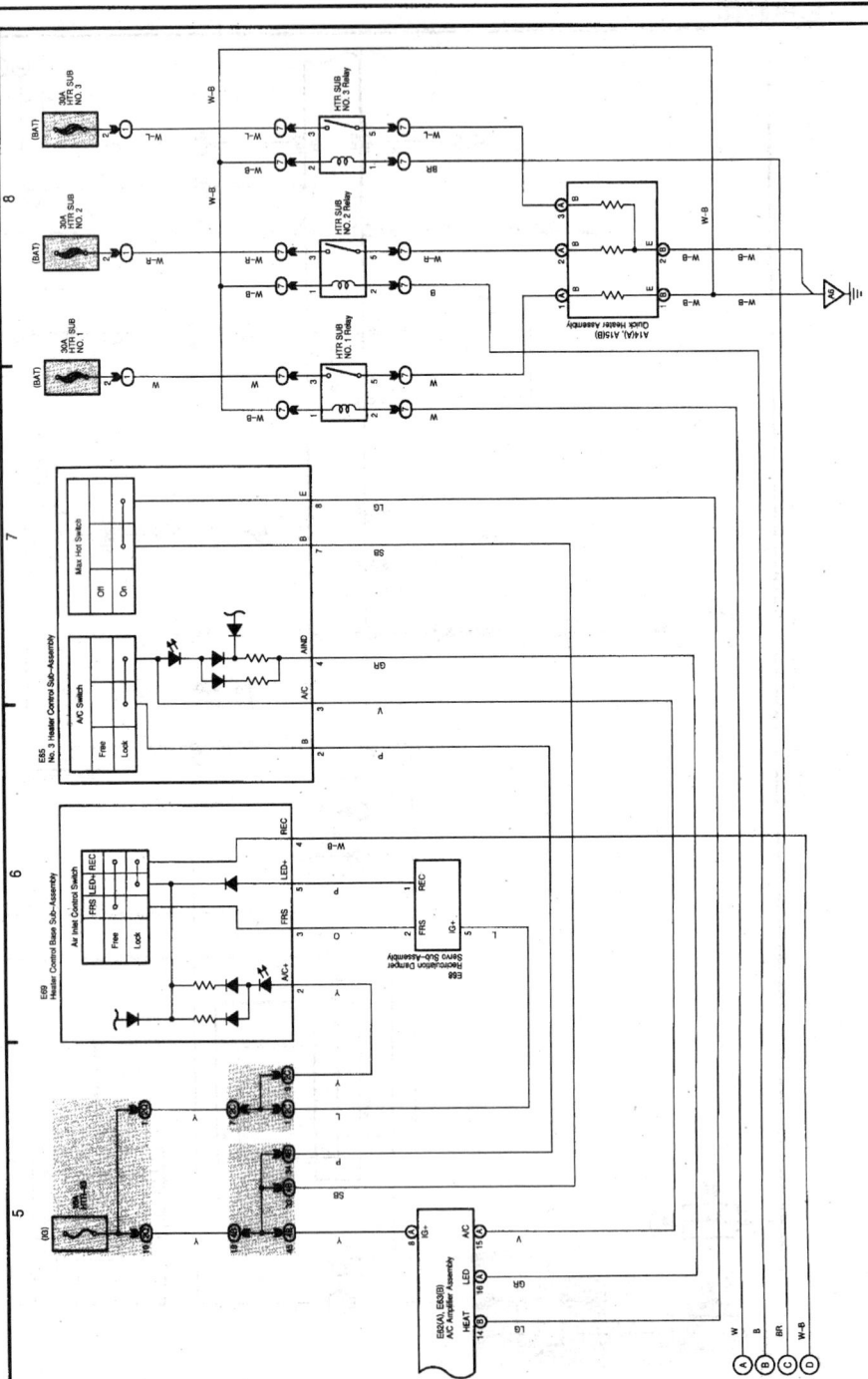

续 表

<table>
<tr><td rowspan="9">车辆维修工作流程</td><th>操作步骤</th><th>工 作 流 程</th><th>操作说明或技术标准</th></tr>
<tr><td>1</td><td>车辆送入维修车间</td><td>按车辆维修接待程序进行维修接待。</td></tr>
<tr><td>2</td><td>检查蓄电池电压</td><td>标准电压 11 至 14 V。如果电压低于 11 V,在继续操作前,对蓄电池充电或更换蓄电池。</td></tr>
<tr><td>3</td><td>检查CAN通信系统的功能</td><td>使用智能检测仪检查CAN通信系统是否正常。<table><tr><th>检测结果</th><th>处理措施</th></tr><tr><td>未输出CAN DTC</td><td>继续根据DTC指标检测</td></tr></table></td></tr>
<tr><td>4</td><td>检查DTC</td><td>(1) 检查DTC并记下输出的所有代码。
提示：参考DTC检查/清除维修手册。
(2) 删除DTC。</td></tr>
<tr><td>5</td><td>故障症状表</td><td><table><tr><th>检测结果</th><th>处理措施</th></tr><tr><td>故障未列于故障症状表中</td><td>继续往下检查</td></tr><tr><td>故障列于故障症状表中</td><td>转至步骤7</td></tr></table></td></tr>
<tr><td>6</td><td>总体分析和故障排除</td><td>(1) 数据表/主动测试；
(2) ECU端子检测；
(3) 车上检查。</td></tr>
<tr><td>7</td><td>调整、维修或更换</td><td></td></tr>
<tr><td>8</td><td>结束</td><td></td></tr>
</table>

2. 汽车手动空调电气控制系统故障检修流程

步骤	检 修 项 目	技术要求或标准	检 修 记 录
1	检查制冷剂量	任务2.1已完成	
2	检测制冷剂压力	任务2.2已完成	
3	检测鼓风机及线路		
4	检测压力传感器及线路		
5	检测压缩机电磁阀及线路		
6	检测蒸发器温度传感器及线路		
7	检测环境温度传感器及线路		

续 表

步骤	检 修 项 目	技术要求或标准	检 修 记 录
8	检测加热器控制开关及线路		
9	检修膨胀阀	任务2.3已完成	
10	检测空调放大器		

D. 任务实施

做一做

根据"表2-59汽车手动空调电气控制系统故障检修计划",对空调电气控制系统故障实施检修作业,如表2-60所示。

表2-60　汽车手动空调电气控制系统故障检修

1. 检测鼓风机及线路
功能描述　鼓风机电路操作加热控制器(鼓风机开关)时,HTR继电器将启动以允许电流流向鼓风机,然后鼓风机开始转动。操作鼓风机电路切断鼓风机电阻器和车身之间的电流,以此来控制鼓风机转速。
线路图 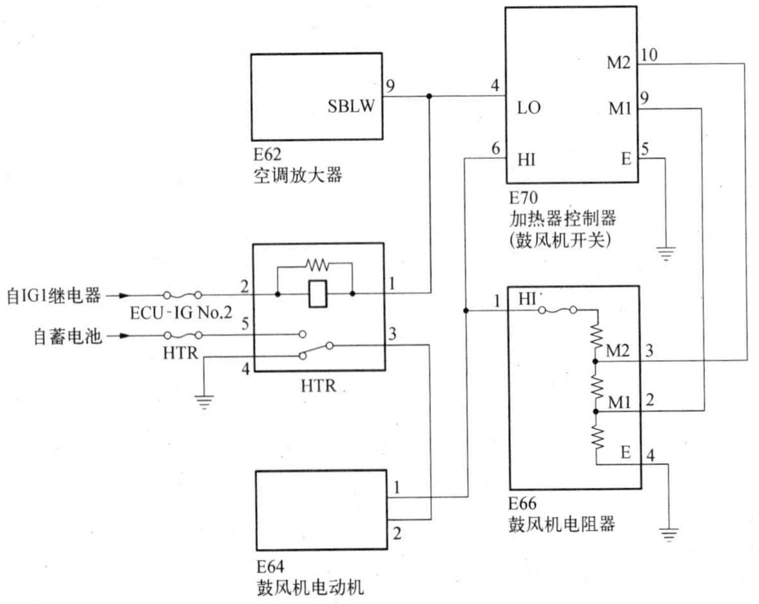

续　表

<table>
<tr><td colspan="2">步骤</td><td>检查项目</td><td>操作说明与检测结果处理</td><td>检测记录</td></tr>
<tr>
<td rowspan="3">检查程序</td>
<td>1</td>
<td>检查保险丝（HTR，ECU-IG NO.2）</td>
<td>
(1) 将 HTR 保险丝从发动机室继电器盒上拆下；
(2) 将 ECU-IG NO.2 保险丝从仪表接线盒上拆下；
(3) 根据下表测量电阻：

检测仪连接	条件	标准值
HTR 保险丝	始终	小于1Ω
ECU-IG NO.2 保险丝	始终	小于1Ω
异常	更换保险丝(HTR,ECU-IG NO.2)	
正常	检查 HTR 继电器	
</td>
<td>□ 异常
□ 正常</td>
</tr>
<tr>
<td>2</td>
<td>检查 HTR 继电器</td>
<td>

(1) 将 HTR 继电器从仪表接线盒上拆下；
(2) 根据下表测量电阻：

检测仪连接	标准值
3—4	小于1Ω
3—4	10kΩ 或更大（在端子1和2之间施加蓄电池电压时）
3—5	10kΩ 或更大
3—5	小于1Ω（在端子1和2之间施加蓄电池电压时）
异常	更换 HTR 继电器
正常	检查鼓风机
</td>
<td>□ 异常
□ 正常</td>
</tr>
<tr>
<td>3</td>
<td>检查鼓风机</td>
<td>
没有线束连接的零部件：（鼓风机电动机）

(1) 拆下鼓风机；
(2) 将连接器从鼓风机上断开；
(3) 将蓄电池的正极引线与端子2相连，负极引线与端子1相连，检查并确认电动机工作。
正常：鼓风机平稳运转；异常：更换鼓风机。
</td>
<td>□ 异常
□ 正常</td>
</tr>
</table>

续　表

步骤	检查项目	操作说明与检测结果处理	检测记录
检查程序 4	检查鼓风机电阻器	没有线束连接的零部件：(鼓风机电阻器) (1) 拆下鼓风机； (2) 将连接器从鼓风机电阻器上断开； (3) 根据下表测量电阻： 表见下	□ 异常 □ 正常

步骤4 电阻表：

检测仪连接	标 准 值
E66-1(HI)—E66-4(E)	3.12～3.6 Ω
E66-3(M2)—E66-4(E)	2.6～3.0 Ω
E66-2(M1)—E66-4(E)	1.67～1.93 Ω
异常	更换鼓风机电阻器
正常	检查鼓风机开关

步骤	检查项目	操作说明与检测结果处理	检测记录
5	检查鼓风机开关	没有线束连接的零部件：(加热器控制器(鼓风机开关)) (1) 拆下鼓风机开关(加热控制器)； (2) 将连接器从鼓风机开关上断开； (3) 根据下表测量电阻： 表见下	□ 异常 □ 正常

步骤5 电阻表：

检测仪连接	条 件	标准值
E70-4(LO)，E70-6(HI)，E70-9(M1)，E70-10(M2)与 E70-5(E)	鼓风机开关：OFF	10 kΩ 或更大
E70-4(LO)与 E70-5(E)	鼓风机开关：LO	小于1 Ω
E70-4(LO)，E70-9(M1)与 E70-5(E)	鼓风机开关：M1	小于1 Ω
E70-4(LO)，E70-10(M2)与 E70-5(E)	鼓风机开关：M2	小于1 Ω
E70-4(LO)，E70-6(HI)与 E70-5(E)	鼓风机开关：HI	小于1 Ω
E66-3(M2)—E66-4(E)		2.6～3.0 Ω
E66-2(M1)—E66-4(E)	1.67～1.93 Ω	
异常	更换鼓风机开关	
正常	检查线束和连接器(空调放大器与蓄电池)	

续 表

步骤	检查项目	操作说明与检测结果处理	检测记录
检查程序			

步骤 6 检查线束和连接器（空调放大器与蓄电池）

线束连接器前视图：（至空调放大器）

E62

SBLW

根据下表测量电压：

检测仪连接	条 件	标准值
E62-9(SBLW)—车身搭铁	点火开关置于 ON(IG)位置	11～14 V（蓄电池电压）
E62-9(SBLW)—车身搭铁	点火开关置于 OFF 位置	低于 1 V
异常	维修或更换线束和连接器（空调放大器与蓄电池）	
正常	检查鼓风机开关与蓄电池线束和连接器	

检测记录：□ 异常 □ 正常

步骤 7 检查鼓风机开关与蓄电池线束和连接

线束连接器前视图：
(至加热器控制器(鼓风机开关))

E70

LO

根据下表测量电压：

检测仪连接	条 件	标准值
E70-4(LO)—车身搭铁	点火开关置于 ON(IG)位置	11～14 V（蓄电池电压）
E70-4(LO)—车身搭铁	点火开关置于 OFF 位置	低于 1 V
异常	维修或更换线束和连接器（鼓风机开关与蓄电池）	
正常	检查鼓风机开关与鼓风机电阻器之间线束和连接器	

检测记录：□ 异常 □ 正常

步骤	检查项目	操作说明与检测结果处理	检测记录
检查程序			
8	检查鼓风机开关与鼓风机电阻器之间线束和连接器	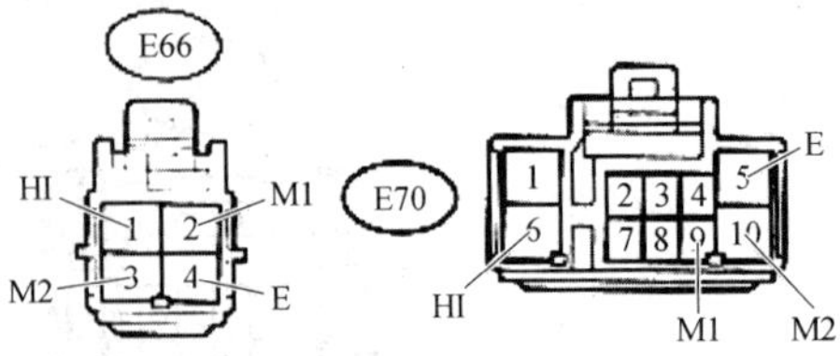 根据下表测量电阻： | 检测仪连接	标准值 | |---|---| | E66‑1(HI)—E70‑6(HI) | 小于1Ω | | E66‑3(M2)—E70‑10(M2) | 小于1Ω | | E66‑2(M1)—E70‑9(M1) | 小于1Ω | | E66‑4(E)—车身搭铁 | 小于1Ω | | E70‑5(E)—车身搭铁 | 小于1Ω | | E66‑1(HI)—车身搭铁 | 10 kΩ或更大 | | E66‑3(M2)—车身搭铁 | 10 kΩ或更大 | | E66‑2(M1)—车身搭铁 | 10 kΩ或更大 | | 异常 | 维修或更换线束和连接器 | | 正常 | 检查鼓风机开关、鼓风机电阻器、鼓风机之间线束和连接器 |	
9	检查鼓风机开关、鼓风机电阻器、鼓风机之间线束和连接器	线束连接器前视图：(至鼓风机电动机)　线束连接器前视图：(至鼓风机电阻器) 根据下表测量电阻： | 检测仪连接	标准值 | |---|---| | E64‑1—E66‑1(HI) | 小于1Ω | | E64‑1—E70‑6(HI) | 小于1Ω | | E64‑1—车身搭铁 | 10 kΩ或更大 | | 异常 | 维修或更换线束和连接器 | | 正常 | 检查鼓风机、蓄电池、车身搭铁之间线束和连接器 |	□ 异常 □ 正常

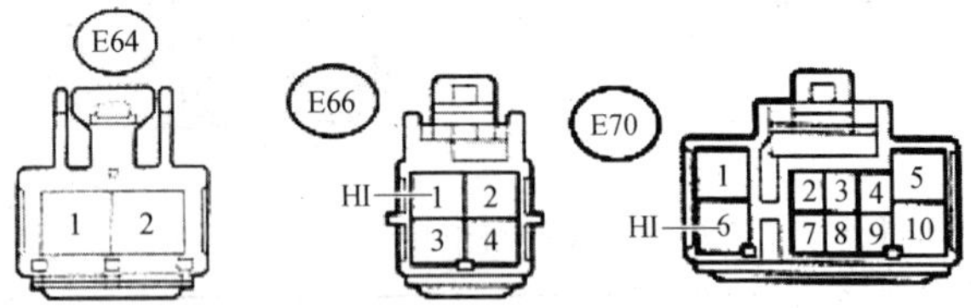

续　表

步骤	检查项目	操作说明与检测结果处理	检测记录
检查程序	10	检查鼓风机、蓄电池、车身搭铁之间线束和连接器	 E64 1　2 (1) 将连接器重新连接到空调放大器上； (2) 将连接器重新连接到鼓风机电阻器； (3) 将连接器重新连接至鼓风机开关； (4) 根据下表测量电压： 表见下 根据下表测量电阻。 表见下 异常：维修或更换线束和连接器； 正常：继续检查故障症状表中下一个电路。	□ 异常 □ 正常

测量电压表：

检测仪连接	条件	标准值
E64-2—车身搭铁	点火开关：ON(IG)位置 鼓风机开关：OFF	低于 1 V
E64-2—车身搭铁	点火开关：ON(IG)位置 鼓风机开关：ON	11~14 V (蓄电池电压)

测量电阻表：

检测仪连接	条件	标准值
E64-2—车身搭铁	点火开关：ON(IG)位置 鼓风机开关：ON	小于 1 Ω

2. 检测压力传感器及线路

故障指示	DTC B1423 压力传感器及电路
功能描述	当高压侧制冷剂压力过低(0.19 MPa)或更低；高压侧制冷剂压力过高(3.14 MPa)或更高时，输出此 DTC。压力传感器安装在高压侧管上，检测制冷剂压力，并将制冷剂压力信号输出至空调放大器。空调放大器根据压力传感器特性信号转换为压力，控制压缩机工作。

	DTC 编号	DTC 检测条件	故 障 部 位
故障查询	B1423	(1) 压力传感器及电路短路或断路； (2) 高压侧制冷剂压力过低(0.19 MPa)或更低； (3) 高压侧制冷剂压力过高(3.14 MPa)或更高。	(1) 压力传感； (2) 压力传感与空调放大器之间线束或连接器； (3) 空调放大器； (4) 膨胀阀：堵塞、卡滞； (5) 冷凝器：堵塞、失效； (6) 干燥器：制冷剂中的水分无法吸收； (7) 冷却风扇系统：无法冷却； (8) 空调系统：堵塞、泄漏。

线路图	 A16 空调压力传感器　　　　　E62 空调放大器

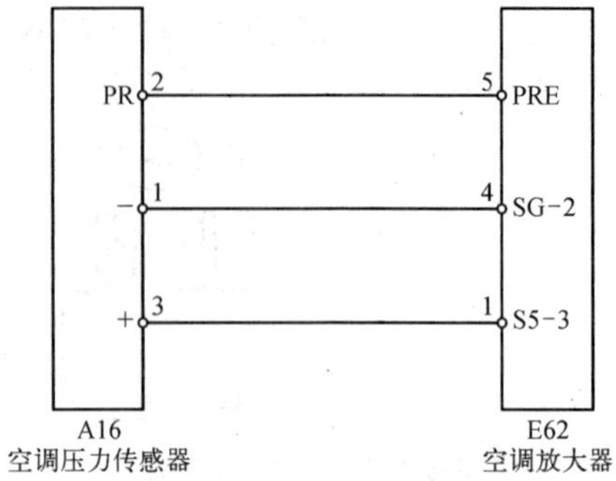

步骤	检查项目	操作说明与检测结果处理	检测记录
		检查程序	
1	检查电源电路的线束和连接器	线束连接器前视图:(至空调压力传感器) (1) 将连接器从空调放大器上断开; (2) 根据下表测量电压: | 检测仪连接	条　件	标准值
---	---	---
E16-3(＋)—车身搭铁	点火开关置于ON(IG)位置	约 5 V
检测结果	处　理　措　施	
异　常	更换蒸发器温度传感器	
正　常	维修或更换线束和连接器(压力传感器与组合仪表之间)			□ 异常 □ 正常
2	检查搭铁电路线束和连接器	线束连接器前视图 (至空调压力传感器) 根据下表测量电阻: | 检测仪连接	条　件	标准值
---	---	---
E16-1(—)—车身搭铁	始终	小于 1 Ω
检测结果	处　理　措　施	
异　常	按步骤 12 进行	
正　常	检查空调压力传感器(传感器信号电路)			□ 异常 □ 正常

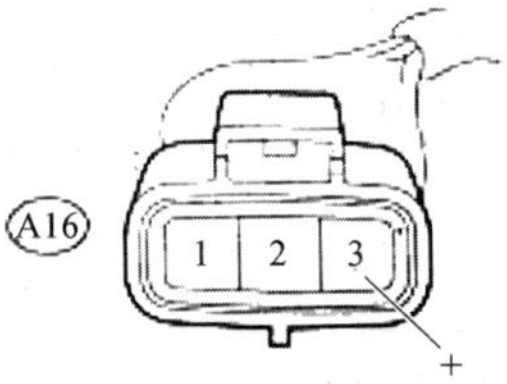

续 表

步骤	检查项目	操作说明与检测结果处理	检测记录
检 查 程 序 3	检查空调压力传感器	E62 8 7 6 5 4 3 2 1 16 15 14 13 12 11 10 9 PRE (1) 将连接器重新连接到空调压力传感器上; (2) 在连接器仍然连接的情况下,拆下空调放大器; (3) 根据下表测量电压: 表格如下	□ 异常 □ 正常

检测仪连接	条　　件	标准值
E62-6(PRE)—车身搭铁	点火开关置于 ON 位置, 空调开关置于 OFF 位置	0.7~4.8 V
检测结果	处　理　措　施	
异　常	按步骤 13 进行	
正　常	检查空调压力传感器(传感器信号电路)	

步骤	检查项目	操作说明与检测结果处理	检测记录
4	检查空调压力传感器(传感器信号电路)	满足下列条件下测量电压: 表格如下	□ 异常 □ 正常

项　目	条　　件
车门	全开
温度设置	MAX COLD
鼓风机转速	Hi
空调开关	ON
R/F开关	RECIRCULATION
车内温度	25℃~35℃
发动机转速	2 000 rpm

注意:

(1) 如果在检查过程中高压侧制冷剂压力变得过高(如果电压超过 4.8 V),则失效保护功能将停止压缩机的操作,所以就在失效保护操作前测量电压。

(2) 必须和每隔一定时间(约 1 分钟)测量一下电压(因为一段时间后症状可能再次出现)。

(3) 当外界温度很低(低于−1.5℃)时,压缩机会因环境温度传感器和蒸发器温度的操作而停止。以防止蒸发器冻结。在这种情况下,应在温暖的室内环境下执行检查;

(4) 根据下表测量电压:

检测仪连接	条　　件	标准值
E62-6(PRE)—车身搭铁	点火开关置于 ON(IG)位置,空调开关置于 ON 位置	0.7~4.8 V
检测结果	处　理　措　施	
异　常	检查冷却风扇系统	
正　常	继续检查故障症状表中所示的下一个电路;若无下文,则根据 DTC 输出进行故障排除时,更换空调放大器	

续 表

<table>
<tr><td></td><td>步骤</td><td>检查项目</td><td>操作说明与检测结果处理</td><td>检测记录</td></tr>
<tr><td rowspan="6">检查程序</td><td>5</td><td>检查冷却风扇系统</td><td>(1) 检查并确认冷却风扇工作正常——加注制冷剂；
(2) 异常——维修冷却风扇系统。</td><td>□ 异常
□ 正常</td></tr>
<tr><td>6</td><td>加注制冷剂</td><td>(1) 使用制冷剂回收机来回收制冷剂；
(2) 抽制冷系统真空；
(3) 加注适量的制冷剂。</td><td>□ 异常
□ 正常</td></tr>
<tr><td>7</td><td>重新检查 DTC</td><td>满足下列条件下测量电压：
<table>
<tr><td>项　　目</td><td>条　　件</td></tr>
<tr><td>车门</td><td>全开</td></tr>
<tr><td>温度设置</td><td>MAX COLD</td></tr>
<tr><td>鼓风机转速</td><td>Hi</td></tr>
<tr><td>空调开关</td><td>ON</td></tr>
<tr><td>R/F 开关</td><td>RECIRCULATION</td></tr>
<tr><td>车内温度</td><td>25℃～35℃</td></tr>
<tr><td>发动机转速</td><td>2 000 rpm</td></tr>
</table>
(1) 如果制冷剂压力升高，将设置 DTC。
(2) 当外界温度很低(低于－1.5℃)时，压缩机会因环境温度传感器和蒸发器温度的操作而停止。以防止蒸发器冻结。在这种情况下，应在温暖的室内环境下执行检查。
(3) 如果本操作后没有输出 DTC，则表示冷凝器中的冷却器干燥器无法吸收制冷剂中的水分。在这种情况下，为完成维修，必须更换冷却器干燥器。
<table>
<tr><td>检 测 结 果</td><td>处 理 措 施</td></tr>
<tr><td>未输出 DTC B1423</td><td>更换冷却器干燥器</td></tr>
<tr><td>输出 DTC B1423</td><td>按步骤 8 进行下一步检查</td></tr>
</table></td><td>□ 异常
□ 正常</td></tr>
<tr><td>8</td><td>更换膨胀阀</td><td>更换正常的膨胀阀。</td><td>□ 异常
□ 正常</td></tr>
<tr><td>9</td><td>加注制冷剂</td><td>同步骤 6。</td><td>□ 异常
□ 正常</td></tr>
<tr><td>10</td><td>重新检查 DTC</td><td>检查条件同步骤 7。
<table>
<tr><td>检 测 结 果</td><td>处 理 措 施</td></tr>
<tr><td>未输出 DTC B1423</td><td>结束</td></tr>
<tr><td>输出 DTC B1423</td><td>更换冷凝器</td></tr>
</table></td><td>□ 异常
□ 正常</td></tr>
</table>

续　表

步骤	检查项目	操作说明与检测结果处理	检测记录

<table>
<tr><td rowspan="5">检查程序</td><td rowspan="2">11</td><td rowspan="2">检查空调放大器与压力传感器之间的线束和连接器</td><td>

(1) 将连接器从空调放大器断开;
(2) 根据下表测量电阻:

检测仪连接	条　件	标准值
E16-3—E62-1	始终	小于 1 Ω
E62-1—车身搭铁	始终	10 kΩ 或更大
检测结果	处　理　措　施	
异　常	维修或更换线束和连接器	
正　常	更换空调放大器	

</td><td>□ 异常
□ 正常</td></tr>
<tr><td>12</td><td>维修或更换线束和连接器</td><td>

(1) 将连接器从空调放大器断开。

线束连接器前视图
(至空调放大器)

(2) 根据下表测量电阻:

检测仪连接	条　件	标准值
E16-1(—)—E62-4(SG-2)	始终	小于 1 Ω
E62-4(SG-2)—车身搭铁	始终	10 kΩ 或更大
检测结果	处　理　措　施	
异　常	维修或更换线束和连接器	

</td><td>□ 异常
□ 正常</td></tr>
</table>

续　表

步骤	检查项目	操作说明与检测结果处理	检测记录
13	维修或更换空调放大器与压力传感器之间的线束和连接器	线束连接器前视图：(至空调放大器) E62　A16 PRE　PR (1) 将连接器从空调放大器断开； (2) 根据下表测量电阻：	□ 异常 □ 正常
14	检查空调系统是否有泄漏	(1) 安装歧管压力表； (2) 使用制冷剂回收机回收制冷剂； (3) 抽真空,检查并确认空调系统内保持真空。	□ 异常 □ 正常
15	加注制冷剂	同步骤 6。	□ 异常 □ 正常
16	重新检查 DTC	检查条件同步骤 7。	□ 异常 □ 正常

检查程序

步骤 13 表格：

检测仪连接	条　件	标准值
E16 - 2(PR)—E62 - 6(PRE)	始终	小于 1 Ω
E62 - 6(PRE)—车身搭铁	始终	10 kΩ 或更大

检测结果	处 理 措 施
异　常	维修或更换线束和连接器
正　常	检查空调系统是否有泄漏

步骤 14 表格：

检测结果	处 理 措 施
异　常	按步骤 18 进行
正　常	加注制冷剂

步骤 16 表格：

检测结果	处 理 措 施
未输出 DTC B1423	结束
输出 DTC B1423	检查空调压力传感器

续　表

步骤	检查项目	操作说明与检测结果处理	检测记录
检 查 程 序			
17	检查空调压力传感器	 (1) 安装歧管压力表组件; (2) 将连接器从空调放大器上拆下; (3) 将 3 节 1.5 V 干电池正极引线连接到端子 3,并将电池负极引线接到端子 1 上; (4) 将电压表正极引线连接到端子 3,负极引线接到端子 1 上; (5) 根据下表测量电压:	□ 异常 □ 正常
18	维修空调系统泄漏	(1) 识别制冷剂泄漏的部位; (2) 维修空调系统的识别部件; (3) 抽空调系统真空。	□ 异常 □ 正常
19	加注制冷剂	同前。	□ 异常 □ 正常
20	结束	继续按故障症状表检查下一个电路。	

步骤17 (5) 中表格:

检测仪连接	条　件	标准值
2—1	制冷剂压力 0.39 至 3 MPa	1.0~4.8 V
异　常	更换空调压力传感器	
正　常	更换空调放大器	

3. 检测压缩机电磁阀及线路

故障指示	DTC B1451 压缩机电磁阀电路
功能描述	压缩机电磁阀电路接收空调放大器的制冷剂压缩请求信号。基于此信号,压缩机改变压缩机输出制冷剂量。

	DTC 编号	DTC 检测条件	故　障　部　位
故障查询	B1451	外部可变压缩机电路的电磁阀线路断路或短路	(1) 空调压缩机(压缩机电磁阀); (2) 空调压缩机(压缩机电磁阀)和空调放大器或车身搭铁之间线束或连接器; (3) 空调放大器。

线路图	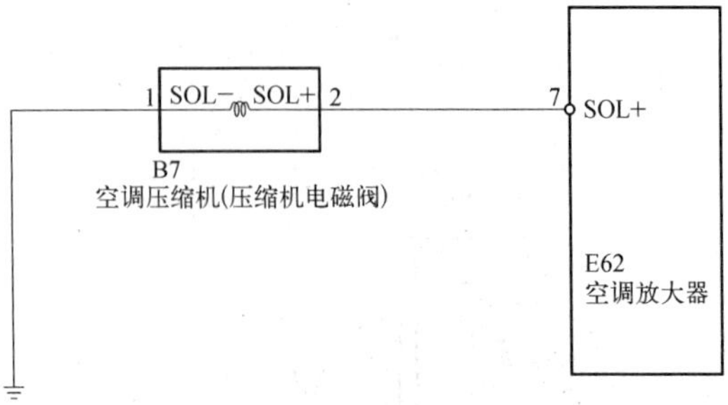

1　SOL－　　SOL＋　2　　　　　7　SOL＋

B7
空调压缩机(压缩机电磁阀)

E62
空调放大器

	步骤	检查项目	操作说明与检测结果处理	检测记录
检查程序	1	检查空调压缩机(压缩机电磁阀)	没有线束连接的零部件： (空调压缩机(压缩机电磁阀)) 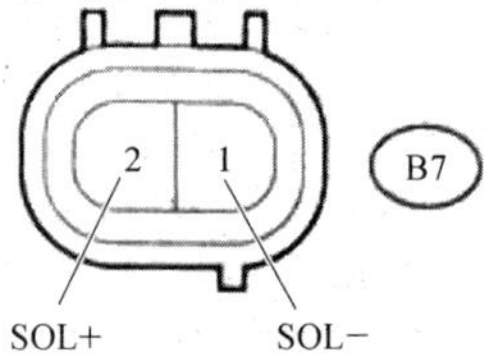 2　1　B7 SOL＋　　SOL－ (1) 断开空调压缩机(压缩机电磁阀)连接器； (2) 根据下表测量电阻： 检测仪连接｜条件｜标准值 B7-2(SOL＋)—B7-1(SOL－)｜20℃｜10~11 Ω 异常｜更换空调压缩机 正常｜检查空调压缩机与车身搭铁之间线束和连接器	□ 异常 □ 正常
	2	检查空调压缩机与车身搭铁之间线束和连接器	线束连接器前视图： (至空调压缩机(压缩机电磁阀)) B7 1　2 SOL－ (1) 断开空调压缩机(压缩机电磁阀)连接器； (2) 根据下表测量电阻： 检测仪连接｜条件｜标准值 B7-1(SOL－)—车身搭铁｜始终｜小于1 Ω 异常｜维修或更换空调压缩机与车身搭铁之间线束和连接器 正常｜检查空调压缩机与放大器之间线束和连接器	□ 异常 □ 正常

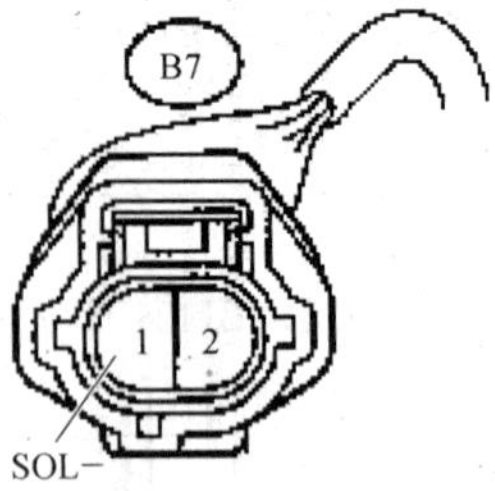

续　表

	步骤	检查项目	操作说明与检测结果处理	检测记录
检 查 程 序	3	检查空调压缩机与放大器之间线束和连接器	线束连接器前视图： (至空调压缩机(压缩机电磁阀))　　　线束连接器前视图： (至空调放大器) B7　　　　　　　　　E62 SOL+　　　　　　　SOL+ (1) 断开空调压缩机(压缩机电磁阀)连接器； (2) 断开空调放大器连接器； (3) 根据下表测量电阻： 表见下方	□ 异常 □ 正常
	4		维修或更换空调压缩机与放大器之间线束和连接器。	□ 异常 □ 正常

检测仪连接	条　件	标准值
B62-1(SOL+)—B7-2(SOL+)	始终	小于 1 Ω
B62-1(SOL+)—车身搭铁	始终	10 kΩ 或更大
异常	维修或更换空调压缩机与放大器之间线束和连接器	
正常	继续检查故障症状表中所示的下一个电路；若无下文，则根据 DTC 输出进行故障排除时，更换空调放大器	

4. 检测蒸发器温度传感器及线路

故障指示	DTC B1413 环境温度传感器及电路
功能描述	蒸发器温度传感器(空调热敏电阻)安装在蒸发器上,检测流过蒸发器的冷却空气的温度,其信号用来控制空调,它向空调放大器发送信号。蒸发器温度传感器(空调热敏电阻)随着流过蒸发器的冷却空气温度的变化而变化。当温度下降时,电阻增大。当温度升高时,电阻减小。 　　空调放大器将 5 V 电压施加到蒸发器温度传感器(空调热敏电阻)上,并且在蒸发器温度传感器(空调热敏电阻)的电阻改变时读取它的电压值,该传感器用来防止蒸发器冻结。

	DTC 编号	DTC 检测条件	故　障　部　位
故障查询	B1413	蒸发器温度传感器电路短路或断路	(1) 蒸发器温度传感器； (2) 蒸发器温度传感器与空调放大器之间线束或连接器； (3) 空调放大器。

线 路 图	10　TE 1 E67 蒸发器温度 传感器 2 11　SG-3 E62 空调放大器

步骤	检查项目	操作说明与检测结果处理	检测记录
1	读取智能检测仪的值	(1) 将智能检测仪连接到DLC3； (2) 将点火开关置于ON(IG)位置，并打开智能检测仪主开关； (3) 选择数据表中的以下项目，并读取智能检测仪上显示内容： 表见下 正常：显示值与正常状态列中的数值相符。 表见下	□ 异常 □ 正常
2	检查蒸发器温度传感器	 表见下	□ 异常 □ 正常

左侧纵向大标题：检查程序

步骤1内表格：

检测仪显示	测量项目/范围	正常状态	诊断备注
Evaporator Fin Thermistor (Evap Fin Temp)	蒸发器温度传感器 最小：29.7℃ 最大：59.55℃	显示实际的蒸发器温度	电路断路：29.7℃ 电路短路：59.55℃

检测结果	处 理 措 施
异常	继续往下检查
正常	继续检查故障症状表中所示的下一个电路；若无下文，则根据DTC输出进行故障排除时，更换空调放大器

步骤2内表格：

检测仪连接	条 件	标 准 值
E67-1—E67-2	-10℃	7.30～9.70 kΩ
E67-1—E67-2	-5℃	5.65～6.95 kΩ
E67-1—E67-2	0℃	4.40～5.35 kΩ
E67-1—E67-2	5℃	3.40～4.15 kΩ
E67-1—E67-2	10℃	2.70～3.25 kΩ
E67-1—E67-2	15℃	2.14～2.58 kΩ
E67-1—E67-2	20℃	1.71～2.05 kΩ
E67-1—E67-2	25℃	1.38～1.64 kΩ
E67-1—E67-2	30℃	1.11～1.32 kΩ

检测结果	处 理 措 施
异常	更换蒸发器温度传感器
正常	维修或更换线束或连接器（蒸发器温度传感器与组合仪表之间）

续 表

<table>
<tr><td rowspan="7">检查程序</td><td>步骤</td><td>检查项目</td><td>操作说明与检测结果处理</td><td>检测记录</td></tr>
<tr><td rowspan="6">3</td><td rowspan="6">检查线束和连接器</td><td>
线束连接器前视图
(至蒸发器温度传感器)　　线束连接器前视图(至空调放大器)

E67　　　1 2　　　E62　　1 2 3 4 5 6 7 8　9 10 11 12 13 14 15 16
TE　　SG-3

(1) 将连接器从空调放大器断开;
(2) 根据下表测量电阻:

检测仪连接	条 件	标准值
E62-10(TE)—E67-1	始终	小于 1 Ω
E62-11(SG-3)—E67-2	始终	小于 1 Ω
E62-10(TE)与车身搭铁	始终	10 kΩ 或更大
E62-11(SG-3)与车身搭铁	始终	10 kΩ 或更大

检测结果	处 理 措 施
正常	更换空调放大器
异常	维修或更换线束或连接器(蒸发器温度传感器之间)
</td><td>□ 异常
□ 正常</td></tr>
</table>

5. 检测环境温度传感器及线路

<table>
<tr><td>故障指示</td><td colspan="3" align="center">DTC B1412 环境温度传感器及电路</td></tr>
<tr><td>功能描述</td><td colspan="3">环境温度传感器安装在冷凝器前部,检测车外温度并通过 CAN 通信系统将相应的信号发送至空调放大器。</td></tr>
<tr><td rowspan="2">故障查询</td><td>DTC 编号</td><td>DTC 检测条件</td><td>故 障 部 位</td></tr>
<tr><td>B1412</td><td>环境温度传感器及电路断路或短路</td><td>(1) 环境温度传感器
(2) 环境温度传感器和组合仪表之间的线束或连接器
(3) 组合仪表
(4) 空调放大器
(5) CAN 通信</td></tr>
<tr><td>线路图</td><td colspan="3">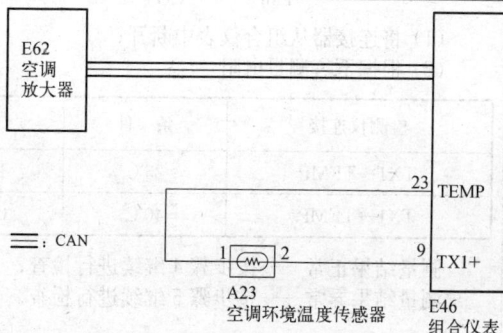</td></tr>
</table>

步骤	检查项目	操作说明与检测结果处理	检测记录
1	检查 CAN 通信系统	使用智能检测仪检查 CAN 通信系统是否正常。 | 检 测 结 果	处 理 措 施
---	---
未输出 CAN DTC	继续根据 DTC 指示检测
输出 CAN DTC	检测 CAN 通信系统		□ 异常 □ 正常
2	读取智能检测仪的值	(1) 将智能检测仪连接到 DLC3； (2) 将点火开关置于 ON(IG)位置，并打开智能检测仪主开关； (3) 选择数据表中的以下项目，并读取智能检测仪上显示内容： | 检测仪显示	测量项目/范围	正常状态	诊断备注
Ambent Temp Sensor	环境温度传感器 最小：−23.3℃ 最大：65.95℃	显示实际的环境温度	电路断路：−23.3℃ 电路短路：65.95℃ | 正常：显示值与正常状态列中的数值相符 | 检测结果	处 理 措 施
---	---
异常	继续往下检查
正常	继续检查故障症状表中所示的下一个电路；若无下文，则根据 DTC 输出进行故障排除时，更换空调放大器		□ 异常 □ 正常
3	检查组合仪表	 E46 TEMP　　　TX1+ (1) 将连接器从组合仪表中断开； (2) 根据下表测量电阻： 	检测仪连接	条　件	标　准　值
---	---	---
TX1—TEMP	25℃	1.60～1.80 kΩ
TX1—TEMP	40℃	0.80～1.00 kΩ | 测量结果正常——按步骤 4 继续进行检查； 测量结果异常——按步骤 5 继续进行检查。	□ 异常 □ 正常

续 表

步骤	检查项目	操作说明与检测结果处理	检测记录
4	更换组合仪表	（1）更换组合仪表：由于从车辆拆下时，不能对组合仪表进行检查，应使用更正常件将其更换，然后检查并确认状态恢复正常； （2）检查 TDC。 | 检 测 结 果	处 理 措 施
---	---
未输出 CAN DTC	结束
输出 CAN DTC	更换空调放大器		□ 异常 □ 正常
5	检查环境温度传感器	（1）拆下环境温度传感器； （2）根据下表测量电阻： | 检测仪连接	条 件	标准值
---	---	---
A23-1—A23-2	10℃	3.00～3.73 kΩ
A23-1—A23-2	15℃	2.45～2.88 kΩ
A23-1—A23-2	20℃	1.95～2.30 kΩ
A23-1—A23-2	25℃	1.60～1.80 kΩ
A23-1—A23-2	30℃	1.28～1.47 kΩ
A23-1—A23-2	35℃	1.00～1.22 kΩ
A23-1—A23-2	40℃	0.80～1.00 kΩ
A23-1—A23-2	45℃	0.65～0.85 kΩ
A23-1—A23-2	50℃	0.50～0.70 kΩ
A23-1—A23-2	55℃	0.44～0.60 kΩ
A23-1—A23-2	60℃	0.35～0.50 kΩ
检测结果	处 理 措 施	
异常	更换环境温度传感器	
正常	维修或更换线束或连接器（环境温度传感器与组合仪表之间）			□ 异常 □ 正常

检查程序

6. 检测加热器控制开关及线路

功能描述	加热器控制器通过 HTR‐IG 保险丝供电,将每个开关的工作信号发送至空调放大器。

线路图	 空调放大器 E65 3号加热器控制器(空调开关、MAX HOT开关)

检查程序	步骤	检查项目	操作说明与检测结果处理	检测记录
	1	检查保险丝 (HTR‐IG)	(1) 将保险丝(HTR‐IG)从登记表板接线盒上拆下; (2) 测量保险丝(HTR‐IG)电阻:应小于 $1\,\Omega$。 异常:更换保险丝(HTR‐IG); 正常:检查 3 号加热器控制器。	□ 异常 □ 正常
	2	检查 3 号加热器控制器	 (1) 测量电阻:拆下 3 号加热器控制器,将连接器从 3 号加热器控制器上断开,测量下表电阻: 表格: (2) 检查并确认该指示灯亮起:将蓄电池正极引线至端子 3,负极引线至端子 4。 正常:指示灯亮起,检查线束和连接器; 异常:更换 3 号加热器控制器。	□ 异常 □ 正常

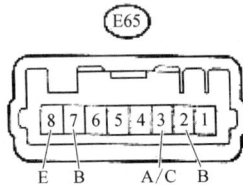

检测仪连接	条 件	标准值
E65 ‐ 2 (B)—E65 ‐ 3 (A/C)	加热器控制器底座(A/C):LOCK	小于 $1\,\Omega$
E65 ‐ 2 (B)—E65 ‐ 3 (A/C)	加热器控制器底座(A/C):FREE	$10\,k\Omega$ 或更大
E65 ‐ 7(B)—E65 ‐ 8(E)	加热器控制器底座(MAX HOT):ON	小于 $1\,\Omega$
E65 ‐ 7(B)—E65 ‐ 8(E)	加热器控制器底座(MAX HOT):OFF	$10\,k\Omega$ 或更大

续　表

步骤	检查项目	操作说明与检测结果处理	检测记录
检查程序 3	检查线束和连接器	线束连接器前视图： (至3号加热器控制器) 根据下表测量(3号加热器控制器与蓄电池之间)电压。 **表格见下**	□ 异常 □ 正常

根据下表测量(3号加热器控制器与蓄电池之间)电压。

检测仪连接	条件	标准值
E65 - 2(B)—车身搭铁	点火开关置于 ON(IG) 位置	11～14 V
E65 - 2(B)—车身搭铁	点火开关置于 OFF 位置	低于 1 V
E65 - 7(B)—车身搭铁	点火开关置于 ON(IG) 位置	11～14 V
E65 - 7(B)—车身搭铁	点火开关置于 OFF 位置	低于 1 V
异常	维修或更换线束和连接器	
正常	检查 3 号加热器控制器与空调放大器之间线束和连接器	

步骤	检查项目	操作说明与检测结果处理	检测记录
4	检查 3 号加热器控制器与空调放大器之间线束和连接器	线束连接器前视图：(至空调放大器) (1) 将连接器从空调放大器上断开。 (2) 根据下表测量(检查 3 号加热器控制器与空调放大器之间)电阻：	□ 异常 □ 正常

检测仪连接	条件	标准值
E65 - 3(A/C)—E62 - 15(A/C)	始终	小于 1 Ω
E65 - 4(AIND)—E62 - 16(LED)	始终	小于 1 Ω
E65 - 8(E)—E63 - 14(HEAT)	始终	小于 1 Ω
E65 - 3(A/C)—车身搭铁	始终	10 kΩ 或更大
E65 - 4(AIND)—车身搭铁	始终	10 kΩ 或更大
E65 - 8(E)—车身搭铁	始终	10 kΩ 或更大
异常	维修或更换线束和连接器	
正常	继续检查故障症状表中下一个电路	

7. 更换空调放大器			
示意图	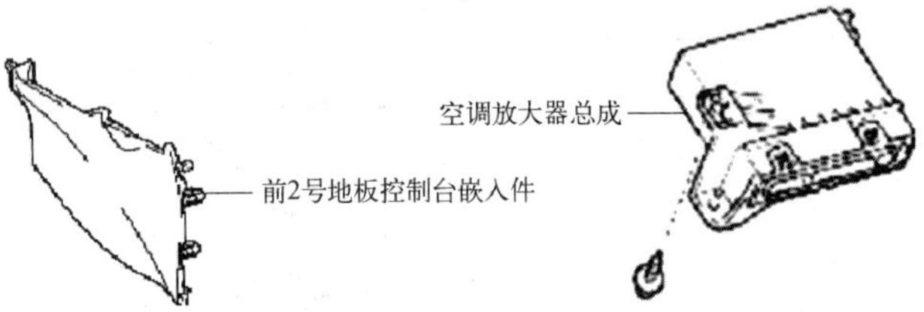 空调放大器总成 前2号地板控制台嵌入件		
更换程序	操作步骤	示　意　图	检测记录
拆卸	拆卸前2号地板控制台嵌入件		
	断开各连接器	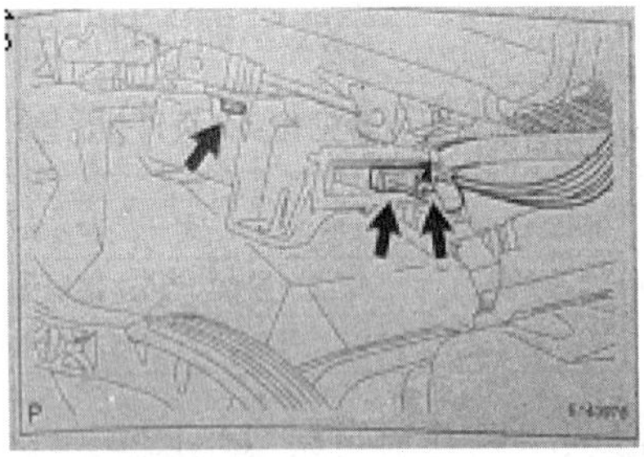	
	拆下螺钉,拆下空调放大器总成	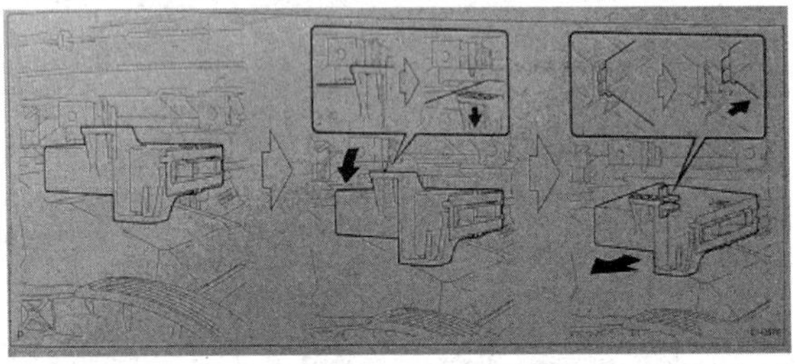	
安装	安装空调放大器总成	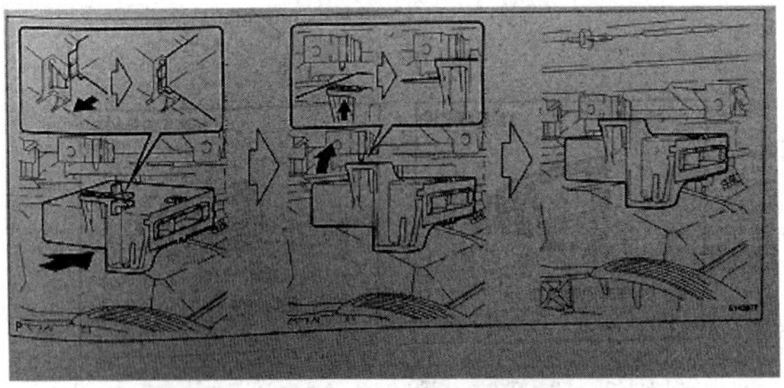	
	安装前2号地板控制台嵌入件	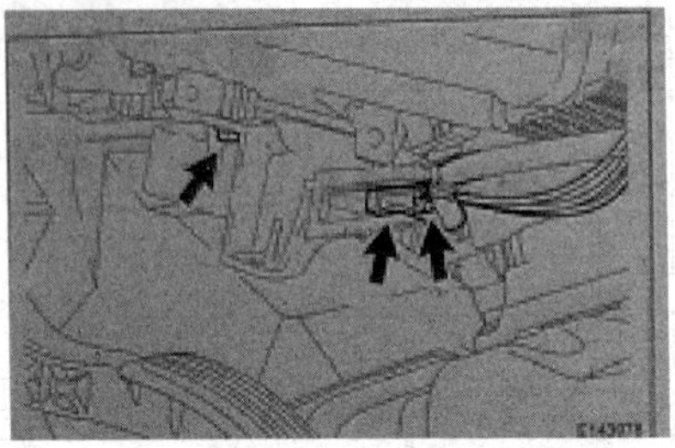	

E. 任务检验

按表 2-61 汽车空调电气控制系统故障检测检验与评估进行自评、互评及总评。

表 2-61　汽车空调电气控制系统故障检测检验与评估

检验与评价内容	检　验　指　标	课程权重	自评	互评	点评
维修质量检验	（1）温度指标：空调应控制车内温度夏天在 25℃，冬天在 18℃。 （2）湿度指标：相对湿度在 50%～70%。 （3）空气的清新度：汽车空调必须具有对车内空气进行过滤的功能，以保证车内空气的清新度。 （4）除霜功能：汽车空调必须有除霜功能。	20%			
检查任务完成情况	（1）能描述汽车空调主要部件的作用与原理。 （2）在小组完成任务过程中所起作用。	50%			
专业知识	（1）汽车空调电气控制系统的结构与工作原理。 （2）汽车空调电气控制系统的检修规范。	20%			
职业素养	（1）学习态度：积极主动参与学习。 （2）团队合作：与小组成员一起分工合作，不影响学习进度。 （3）现场管理：服从工位安排、执行实训室"5S"管理规定。	10%			
综合评议与建议		评分			

F. 任务拓展

想一想

捷达汽车手动空调制冷不良故障诊断与排除规范。

学习情境 3

汽车空调无暖气故障检修

情境描述	一辆 2006 款一汽丰田卡罗拉汽车(手动空调)在使用空调过程中,发现无暖气等,进入维修厂报修。根据维修接待和车间检测结果,确认是一个综合故障。为了诊断与排除汽车空调综合故障,对汽车手动空调配气系统进行全面诊断与排除,直到故障排除。
情境目标	(1) 能根据汽车空调通风配气系统的结构与工作原理,会制订《汽车空调无暖气故障诊断与排除计划》。 (2) 会诊断与排除汽车空调不通风故障。 (3) 会诊断与排除汽车空调无暖气故障。 (4) 会检验汽车空调无暖气故障维修质量。
任务分解	(1) 收集汽车空调通风配气系统的结构与工作原理等信息。 (2) 小组讨论分析汽车空调无暖气故障的原因,会制订《汽车空调无暖气故障诊断与排除计划》。 (3) 小组实施维修作业:诊断与排除汽车空调无暖气故障、诊断与排除汽车空调无暖气故障。 (4) 小组实施汽车维修质量检验。 (5) 小组进行总结,并进行学习成果展示。
资源配置	(1) 设备:空调压力表(进气歧管压力表)、检漏仪(电子、荧光)、空气压缩机与空气枪、真空泵、故障诊断仪、万用表等。 (2) 工具:常用拆装工具(套筒、螺丝刀等)、试灯。 (3) 原材料:制冷剂、冷冻机油。 (4) 技术资料:《车辆维修手册》、空调压力表和检漏仪使用说明书等。
实施流程	

A. 任务描述

接车问诊表是维修企业前台维修接待岗位工人员通过询问客户了解车辆使用情况,为维修人员迅速了解车辆故障或维修的提供参考。为此,做好维修接待,认真填写接车问诊表是必要的,如表 3-1 所示。

表 3-1　接 车 问 诊 表

车牌号:＿＿＿＿＿＿	车架号:＿＿＿＿＿＿	行驶里程:＿＿＿＿＿＿(km)
用户名:＿＿＿＿＿＿	电　话:＿＿＿＿＿＿	来店时间:＿＿／＿＿＿＿

用户陈述及故障发生时的状况:一辆 2006 款一汽丰田卡罗拉汽车(手动空调)在使用空调过程中,发现无暖气等,进入维修厂报修。

故障发生状况提示:行驶速度、发动机状态、发生频度、发生时间、部位、天气、路面状况、声音描述

接车员检测确认建议:空调无暖气故障

车间检测确认结果及主要故障零部件:
全面检测空调配气系统,必要时将相关部件拆下清洁。

车间检查确认者:＿×××××＿

外观确认:

(请在有缺陷部位作标识)

功能确认:(工作正常√　不正常×)
□音响系统　　□门锁(防盗器)　□全车灯光　□工具
□后视镜　　　□天窗　　　　　□座椅　　　□点烟器
□玻璃升降器　□玻璃

物品确认:(有√　　无×)

□贵重物品提示
□工具　□备胎　□灭火器
□其他(　　　　　　)
旧件是否交还用户　□是　□否
用户是否需要洗车　□是　□否

● 检测费说明:本次检测的故障如用户在本店维修,检测费包含在修理费用内;如用户不在本店维修,请您支付检测费。
　本次检测费:¥＿＿＿＿元。
● 贵重物品:在将车辆交给我店检查修理前,已提示将车内贵重物品自行收起并保存好,如有遗失恕不负责。

接车员:＿＿＿＿＿＿　　　　用户确认:＿＿＿＿＿＿

B. 任务目标

1. 能根据汽车空调通风配气系统的结构与工作原理,会制订《汽车空调无暖气故障诊断与排除计划》。

2. 会诊断与排除汽车空调不通风故障。

3. 会诊断与排除汽车空调无暖气故障。

4. 会检验汽车空调无暖气故障维修质量。

C. 任务准备

读一读

一、汽车空调配气系统结构与原理

汽车空调配气系统的结构如图 3-1 所示,鼓风机通过内、外循环风门吸入轿车内循环空气或车外新鲜空气,经过蒸发器进行冷却。温度门处在不同的位置,可使冷却后的空气全部流经加热器被加热后进入空气混合室,或部分流经加热器被加热而另一部分直接进入空气混合室,达到所要求的空气温度。所要求的空气温度可通过调节空气分配所处的不同位置来实现。

A:空气进入　　　　　　B:空气分配　　　　　　C:空气排出

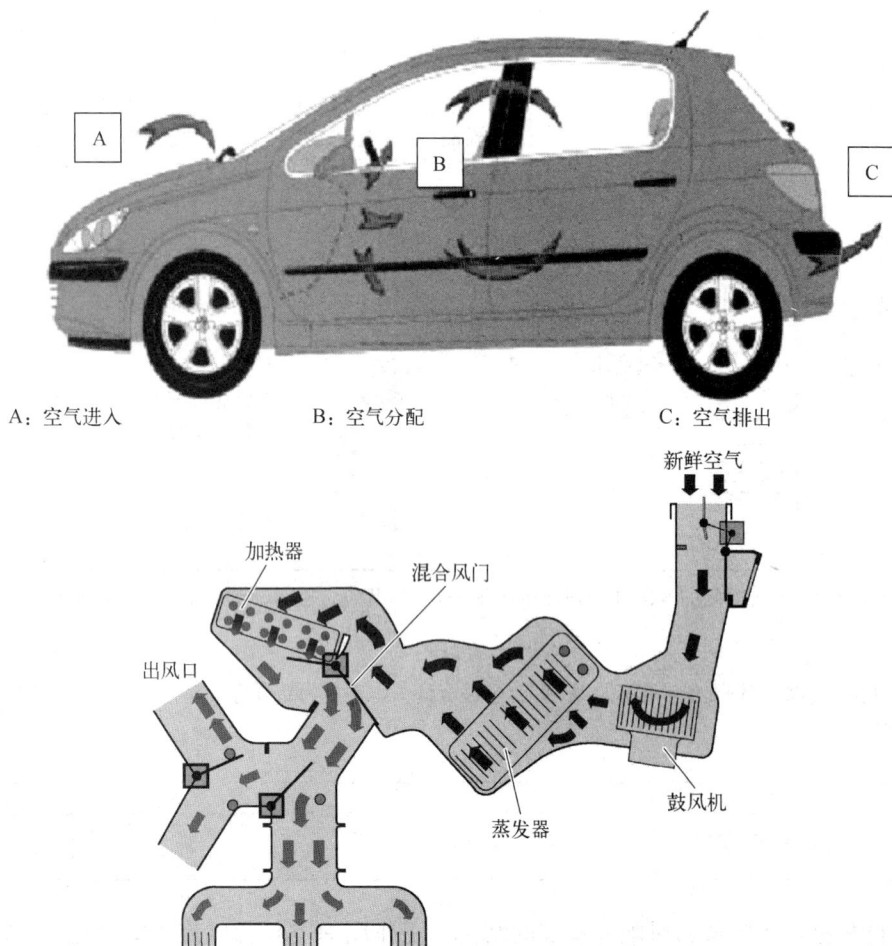

图 3-1　空调配气系统结构

汽车空调配气系统工作原理如图3-2所示,分为空气进入段、空气混合段、空气分配段三个阶段。空气进入段主要由用来控制新鲜空气和室内循环空气的风门叶片和伺服器组成;空气混合段主要由加热器和蒸发器组成,用来提供所需温度的空气;空气分配段使空气吹向面部、脚部和风窗玻璃上。

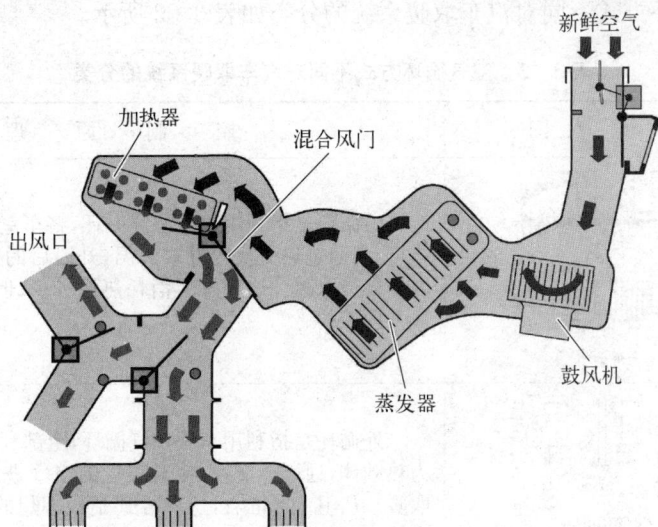

图3-2 汽车空调配气系统工作原理

二、汽车取暖系统

给车厢内取暖是汽车空调的重要功能之一,而汽车空调的目的不是单纯制冷和取暖,而是在不断变化的车外大气环境下,使车内的温度、湿度稳定在一定范围内,并保证送入车内的空气清新,所以必须有通风配气系统对已经通过制冷和加热的空气重新进行温度调和、输送和分配。汽车空调取暖系统结构如图3-3所示。

汽车取暖系统的功能是将冷空气送入热交换器,吸收某种热源的热量,提高空气的温度,并将热空气送入车内。取暖系统的种类比较多。

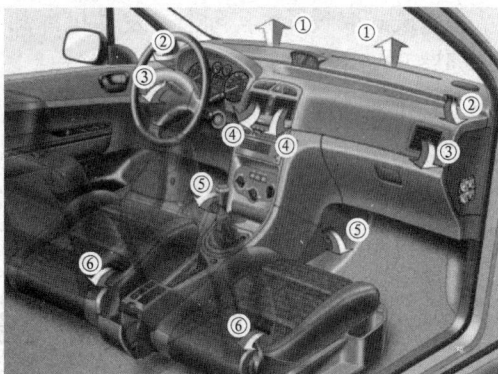

图3-3 空调取暖系统

1. 汽车取暖系统的分类

1)根据热源不同对汽车取暖系统的分类

水暖式暖风系统:利用发动机冷却液的热量,称为水暖式暖风系统。这种形式大多用于轿车、大货车及要求不高的大客车上。

独立燃烧式暖风系统:安装专门燃烧机构,称为独立燃烧式暖风系统。这种形式多用于大客车上。

综合预热式暖风系统:既采用发动机冷却液的热量,又装有燃烧预热器的综合加热装置,称为综合预热式暖风系统。这种形式多用于大客车上。

气暖式暖风系统：利用发动机排气系统的热量,称为气暖式暖风系统。这种形式多用于风冷式发动机上。

2）根据空气循环方式不同对汽车取暖系统的分类

根据空气循环方式不同对汽车取暖系统的分类如表3-2所示。

表3-2　空气循环方式不同对汽车取暖系统的分类

类 型	示 意 图	控 制 原 理
内循环式		内循环是指利用车内空气循环,将车室内部空气作为热载体,让其通过热交换的方式升温,升温后的空气再进入驾驶室内供乘员取暖。这种方式消耗热源较少,但从卫生标准看,是最不理想的。
外循环式		外循环是指利用车外空气循环,全部利用车外新鲜空气作为热载体,通过热交换,使升温后的空气进入驾驶室内供乘员取暖。从卫生标准看,这种方式是最理想的,但消耗热源也最大,因此是不经济的。只有特殊要求或高级豪华轿车空调才采用这种方法。

2. 水暖式取暖装置的构造

水暖式取暖系统实际上是发动机冷却系统的一部分,大致可分为两大部分：即热水循环回路和配气装置。

1）取暖装置的工作原理

热水循环回路与发动机的水冷系统相连通,借助于发动机的水泵实现热水循环。来自发动机水冷系统的热水从进水管流经加热器控制阀进入散热器,然后经由出水管回到发动机的水冷系统,实现回路的循环,如图3-4所示。

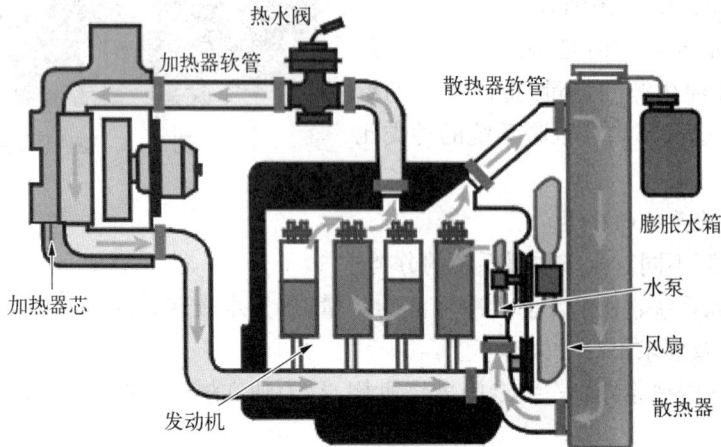

图3-4　热水循环

在通风装置中,由风机(鼓风机电机)强制使空气循环运动。空气经由进风口被吸入,流经加热器时将被加热,并由出风口导出,进入车厢内实现取暖或为风挡除霜,如图3-5所示。

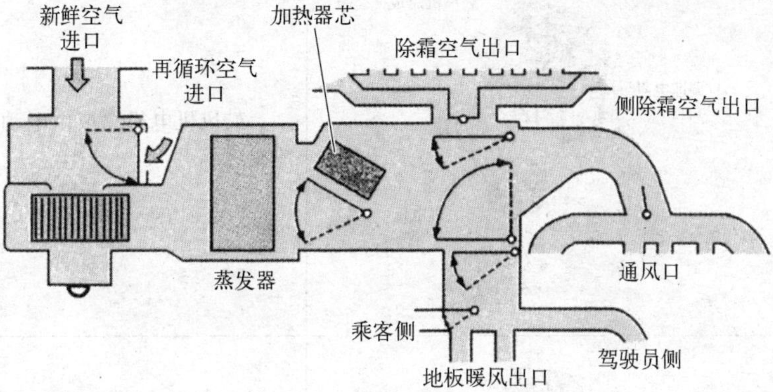

图3-5 供暖系统工作原理

2) 取暖系统的构造

取暖系统的构造如表3-3所示。

表3-3 取暖系统的构造

元 件	图 示	说 明
热水阀	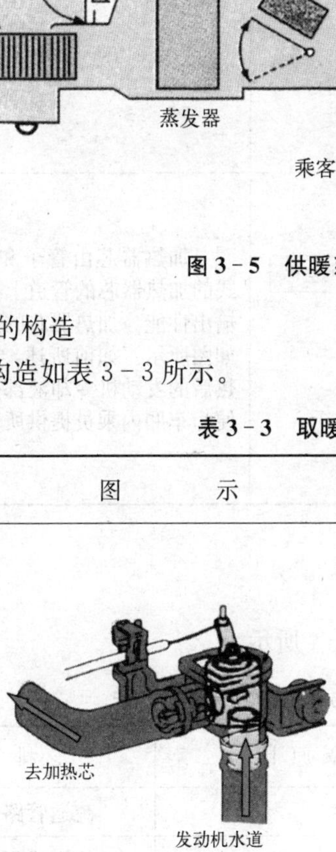	热水阀也称加热器控制阀,它安装在发动机冷却液通道中,用于度调节杆进行操控。控制进入加热芯的发动机冷却水的流量。可以通过空调控制面板上的温度调节杆进行操控。
操纵拉线	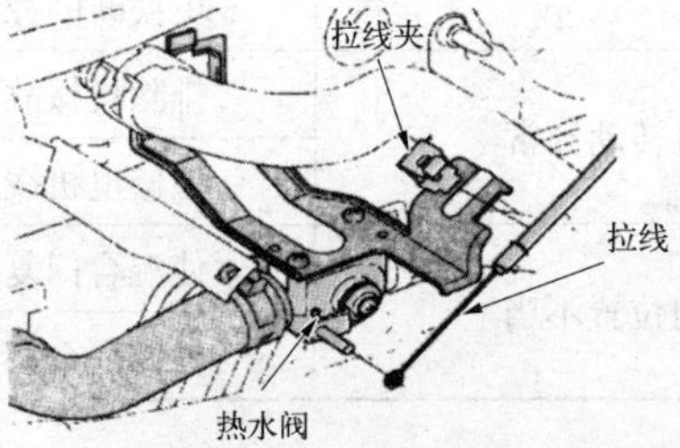	在手动空调中,对热水阀的控制可由拉线或真空执行器实现。流经加热芯的热水流量的多少是取决于拉线或真空执行器的位置。

元　件	图　　　示	说　　明
鼓风机总成	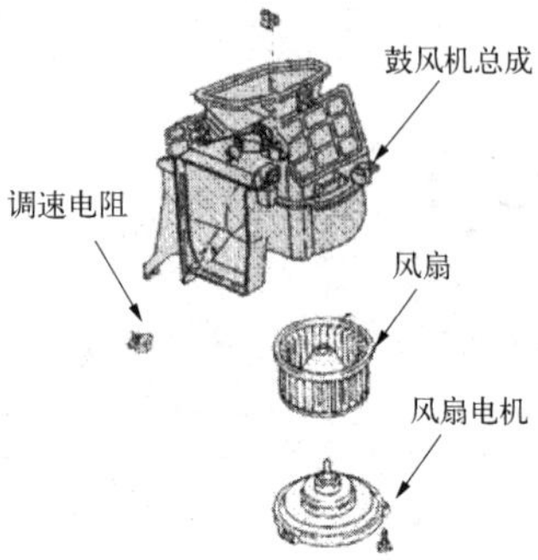	鼓风机电机总成由电动机、调速电阻、风扇组成。
加热器芯	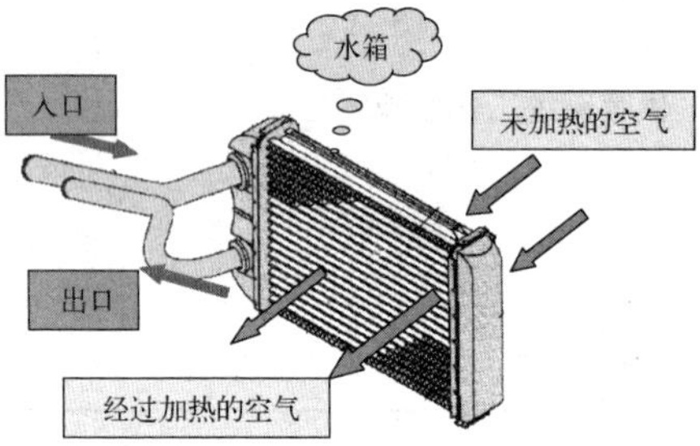	加热器芯由管子和散热片等构成。新式的加热器芯的管道上有凹坑,可改善热量输出性能。加热器芯的形状与散热器相似,如图所示。如前所述,当热水阀打开时,加热后的发动机冷却液部分流经加热器芯,以便为车厢内乘员提供所需的热空气。

3. 取暖系统的故障检修

1）取暖系统故障诊断与排除的方法

取暖系统故障诊断与排除的方法如表 3-4 所示。

表 3-4　取暖系统故障诊断与排除的方法

故　障　现　象		故　障　原　因	排　除　方　法
暖风不热,除霜效能低	水温低	管路堵塞	疏通管路
		管路漏水	修理或更换元件
		加热器控制阀不通畅	打开加热器控制阀
			拆下控制阀进行修理
			更换新的控制阀
暖风不热,除霜效能低	风量小	鼓风机转动异常	排除机械故障
			检修电机线路故障
		混合门位置不当	使混合门复位
			检修混合门的操纵机构

2）加热芯的更换

对常用轿车取暖系统的加热器芯的更换操作步骤如表 3-5 所示。

表 3‑5　加热器芯的更换操作步骤

步骤	操 作 说 明	示 意 图
1	断开蓄电池负极导线	
2	拆下热水阀操纵拉线：从发动机盖的下方松开拉线卡夹，然后从加热器上断开加热器阀拉线。将加热器阀臂转动至全开位置。	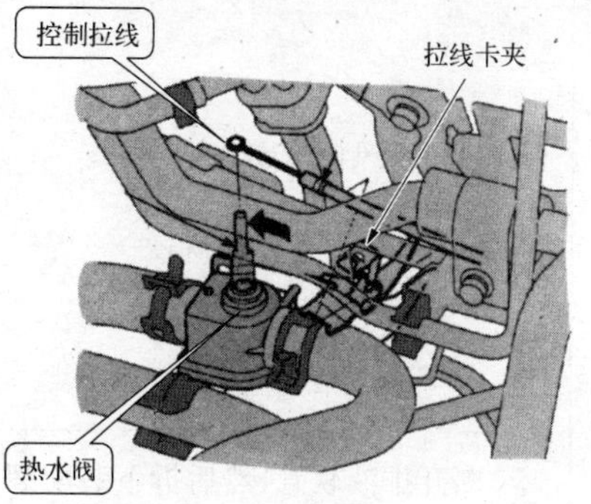
3	当发动机冷却时，排出散热器的发动机冷却液。	
4	取下冷却液管：向后滑动软管卡箍，然后从加热器芯子上断开加进液软管和加热器排液软管。如果断开软管，发动机冷却液将会流出，应将冷却液排入清洁的集液盘内。	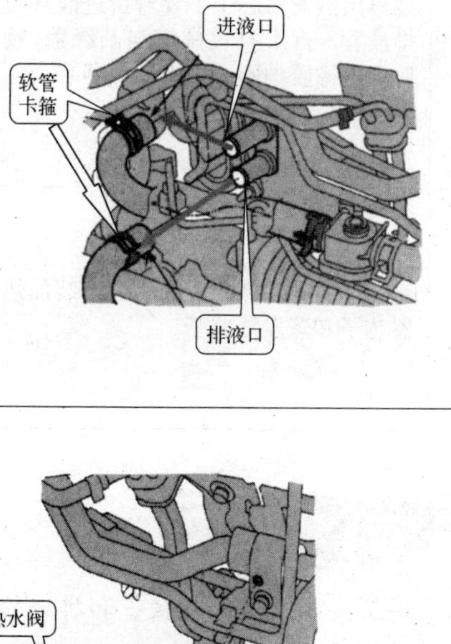
5	拆下加热器阀：拆下装配螺栓和热水阀。	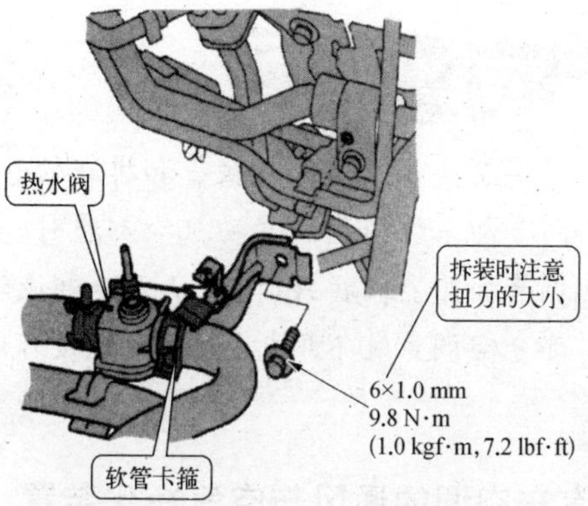
6	拆下加热器装置装配螺母。小心不要损坏或弯折燃油管路和制动管路等。	
7	拆下仪表板。	
8	拆下鼓风机装置。	

续　表

步骤	操作说明	示意图
9	拆下鼓风机总成。	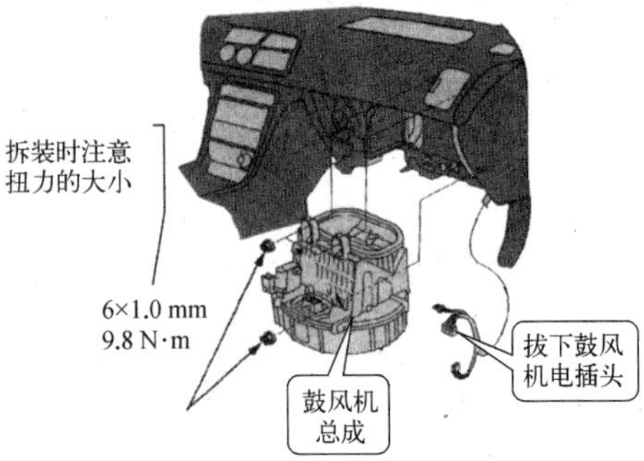 拆装时注意扭力的大小　6×1.0 mm　9.8 N·m　拔下鼓风机电插头　鼓风机总成
10	断开排液软管,然后拆下装配螺栓、加热器导管和加热器装置。	
11	拆下自攻螺钉和膨胀阀盖。小心地拉出蒸发器芯子不要弯折进液管与排液管。拆下自攻螺钉与凸缘盖,然后卸下橡胶护圈。拉出加热器芯子。	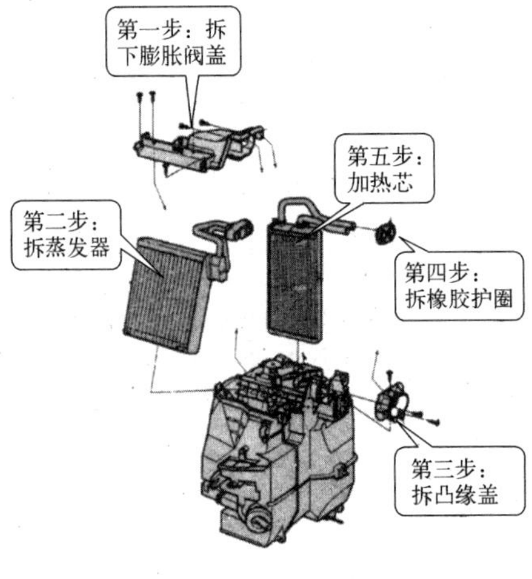 第一步:拆下膨胀阀盖　第五步:加热芯　第二步:拆蒸发器　第四步:拆橡胶护圈　第三步:拆凸缘盖
12	按照与拆卸相反的顺序安装加热器芯子和蒸发器芯子。	

注　意

不要互换加热器进液软管和排液软管,并牢固地安装软管卡箍。

向冷却系统内加注发动机冷却液时,务必牢固地连接排液软管。

调节加热器阀拉线时,确认无冷却液泄漏迹象,无空气泄漏迹象。

部分空调系统不用拆蒸发器,直接可以取下回热芯,比如捷达空调系统。

三、汽车空调的通风与空气净化装置

汽车空调的通风与空气净化装置如图3-6所示,由汽车空调通风装置和空气净化装置组成。

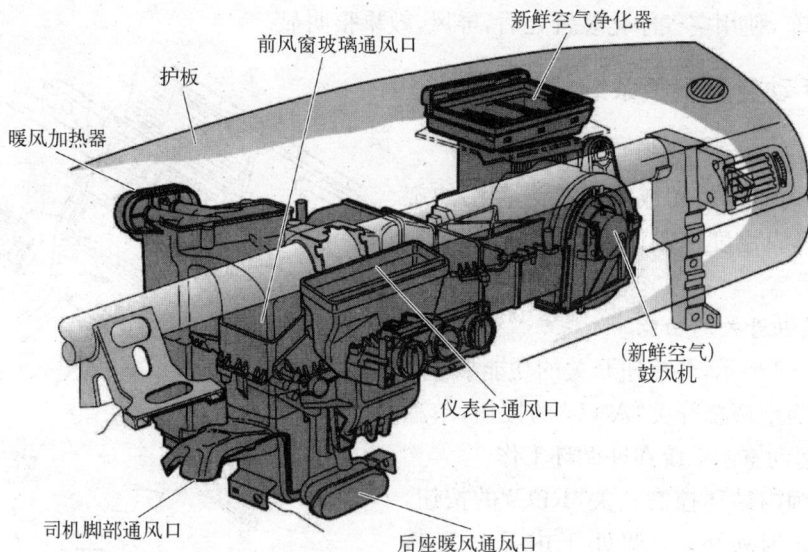

暖风加热器

护板

前风窗玻璃通风口

新鲜空气净化器

(新鲜空气)鼓风机

仪表台通风口

司机脚部通风口

后座暖风通风口

图 3 - 6   汽车空调通风与空气净化装置

1. 汽车空调通风装置

利用自然通风或强制通风方式将车外新鲜空气引入车内。汽车空调通风一般分为自然通风和强制通风。自然通风利用汽车行驶时车内外的空气压力差,通过进、出风口进行自然换气;强制通风利用鼓风机对车内空气进行置换。轿车通常利用空调装置的外循环装置,根据需要开闭进风口,进风口处设一风门,通过控制风门开度和位置进行进风模式和进风量的控制。

2. 空气净化装置

为了保持车内空气的清洁新鲜,除通过通风换气外,还采用空气净化装置。常用的空气净化装置有灰尘滤清器、电子集尘器及负离子发生器等,安装在空调器总成内。

汽车空调空气净化系统通常有空气过滤式和静电除尘式两种。前者是在空调系统的进风和回风口处设置空气滤清装置。它仅能滤除空气中的灰尘和杂物,结构简单,工作可靠。只需定期清理过滤网上的灰尘和杂物即可,故广泛用于各种汽车空调系统中。后者则是在空气进口的滤清器后再设置一套静电除尘装置或单独安装一套用于净化车内空气的静电除尘装置。它除具有过滤和吸附烟尘等微小颗粒的杂质外,还具有除臭,杀菌作用,有的还能产生负离子使车内空气更为新鲜洁净。由于其结构复杂,成本高,所以,只用于某些高级轿车和旅游车上。

除尘器以静电除尘方式把微小的颗粒尘埃、烟灰及汽车排出的气体中含有的颗粒吸附在除尘板上。其工作原理是通过辉光放电时产生的加速离子通过热扩散或相互碰撞而使浮游尘埃颗粒带电,然后在辉光放电的电场中,在库仑力的作用下,滤纸克服空气的黏性阻力而被吸附在集尘电极板上。

灭菌灯用于杀死吸附在集尘板上的细菌,它是一只低压水银放电管,能发射出波长为353.7 nm 的紫外线光,其杀菌能力约为太阳光的 15 倍。

除臭装置用于除去车室内的汽油及香烟等气味,一般是采用活性炭滤清器,纤维式或滤纸式滤清器来吸附烟尘和臭气等有害气体。

净化后的空气洁净度很高,可以充分满足乘员的舒适性要求,对于制冷或暖风用内循环方式的大客车,使用空气净化装置之后,屏风,效果很明显。

四、汽车手动空调配气系统操控机构

1. 操纵开关

操纵机构通过按动或旋转仪表盘上的旋钮,经拉索操纵温度控制门和空气分配门,如图3-7所示。

2. 各旋钮开关的功能

如图3-8所示,各旋钮开关的功能如下:

(1) D为空调总开关"A/C"的按钮,单独按下D,可起动空调系统在外循环工作。

(2) E为内循环控制开关"REC"的按钮,D与E若同时按下,空调处于内循环工作状态。

(3) A为空调电动机控制旋转,位置为O时,A/C开关不打开,鼓风机处于停止状态。鼓风机的转速有四个档位。

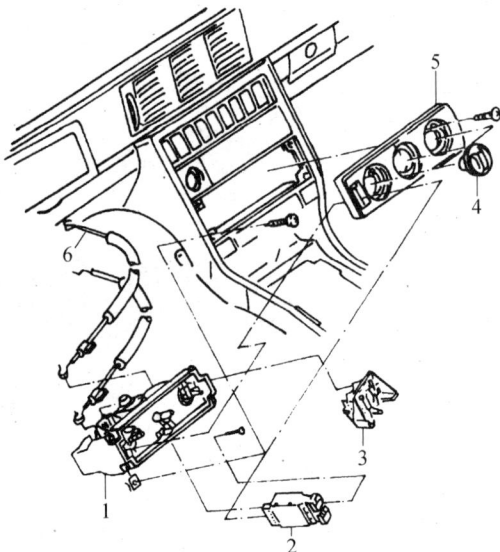

图3-7 空调操纵机构在仪表板上的安装位置

1—空调操纵机构;2—空调A/C开关;
3—鼓风机开关;4—旋钮;5—遮光板;6—拉索

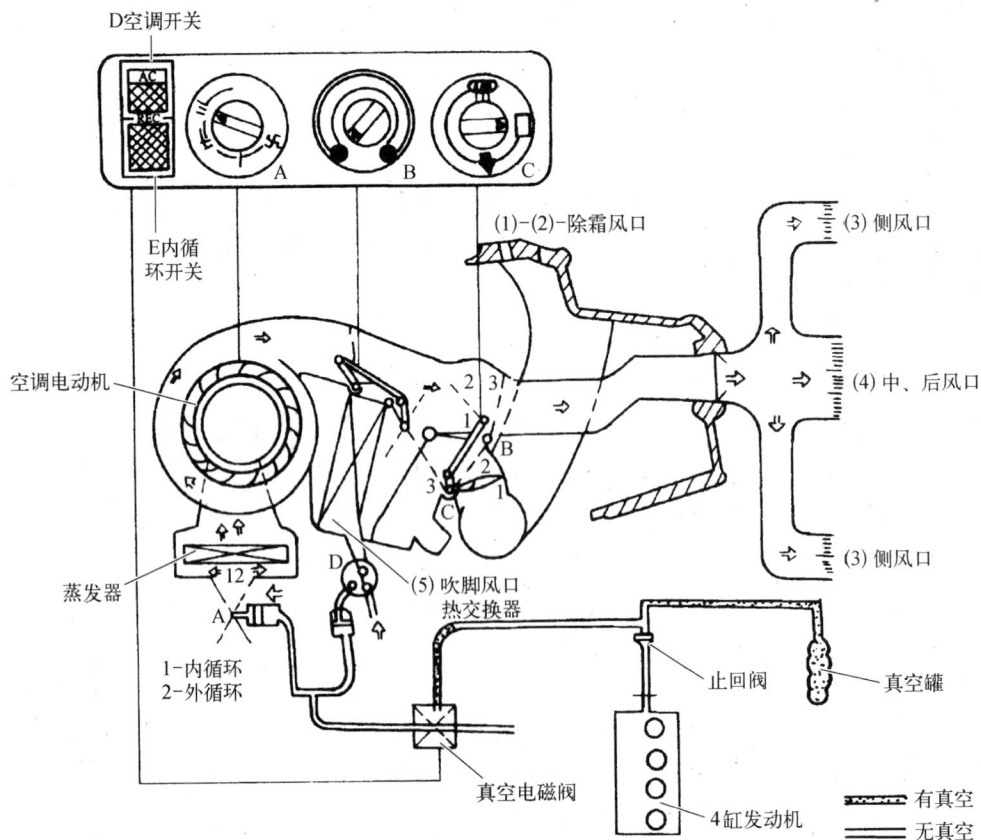

图3-8 各旋钮开关

（4）B 为温度门控制旋钮,其包括冷气风门、暖风门及导流板。若冷气风门全开,则暖风门完全关闭。两个风门也可同时调到部分开度,形成混合空气送出。故旋钮从左侧转到右侧,温度就从最冷逐渐调到最热。

（5）C 是空气分配门控制旋钮,包括：中央风门(控制出风口 3、4)、除霜与吹脚风门(控制出风口 1、2、5)。

?!! 议一议

五、制订汽车空调无暖气故障检修计划

在"表 3 - 6 汽车空调无暖气故障检修计划"的指引下,收集汽车空调配气系统和取暖系统相关信息,分析汽车汽车空调无暖气故障的原因;参照故障检修流程制订汽车空调无暖气故障检修计划。

表 3 - 6　汽车空调无暖气故障检修计划

车辆信息描述	车辆描述	
	空调暖气类型	
车辆空调故障现象描述		
汽车空调无暖气故障原因分析,画出鱼刺图		
汽车空调无暖气故障检修工作准备		

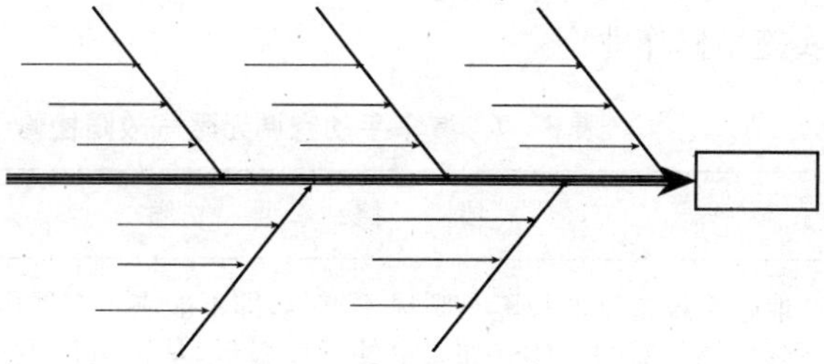

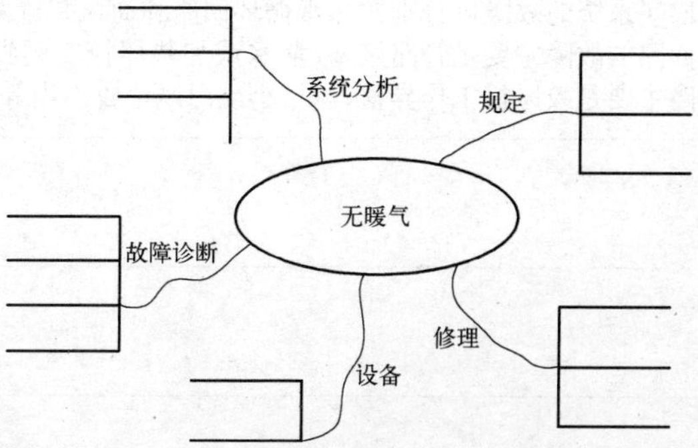

续　表

	步骤	检修项目	操作要领	技术要求或标准	检修记录
汽车空调无暖气故障检修流程					

D. 任务实施

做一做

在"表3-6汽车手动空调无暖气故障检修计划"的指引下,按"表3-7汽车手动空调无暖气故障检修"实施维修作业。

表3-7　汽车手动空调无暖气故障检修

检修项目	检　修　要　领	检修记录
汽车空调取暖系统检修	取暖系统常见的故障是暖风不够热,即不能满足车厢内取暖的需要,也达不到风挡除霜的目的。如果室外温度极低,从进风口吸入的空气在流经散热器时,就不易被加热至所需的温度。在这种情况下,可将风门变换位置,使取暖系统变为内部空气循环状态。若在这种循环状态下取暖系统仍不能解决问题,就可断定设备已出现故障。 　　取暖系统的故障可分别按热水循环回路和通风装置两方面检查。热水循环回路的故障主要是管路堵塞、漏水或加热器控制阀没开启。通风装置的故障主要是鼓风机工作异常(风量小或门风位置不当等)。	

续 表

检修项目	检 修 要 领	检修记录
空调配气系统检修	通过检测操纵开关、出风口及各旋钮等,排除空调配气系统故障。	
检修结论		

E. 任务检验

按表3-8汽车手动空调无暖气故障检修检验与评估进行自评。

表3-8 汽车手动空调无暖气故障检修检验与评估

检验与评价内容	检 验 指 标	课程权重	自评	互评	点评
维修质量检验	(1) 取暖系统暖风够热能满足车厢内取暖的需要,也达到风挡除霜的目的。 (2) 通风装置风量或门风位置正常。 (3) 通过检测操纵开关、出风口及各旋钮正常。	20%			
检查任务完成情况	(1) 完成任务过程情况。 (2) 任务完成质量。 (3) 在小组完成任务过程中所起作用。	50%			
专业知识	(1) 能描述汽车空调配气系统的组成。 (2) 能描述汽车空调加热系统的结构组成。 (3) 能描述汽车空调通风与空气净化装置的结构。	20%			
职业素养	(1) 学习态度:积极主动参与学习。 (2) 团队合作:与小组成员一起分工合作,不影响学习进度。 (3) 现场管理:服从工位安排、执行实训室"5S"管理规定。	10%			
综合评议与建议		评分			

F. 任务拓展

想一想

一辆 2006 款一汽丰田卡罗拉汽车在使用空调过程中，发现暖气不足故障的诊断与排除方法。

汽车自动空调不能调温故障检修

情境 描述	一辆一汽丰田汽车公司 2006 年卡罗拉汽车自动空调工作不良故障主要表现为温度调整无效、送风量不变、送风温度比设定温度高（偏热）、送风温度比设定温度低（偏冷）、风速电机异常等现象。维修顾问通过咨询、试车，确认故障，并填写《交车检查表》或《接车问诊表》，将车辆一起送至维修车间交给机电组进行维修。
情境 目标	(1) 会维护汽车自动空调控制系统。 　　(2) 会利用汽车自动空调的控制特点，分析汽车自动空调不能调温故障的原因。 　　(3) 会检测自动空调传感器，判断其性能是否正常。 　　(4) 会检测自动空调执行器，判断其性能是否正常。 　　(5) 会检测自动空调 ECU，判断其性能是否正常。 　　(6) 会检测鼓风机、伺服电机、电磁离合器的线路，排除其故障。 　　(7) 会对汽车自动空调进行性能测试，检验维修质量。
任务 分解	(1) 收集汽车自动空调控制系统的结构与工作原理等信息。 　　(2) 小组讨论分析汽车自动空调不能调温故障的原因，会制订《汽车空调不能调温故障诊断与排除计划》。 　　(3) 小组实施维修作业：检测自动空调传感器、执行器、ECU 及鼓风机、伺服电机、电磁离合器的线路故障。 　　(4) 小组实施汽车维修质量检验。 　　(5) 小组进行总结，并进行学习成果展示。
资源 配置	(1) 设备：空调压力表（进气歧管压力表）、检漏仪（电子、荧光）、空气压缩机与空气枪、真空泵、故障诊断仪、万用表等。 　　(2) 工具：常用拆装工具（套筒、螺丝刀等）、试灯。 　　(3) 原材料：制冷剂、冷冻机油。 　　(4) 技术资料：《车辆维修手册》、空调压力表和检漏仪使用说明书等。
实施 流程	

A. 任务描述

　　维修接待人员通过询问客户了解空调发生故障情况,填写接车问诊表(见表 4-1)。同时,车间检测员初步确认结果及主要故障零部件。

表 4-1　接 车 问 诊 表

车牌号:＿＿＿＿＿＿　　车架号:＿＿＿＿＿＿　　行驶里程:＿＿＿＿＿＿(km)
用户名:＿＿＿＿＿＿　　电 话:＿＿＿＿＿＿　　来店时间:＿＿/＿＿

用户陈述及故障发生时的状况:一辆 2006 款一汽丰田卡罗拉汽车 3 个多月没使用过空调,进入维修厂进行维护。
故障发生状况提示:行驶速度、发动机状态、发生频度、发生时间、部位、天气、路面状况、声音描述
接车员检测确认建议:车辆空调系统有故障提示,建议全面检查空系统
车间检测确认结果及主要故障零部件:空调系统有多个故障。

车间检查确认者:＿×××××＿

外观确认:

(请在有缺陷部位作标识)

功能确认:(工作正常√　不正常×)
□音响系统　　□门锁(防盗器)　　□全车灯光　　□工具
□后视镜　　　□天窗　　　　　　□座椅　　　　□点烟器
□玻璃升降器　□玻璃

物品确认:(有√　无×)

□贵重物品提示
□工具　□备胎　□灭火器
□其他(　　　　　　)
旧件是否交还用户　□是　□否
用户是否需要洗车　□是　□否

● 检测费说明:本次检测的故障如用户在本店维修,检测费包含在修理费用内;如用户不在本店维修,请您支付检测费。
　本次检测费:¥＿＿＿＿元。
● 贵重物品:在将车辆交给我店检查修理前,已提示将车内贵重物品自行收起并保存好,如有遗失恕不负责。

　　　　　　　　　　接车员:＿＿＿＿＿＿　　用户确认:＿＿＿＿＿＿

B. 任务目标

1. 会维护汽车自动空调控制系统。

2. 会利用汽车自动空调的控制特点,分析汽车自动空调不能调温故障的原因。

3. 会检测自动空调传感器,判断其性能是否正常。

4. 会检测自动空调执行器,判断其性能是否正常。

5. 会检测自动空调 ECU,判断其性能是否正常。

6. 会检测鼓风机、伺服电机、电磁离合器的线路,排除其故障。

7. 会对汽车自动空调进行性能测试,检验维修质量。

C. 任务准备

读一读

一、汽车自动空调的功能与结构类型

1. 汽车自动空调系统的分类

自动空调系统利用传感器确定当前的温度,然后系统能够按需要调节暖风或冷风。系统用执行机构开、闭空气混合风门以达到适宜的车内温度,还控制鼓风电动机的转速、进气模式风门的位置等,使温度更符合驾驶员及乘员的要求。

如图 4-1 所示,自动空调系统分为半自动空调系统和全自动空调系统两类。两者的主要差别在于是否具有自诊断功能。半自动空调系统没有提供故障码存储器,全自动空调系统具有监控系统,监控系统的随机存取存储器(RAM)存储诊断代码。其次的差别是所用的执行机构形式和传感器数量。根据控制形式的不同,全自动空调系统又分为发动机/车身计算机控制的系统和单独计算机控制的系统。根据所用控制装置的不同,半自动空调系统则分为电控气动的系统和全电控的系统。

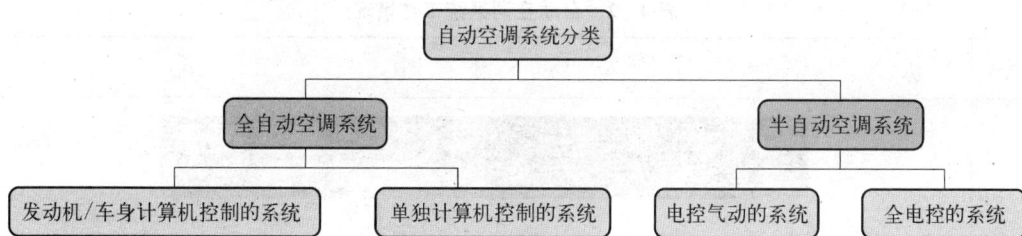

图 4-1　自动空调系统的分类

虽然全自动空调系统与半自动空调系统相比两类系统的工作方式有所不同,但它们都设计成按预先设置的舒适程度控制车内的温度与湿度,车内保持的温度与湿度与车外的气候条件无关。车内的湿度保持在 45%～55%。

1) 半自动空调系统

半自动空调系统与手动空调系统的差别不大,其主要不同是半自动空调系统采用程序装置、伺服电动机和控制模块等控制执行机构。半自动空调系统通过程序装置检测空气温度和空气混合风门位置来达到驾驶员选择的舒适程度。驾驶员手动操作控制器总成上的键,选择空调系统的工作模式和鼓风机转速。

2) 全自动空调系统

除了用了半自动空调系统中所用的传感器之外,全自动空调系统还利用发动机冷却液温度、车速和节气门位置等传感器的信号。全自动空调系统或许还用了发动机冷却液温度闭锁开关。如果进入乘员舱的气流温度未达到规定值,它使鼓风电动机不能开动,只有当温度达到时,才发信号给控制器开动鼓风电动机。

全自动空调系统分两类:由发动机或车身电脑控制的系统和单独计算机控制的系统。全自动空调具有自我诊断功能,控制精度更高,控制范围更广,更加智能化。

2. 汽车自动空调系统的主要功能

自动空调系统一般采用微型计算机自动控制车内空间的空气调节。微型计算机接受车内、车外的空气温度,阳光照射量、压缩机工作状态和设定温度等信号,并保持车内最佳温度,自动控制吸入、排出的空气量,还极大地简化了驾驶员的操作。微型计算机控制的自动空调系统一般具有图4-2所述的几种主要功能,其舒适性、安全性、节能环保、信息显示等方面要优于手动空调,具体工作情况如表4-2所示。

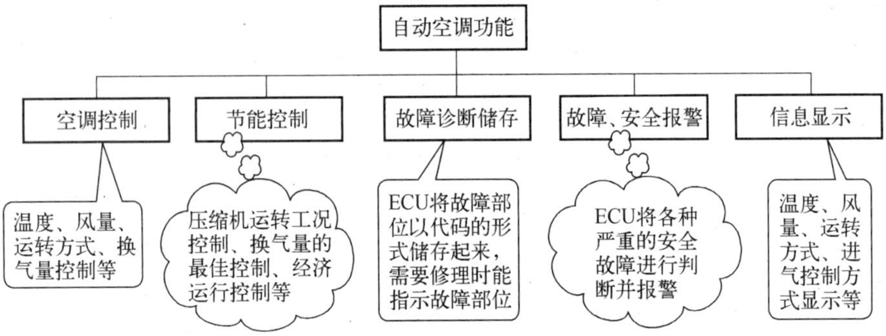

图4-2　自动空调系统的功能

表4-2　自动空调系统工作情况

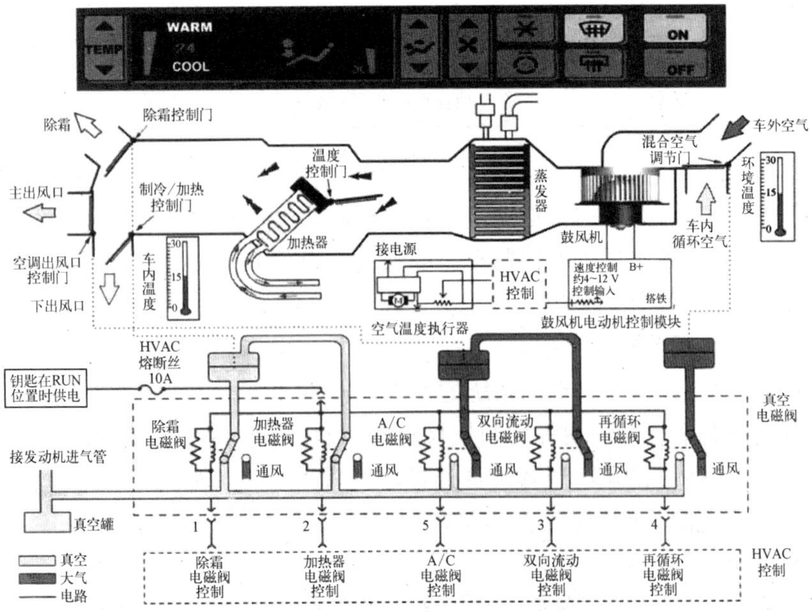

续　表

模式	示　意　图
吹脚模式	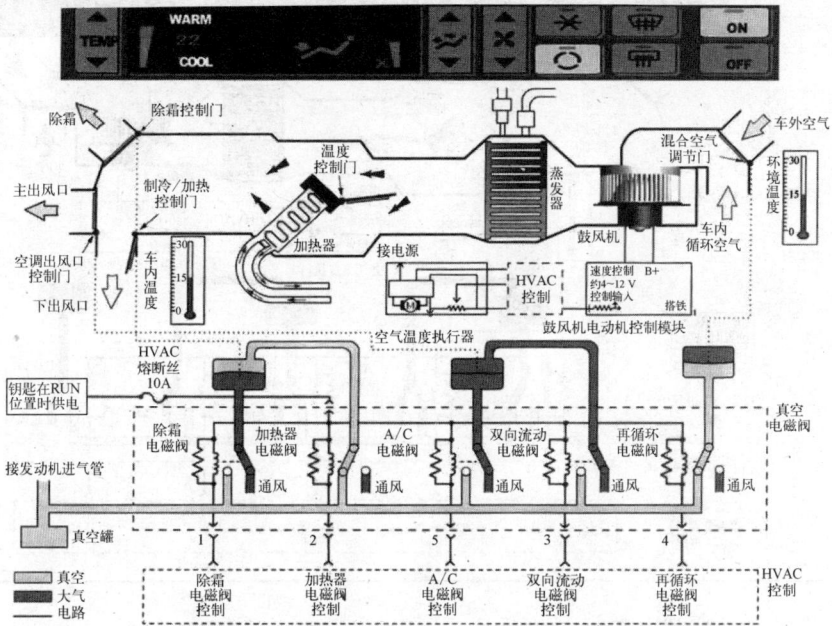
吹脸和吹脚模式	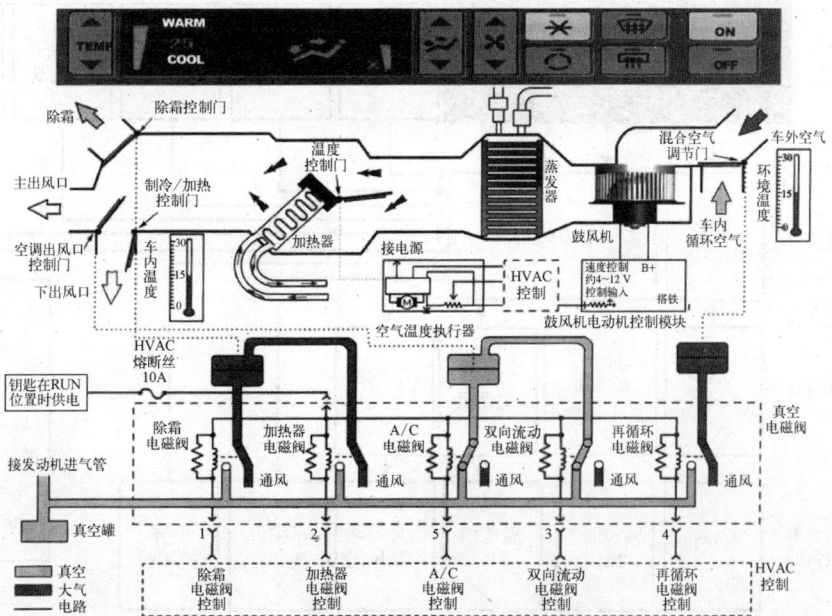

续　表

模式	示　意　图
吹脸模式	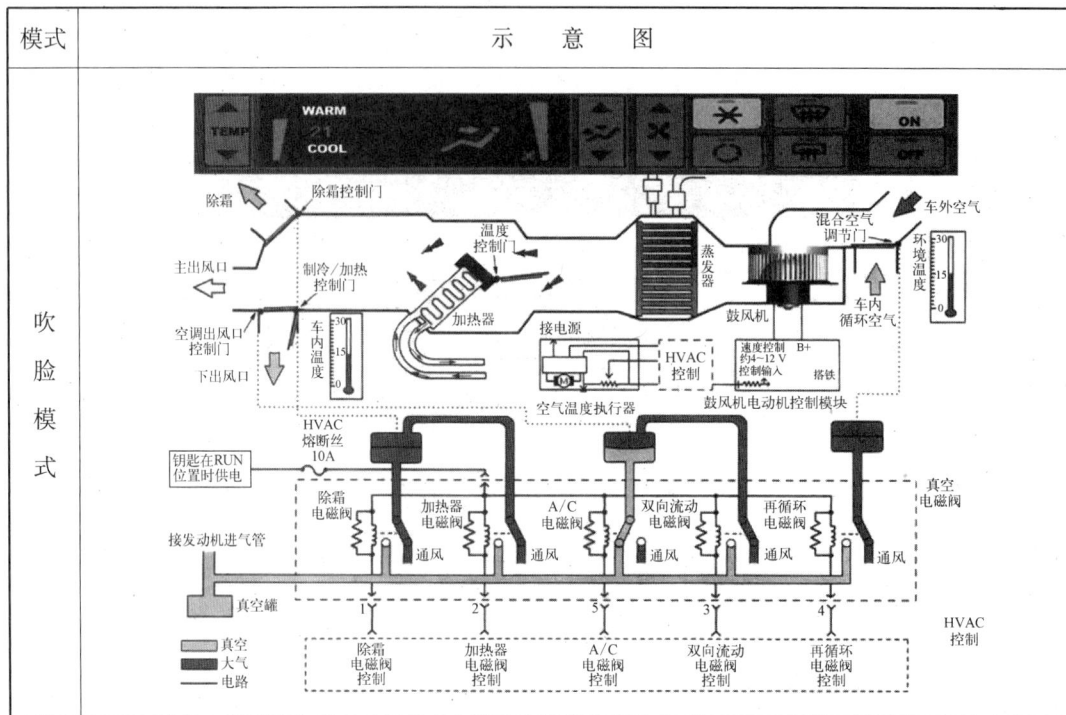

3. 汽车自动空调电路控制的项目

自动空调电路比普通空调电路要复杂得多,自动空调电路控制的主要项目如图4-3所示。

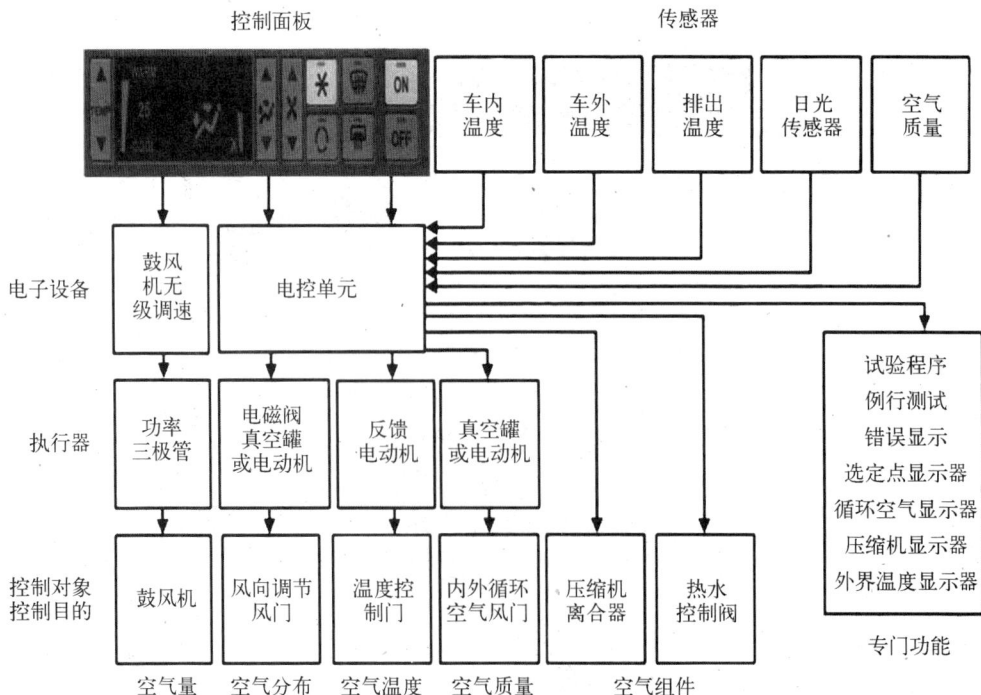

图4-3　自动空调电路控制的主要项目

4. 汽车自动空调的总体结构

汽车自动空调系统一般由制冷系统、取暖系统、配气系统、电气控制系统四大部分组成;有的还包括空气净化系统,甚至装备有碳罐、空气滤清器和静电除尘式净化器等一套较完整的空气净化系统。在表4-3的指导下,完成汽车自动空调结构认识,并将相关信息填写在相关位置。

表4-3 汽车自动空调基本结构认识

1. 认识自动空调的制冷系统			

制冷系统由压缩机、冷凝器、储液干燥器、膨胀阀、蒸发器、冷凝器散热风扇、制冷管道、制冷剂等组成。

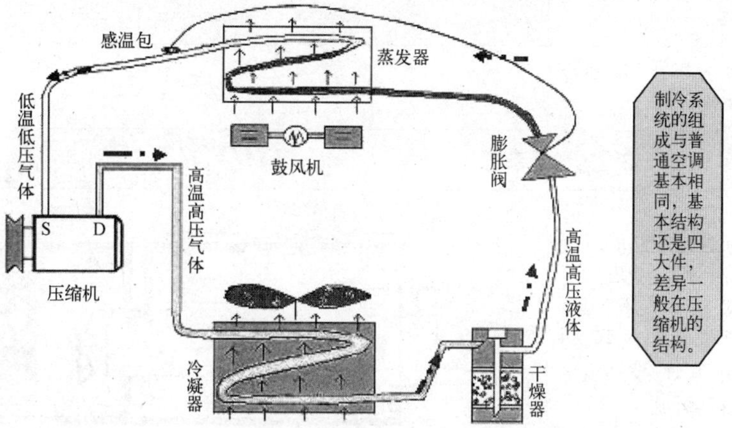

制冷系统的组成与普通空调基本相同,基本结构还是四大件,差异一般在压缩机的结构。

元 件 名 称	安 装 位 置	结 构 形 式	安 装 要 求
压缩机			
冷凝器			
蒸发器			
膨胀阀			
干燥储液器			
高压检修阀			
低压检修阀			
制冷系统循环描述:对比自动空调制冷系统与一般空调系统的异同			

R12系统与R-134a系统的区别				
制冷系统	检修阀	压缩机	冷凝器	蒸发器	管道
R12系统				
R-134a系统				
主要区分标记				

制冷系统性能测试:运转空调,了解自动空调制冷系统的控制方法及控制过程;按照制冷系统的试验条件,测定制冷循环数据与发动机转速的对应关系。

发动机转速(r/min)	低压侧压力	高压侧压力	低压侧平均温度	高压侧平均温度
1 000				
1 500				
2 000				
2 500				
3 000				
3 500				
数据分析,评定制冷系统性能				

2. 认识自动空调的取暖系统

自动空调的取暖系统利用发动机的冷却水进行循环取暖,该系统由加热器、热水阀、水管、发动机冷却液等组成。	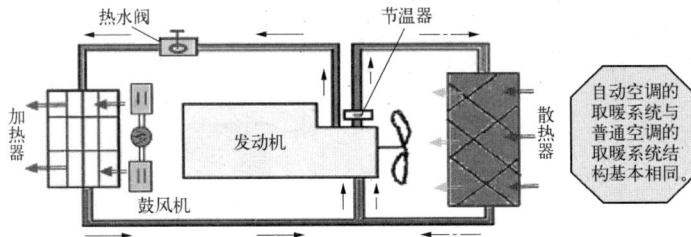

项　　目	具　体　要　求
加热器安装位置	
热水阀安装位置	
热水阀方向区别	
热水阀控制方法	
进出水管区分方法	

3. 认识自动空调的配气系统

配气系统由进气模式风门、鼓风机、混合气模式风门、气流模式风门、导风管等组成,其结构与一般普通空调基本相同。汽车室内或室外未经调节的空气,经鼓风机作用送至蒸发器或加热器处,此时已被调节成冷气或暖气的空气流,根据风门模式伺服电动机开启角度而流向相应的出风口。	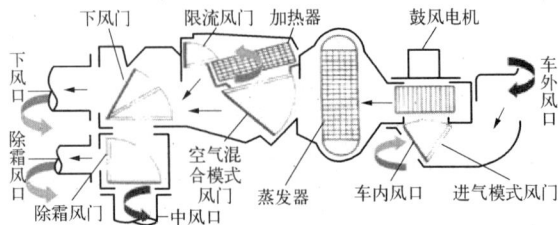 说明:不同车型空调的配气系统有所差别,但主要表现为控制部分的差别,机械部分的结构及工作原理基本相同。空气采集得怎样,处理得怎样,配送得怎样将直接影响空调的性能。

续　表

元 器 件 名 称	数　量	安 装 位 置	设 置 目 的
车外风口			
车内风口			
中风口			
上风口			
下风口			
侧向风口			

元 器 件 名 称	安 装 位 置	电机导线数目	电机运转方式	控制项目
进气模式电机				
混合模式风门电机				
气流模式电机				

元 器 件 名 称	数　量	作　用	驱 动 元 件
进气模式风门			
空气混合模式风门			
气流模式风门			
其他模式风门			

4. 认识自动空调的电气控制系统

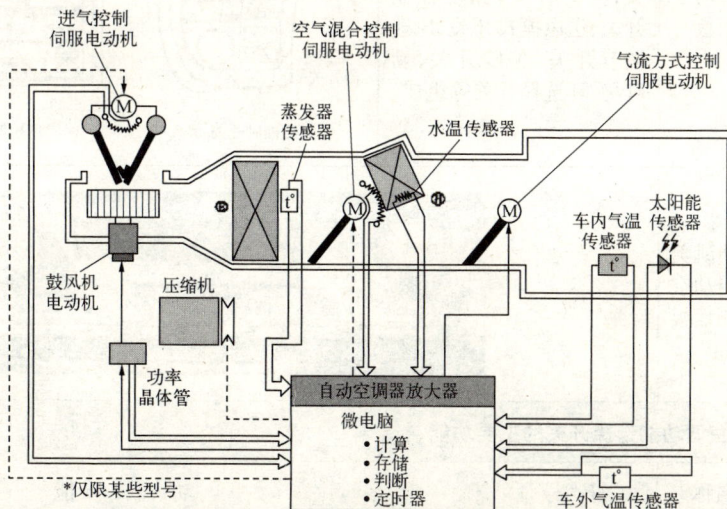

自动空调电气控制系统较复杂,各种不同类型的轿车空调系统差别较大,但自动空调控制电路组成有一定的规律可循。

　　按功能模块划分,电气控制系统电路一般由温度自动控制电路、进气模式控制电路、送风模式控制电路、鼓风机控制电路、冷却风扇控制电路、压缩机控制电路等组成。

　　按电路的输入、输出及控制原则,自动空调电气控制系统可划分为三部分:传感器、空调电脑(控制面板)和执行器。

传感器信号	传感器信号主要有三种:一是驾驶员通过空调面板设定的温度信号和功能选择信号,二是车室内温度传感器、车外环境温度传感器、阳光辐射温度传感器等各种传感器输入的信号,三是进气风门、空气混合风门的位置反馈信号。
执行器信号	执行器信号有三种:一是向驱动各种风门的伺服电机或真空驱动器输送的信号,二是控制风机电机转速的电压调节信号,三是控制压缩机开启或停止的信号。
空调控制电脑	电脑控制各个部件上的执行器。驾驶员通过触摸按钮向电脑输入各种信号,传感器将各种状态参数输入电脑。电脑通过计算、分析、比较,发出指令,控制各执行器动作:改变风速,开停压缩机,打开所需的风门,按照输入的预设温度,控制温度门的位置;显示操作信息,出故障时及时报警等。

5. 认识自动空调的控制面板

自动空调的功能选择开关	自动空调控制面板上有各种各样的功能开关,但大多数轿车控制面板的功能开关基本相同。除以上所述开关外,控制面板上还设置有进气模式控制开关、前除霜开关、后除霜开关等。	自动空调控制面板上的主要功能开关 空调鼓风机控制开关:可手动选择风量的运转方式　AUTO开关:规定空调运转方式为自动模式　温度调节旋钮(开关):用于设定车内温度　A/C开关:开启压缩机或停止压缩机的运转　送风模式控制开关:可手动或自动选择送风模式
典型的自动空调控制面板	典型的自动空调控制面板,主要由 AUTO 开关、OFF 开关、温度控制开关、送风模式开关、风速调节开关、A/C 开关、新鲜/循环选择开关等组成。	ⓑAUTO开关 ⓑAUTO 空调器开关 ⓐ温度控制开关 A/C　AUTO　OFF Lo Hi ⓐ温度控制杆 各种不同类型的空调操作面板的结构基本相同,控制功能基本相同。
广汽丰田凯美瑞汽车自动空调的控制面板	TEMP DUAL　260　245　PASS TEMP AUTO OFF FRONT REAR A/C	

6. 自动空调功能选择开关的主要功能

开关名称	符　号	功　　能
关闭键	OFF	关闭风机、空调压缩机和温度显示,对车尾装备有后空调的轿车,关闭后电磁阀,并使之进入备用状态。
自动键	AUTO	设定风机控制、气流控制模式、进气控制和压缩机控制在自动模式,对装备后空调之车辆,开启后电磁阀,并使之进入备用状态。

续 表

开关名称	符 号	功 能
车内温度控制	∧	按一下增加0.5℃温度设置,长时间按下使设置温度上升至32℃(每0.4 s上升0.5℃)。风机关闭后,该按钮将不起作用。
	∨	按一下降低0.5℃温度设置,设置温度下降至18℃(每0.4 s下降0.5℃),风机关闭后,该按钮将不起作用。
进气控制		把进气控制设定在新空气进入模式。
		把进气控制设定在循环进气模式。
面风		设定气流出口为"面风"模式。
双面风		设定气流出口为"双面风"模式(同时吹头和脚)。
脚风		设定气流出口为"脚风"模式。
脚风与除霜		设定气流出口为"脚风与除霜"模式。
除霜		把气控设定在"除霜"模式,同时(如果此时风机未开)系统就开启,并使空调进入"自动"模式(如果进气控制已被设置在"自动"模式)。
低	LO	把风机风速设置在"低"或"中"或"高"模式。如果压缩机在备用状态,该钮开启压缩机。如果系统在运行后空调状态,该钮开启后电磁阀进入备用状态。
中	MID	
高	HI	
空调开关钮	A/C	关闭或开启压缩机(风机在关闭状态时该钮不工作),系统在运行后空调状态下,该钮将启闭后电磁阀。

7. 电气控制系统工作过程

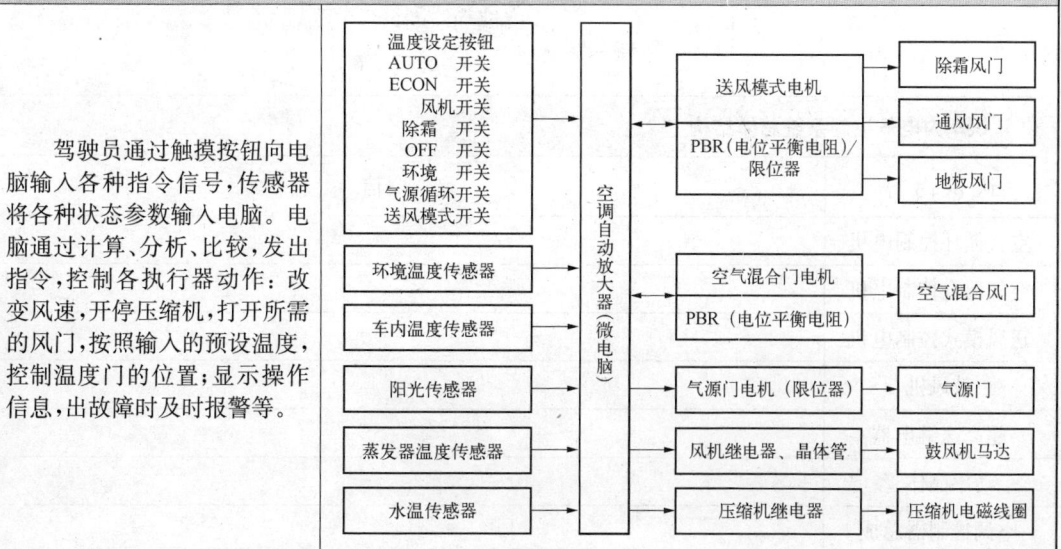

驾驶员通过触摸按钮向电脑输入各种指令信号,传感器将各种状态参数输入电脑。电脑通过计算、分析、比较,发出指令,控制各执行器动作:改变风速,开停压缩机,打开所需的风门,按照输入的预设温度,控制温度门的位置;显示操作信息,出故障时及时报警等。

发动机室零部件安装位置	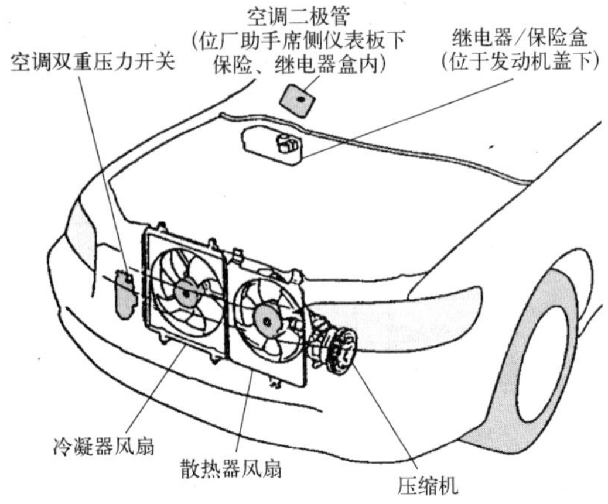 空调二极管 (位厂助手席侧仪表板下 保险、继电器盒内) 空调双重压力开关 继电器/保险盒 (位于发动机盖下) 冷凝器风扇 散热器风扇 压缩机
驾驶室零部件安装位置	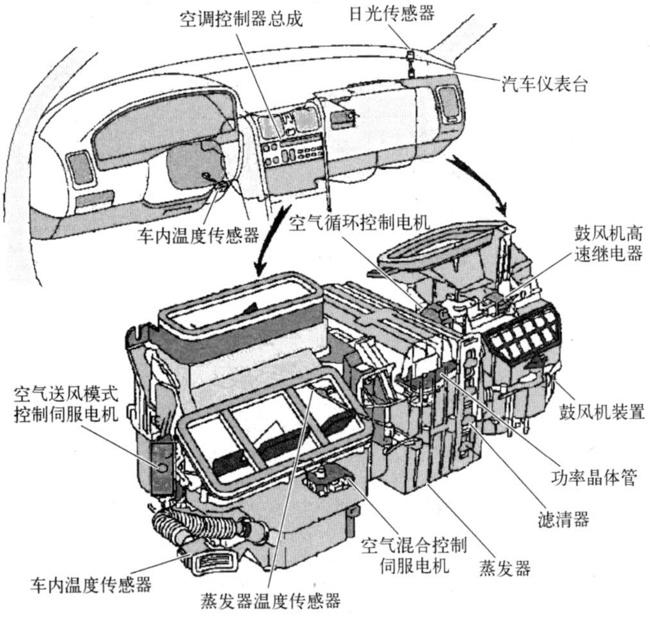 空调控制器总成 日光传感器 汽车仪表台 车内温度传感器 空气循环控制电机 鼓风机高 速继电器 空气送风模式 控制伺服电机 鼓风机装置 功率晶体管 滤清器 车内温度传感器 空气混合控制 伺服电机 蒸发器 蒸发器温度传感器

8. 认识车内电气控制系统总体结构

认 识 内 容	安 装 信 息
空气循环控制电机	
空气混合控制电机	
送风模式控制电机	
鼓风机	
超高速继电器	
功率晶体管	
空调控制器总成	

续　表

认 识 内 容	安　装　信　息
阳光传感器	
车内温度传感器	
蒸发器温度传感器	
车外温度传感器	
空气循环控制电机	
空气混合控制电机	
送风模式控制电机	
鼓风机	
超高速继电器	
功率晶体管	

【安全事项】
1. 注意仪器设备的操作使用规范,不按规定操作使用将会造成仪器损坏。
2. 注意正确的实习操作规范,严格按操作步骤进行作业。
3. 起动空调时应注意预防机械损伤;在做好必要的安全措施后才能启动空调。
4. 为防止发生触电事故,所有区间交流电源只能由老师控制。为防电路过载起火,电动机只能逐台起动。

二、汽车自动空调电控制系统的检测

汽车自动空调电控制系统主要由传感器、空调电脑(控制面板)和执行器组成。主要包括传感器(输入信号)和执行器(输出信号)。在表4-4的指导下,完成汽车自动空调电气控制系统的结构认识,并将相关信息填写在相关位置。

表4-4　汽车自动空调电控制系统认识

类型	信号名称	输入/输出信号及元件	安　装　位　置	功　　　能
输 入 信 号	驾驶员设定 的信号	温度设定开关		
		A/C 开关		
		MODE 开关		
		AUTO 开关		
		鼓风机开关		
	工作环境 信号	车内温度传感器		
		车外温度传感器		
		阳光传感器		
		水温传感器		
		蒸发器传感器		

续　表

类型	信号名称	输入/输出信号及元件	安　装　位　置	功　　能
输入信号	风门位置信号	进气风门位置传感器		
		空气混合风门位置传感器		
	保护装置信号	压力传感器(开关)		
		锁止传感器		
		自发动机电脑的禁止信号		
输出信号	控制配气风门信号	进气模式控制电动机		
		空气混合控制电动机		
		送风模式控制电动机		
	控制鼓风机转速信号	加热器继电器		
		超高速继电器		
		功率晶体管		
		鼓风机		
	控制压缩机开停信号	压缩机继电器等		
	信息显示信号	显示屏		
		各种指示灯		
		报警灯		
控制单元	空调控制电脑	空调控制单元或空调ECU	一般安装在空调控制面板内	它可根据各传感器和控制开关的信号计算出所需要的程序数据

1. 汽车自动空调常用传感器及其线路检测

在"表4-5汽车自动空调常用传感器及其线路检测"的指导下,进行汽车自动空调常用传感器及其线路检测训练。

表4-5　汽车自动空调常用传感器及其线路检测

1. 车内温度传感器检测

A　车内温度传感器的作用

车内温度传感器是自动空调的重要传感器之一,它能影响到出风口空气的温度、出风口风量、模式门的位置、进气门的位置。

序号	控制项目	具　体　控　制　内　容
1	确定混合门的位置	车内温度越高,混合门就越朝"冷"的方向移动,出风口的温度就越低。
		车内温度越低,混合门就越朝"热"的方向移动,出风口的温度就越高。

序号	控制项目	具　体　控　制　内　容
2	确定鼓风机的转速	在制冷工况,车内温度越高,鼓风机的转速就越高。
		在制冷工况,车内温度越低,鼓风机的转速就越低。
		在取暖工况,车内温度越高,鼓风机的转速就越低。
		在取暖工况,车内温度越低,鼓风机的转速就越高。
3	确定进气门的位置	在制冷工况,一般进气门都处于内循环位置。
		车内空气温度下降,根据不同的环境温度,进气门可以处于20％新鲜空气的位置或新鲜空气的位置。
4	确定模式门的位置	在制冷工况,一般都处于吹脸模式位置。
		随着时间的推移,车内空气温度下降,根据不同的环境温度,模式门可以处于吹脸、吹脸/吹脚、吹脚位置。

B　车内温度传感器的作用验证实验(利用轿车或自动空调台架进行以下实验)

实验方法描述	示　意　图　及　验　证
模拟空调工作情况,采用增减温度的方法改变车内温度传感器的输入信号,检测或观察各驱动器的工作变化,方法如右图所示。亦可采用可调电阻,通过调节电阻值的方法,模拟温度的改变,实现车内温度传感器作用的验证。	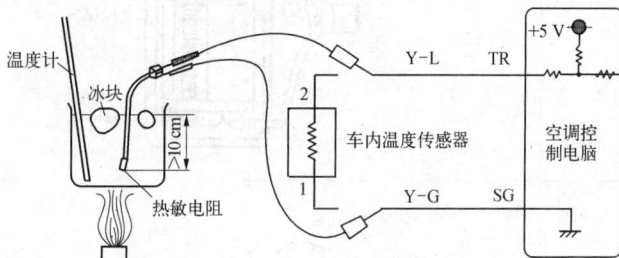

模拟温度	混合门的位置	鼓风机的转速	进气门的位置	模式门的位置
0℃				
15℃				
20℃				
25℃				
30℃				
35℃				

C　车内温度传感器的特性

自动空调系统所采用的车内温度传感器一般采用负温度变化系数的热敏电阻。随着温度的升高,热敏电阻的阻值减少;随着温度的降低,热敏电阻的阻值增大。	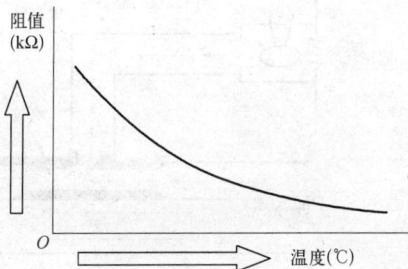

续　表

D　车内温度传感器的安装位置 　　车内温度传感器一般都安装在仪表台的里面即靠近空调操作面板处或直接装在空调面板的小窗口上。		
E　车内温度传感器的分类 　　由于车内温度传感器都安装在仪表台的里面,位置较封闭。为了准确且及时测量当前的车内平均温度,系统会把车内空气强制不断流过车内温度传感器。按强制导向车内温度传感器的气流方式不同,可划分两种:即吸气器型车内温度传感器和电动机型车内温度传感器。		
F　车内温度传感器强制通风装置的组成及工作原理		
电动机型车内温度传感器工作原理	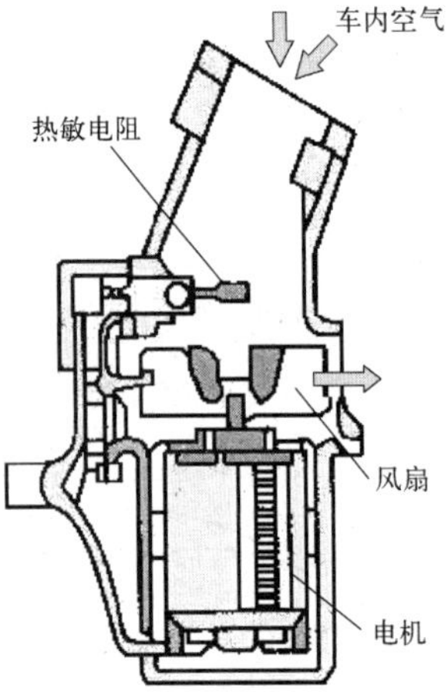	由电动机带动一个小风扇,风扇工作产生吸力,强制使车内空气流过传感器(热敏电阻)。
吸气器型车内温度传感器总体组成	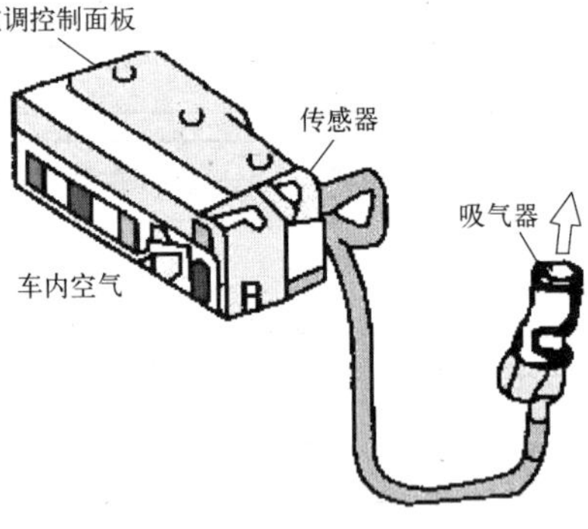	吸气器型车内温度传感器总体组成见左图。
吸气器型车内温度传感器工作原理	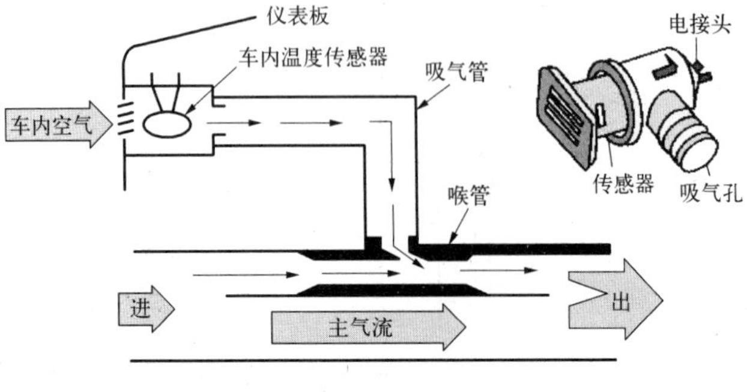	由一根抽风管连接车内温度传感器与空调的管道,与空调管道连接处有文杜利效应装置,鼓风机工作,空气快速流过就会产生负压。这样就有少量空气流过车内温度传感器。

续　表

G　车内温度传感器的线路

车内温度传感器将温度变化信号以电压高低变化的形式输入空调电脑。

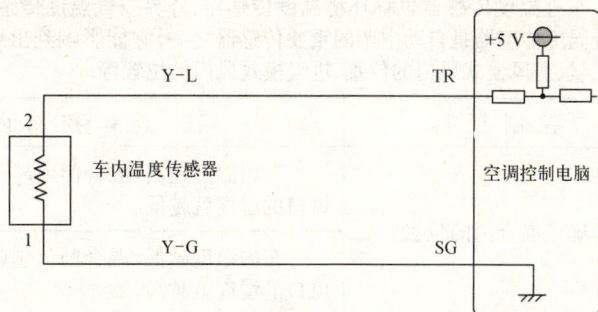

H　车内温度传感器的检测

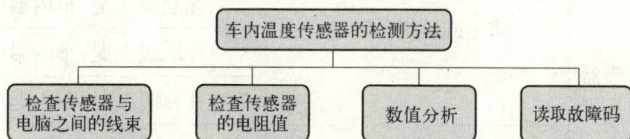

检测车内温度传感器的方法	（1）检查传感器与电脑之间的线束。拆下车内温度传感器的接头，在线束侧应能测量到 5 V/3.6 V 的直流电压。否则，线束不良或空调电脑存在故障。 （2）检查传感器的电阻值。拆下车内温度传感器的接头，在线束侧测量车内温度传感器的电阻。具体数值见车型资料。 （3）数值分析。有些车型的空调自诊断系统，具有读取传感器实时数值的功能。若读取的数值与实际的车内温度不相同时，则车内温度传感器不良。详情请查阅相关车型的维修手册。 （4）读取故障码。现在绝大多数的自动空调都能对车内温度传感器进行监控，当电脑发现有故障时，会将故障信息存贮在记忆体里，供维修技师读取。有些车型在车内温度传感器有故障时，空调电脑会采用一个特定的默认值代替，以使空调继续工作。不同车型的默认值是不一样的。

车内温度传感器检测：利用轿车或自动空调台架进行实验

模拟空调工作情况，采用增减温度的方法改变车内温度传感器的温度，检测车内温度传感器的电阻和电压，将车内温度传感器的检测结果记录下来。

测量项目	温　度			
	15℃	25℃	35℃	50℃
电　阻				
电　压				

I　车内温度传感器强制通风装置的检测

车内温度传感器强制通风装置的检测规范	（1）将鼓风机调至高速运转状态。 （2）将一块小纸片（5 mm×5 mm）靠近车内温度传感器，若纸片吸住，说明车内温度传感器强制通风装置良好。若没有吸住，对车内温度传感器是吸气器型的，检测抽风管道是否密封；对电动机型车内温度传感器，检测车内温度传感器抽风机及线路。该抽风机一般都由空调电脑来控制，在空调系统工作或点火开关打开时，抽风机保持运转状态。 （3）车门半开开关。在某些空调系统中，驾驶员和乘客车门半开开关，将车门信号送至空调计算机。在汽车停下以后只要汽车有任何一扇门一开始就开着，车门半开开关信号即送到空调计算机，使它打开抽风机电动机，热空气使经车内温度传感器吹出。这个动作只有在车内温度高于某一规定值时才产生。

2. 车外温度传感器检测		
车外温度传感器的作用	车外温度传感器也称环境温度传感器、外界空气温度传感器、大气温度传感器。车外温度传感器是自动空调的重要传感器之一，它能影响到出风口空气的温度、出风口风量、送风模式风门的位置、进气模式风门的位置等。	
车外温度传感器控制项目	**控 制 项 目**	**具 体 控 制 内 容**
	确定混合门的位置	车内温度越高，混合门就越朝"冷"的方向移动，出风口的温度就越低。
		车内温度越低，混合门就越朝"热"的方向移动，出风口的温度就越高。
	确定鼓风机的转速	在制冷工况，车内温度越高，鼓风机的转速就越高。
		在制冷工况，车内温度越低，鼓风机的转速就越低。
		在取暖工况，车内温度越高，鼓风机的转速就越低。
		在取暖工况，车内温度越低，鼓风机的转速就越高。
	确定鼓风机的转速	在制冷工况，一般进气门都处于内循环位置车内空气温度下降，根据不同的环境温度，进气门可以处于20%新鲜空气的位置或新鲜空气的位置。
	确定模式门的位置	在制冷工况下，一般都处于吹脸模式位置。
		随着时间的推移，车内空气温度下降，根据不同的环境温度，模式门可以处于吹脸、吹脸-吹脚、吹脚位置。
	控制压缩机的运转	一般自动空调在环境温度低于某值（比如2℃），压缩机就不会工作。
车外温度传感器的安装位置	车外温度传感器一般都是安装在前保险杠内或水箱之前或者位于车辆前减振器下面的前护栅部位。	 冷却风扇 冷却风扇　车外温度传感器
车外温度传感器的特性	车外温度传感器都采用负温度变化系数的热敏电阻，也就是电阻随着温度的增大阻值会减少；随着温度的减少阻值会增加。	 车外温度传感器

续　表

防假输入措施	（1）什么是防假输入措施？ （2）设置防假输入措施有何作用？ （3）是否每一种车型的自动空调都具有防假输入措施？	由于车外温度传感器一般都是安装在前保险杠内或水箱之前，极容易受到环境（水箱温度、前面车辆的排气等）影响，车外温度传感器包在一个注塑料树脂壳内，以免对环境温度的突然变化做出反应。这将使其能准确地检测到车外的平均气温。
车外温度传感器的电路	车外温度传感器的电路结构如右图所示	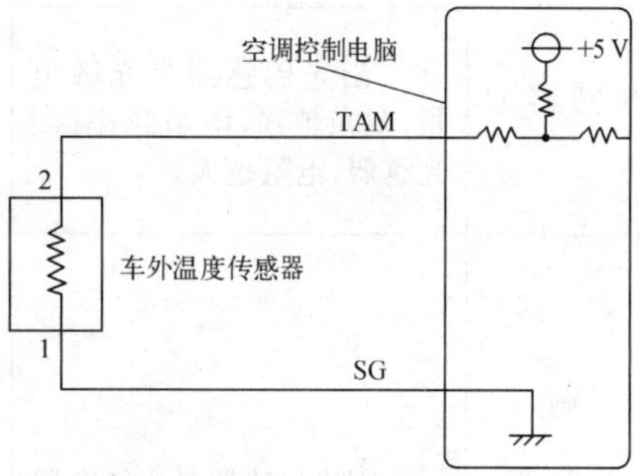
车外温度传感器的检查	（1）检查传感器电阻。 （2）数值分析。 （3）读取故障码。有些车型在车外温度传感器有故障时，空调电脑会采用一个特定的默认值代替，以使空调继续工作。 （4）显示器检查。有些车型会在仪表或显示屏上显示环境温度，若显示的环境温度与实际的环境温度不一样时，则车外温度传感器不良。	车外温度传感器的作用验证实验。利用轿车或自动空调台架进行以下实验：模拟空调工作情况，采用增减温度的方法改变车外温度传感器的温度输入信号，检测或观察各驱动器的工作变化。<table><tr><td>温度</td><td>混合门的位置</td><td>鼓风机的转速</td><td>进气门的位置</td><td>模式门的位置</td></tr><tr><td>15℃</td><td></td><td></td><td></td><td></td></tr><tr><td>20℃</td><td></td><td></td><td></td><td></td></tr><tr><td>25℃</td><td></td><td></td><td></td><td></td></tr><tr><td>30℃</td><td></td><td></td><td></td><td></td></tr><tr><td>35℃</td><td></td><td></td><td></td><td></td></tr></table>
车外温度传感器的检测	利用轿车或自动空调台架进行以下实验：模拟空调工作情况，采用增减温度的方法改变车外温度传感器的温度，检测车外温度传感器的电阻和电压。	<table><tr><td rowspan="2">测量项目</td><td colspan="4">温　　度</td></tr><tr><td>15℃</td><td>20℃</td><td>30℃</td><td>50℃</td></tr><tr><td>电阻</td><td></td><td></td><td></td><td></td></tr><tr><td>电压</td><td></td><td></td><td></td><td></td></tr></table>

3. 阳光传感器检测

阳光传感器的作用	阳光传感器测量阳光的强弱来修正混合门的位置与鼓风机的转速。	阳光传感器测量阳光的强弱来修正空气混合风门的位置与鼓风机的转速。

续　表

阳光传感器的安装位置	一般阳光传感器都是安装在仪表台的上面,靠近前挡风玻璃的底部。	 阳光传感器安装位置
阳光传感器的特性	阳光传感器是光敏电阻,阳光越强,电阻越小;阳光越弱,电阻越大。	阳光传感器是光敏电阻,阳光越强,电阻越小;阳光越弱,电阻越大。
阳光传感器的电路	阳光传感器是光敏电阻结构,电路形式一般有两种结构。图右所示为其中一种形式。	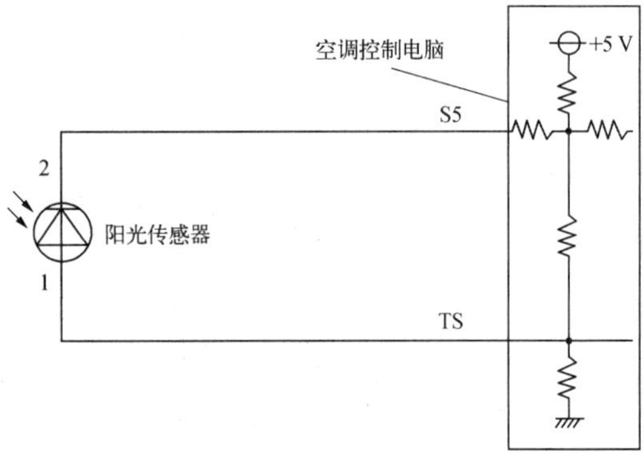
阳光传感器的检测	电阻测量:在强阳光下测量,电阻为 4 kΩ,用布遮住阳光传感器,电阻为无穷大。 　　电压测量:一般在强阳光下测量,电压小于 1 V,用布遮住阳光传感器,电压大于 4 V。 　　读取故障码:在阳光不足的地方读到阳光传感器的故障码是正常的。可用 60 W 的灯源距阳光传感器 25 cm 照射,这时就不应读到阳光传感器的故障码。	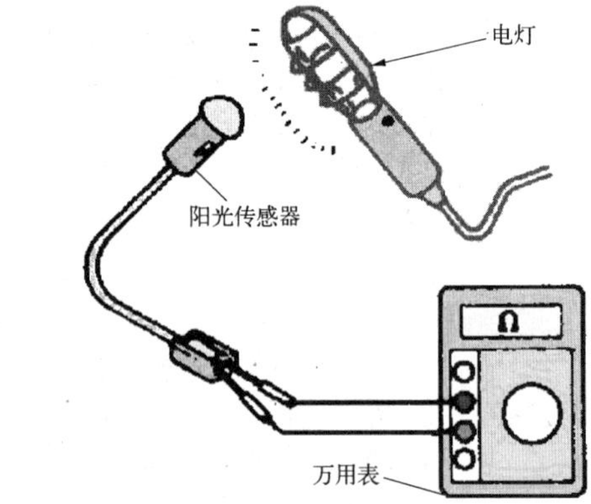

测量项目	检　测　条　件	
	强光下检测	无阳光下检测
电阻		
电压		

续　表

4. 蒸发器温度传感器检测

蒸发器温度传感器的作用	修正混合风门位置	测量蒸发器表面温度修正空气混合风门位置。
	鼓风机的转速控制	用于鼓风机的时滞控制。
	控制压缩机	在蒸发器表面温度低于0℃时,使压缩机不工作,防止蒸发器表面结霜。
	注意:有些车型有两个蒸发器温度传感器,那么其中一个用来修正空气混合风门位置,另一个用来防止蒸发器表面结霜。	
蒸发器温度传感器的安装位置	一般蒸发器温度传感器安装在蒸发器表面出风口方向的翅片上。	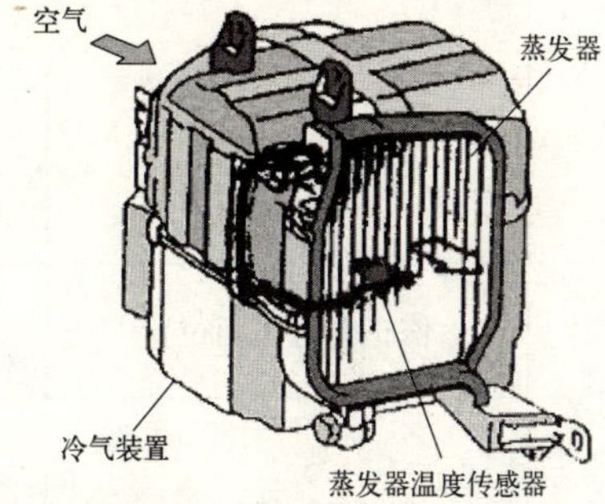
蒸发器温度传感器的特性	负温度变化系数的热敏电阻	自动空调系统所采用的蒸发器温度传感器,都采用负温度变化系数的热敏电阻,也就是热敏电阻随着温度的增大,电阻会减小;随着温度的减少,电阻会增大。
蒸发器温度传感器的电路结构	蒸发器温度传感器的电路结构如右图所示。	

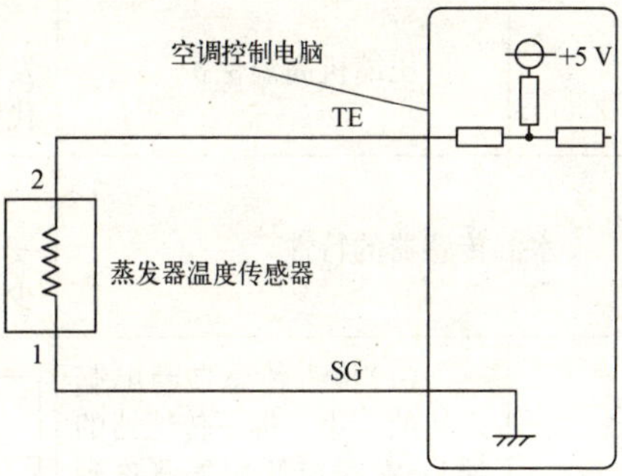

蒸发器温度传感器的检测	(1)检查传感器与电脑之间的线束 (2)测量传感器的电阻 (3)数值分析 (4)读取故障码	检测项目	标　准　检测结果

检测项目	标　准	检测结果
检查传感器与电脑之间的线束		
电阻		
读取故障码		

模拟空调工作情况,采用增减温度的方法改变蒸发器温度传感器的温度,检测蒸发器温度传感器的电阻和电压。

蒸发器温度传感器的作用验证实验:利用轿车或自动空调台架进行以下实验:

测量项目	温　度			
	0℃	15℃	25℃	35℃
电阻				
电压				

续 表

5. 水温传感器检测

水温传感器的安装位置	水温传感器一般可以安装在暖风装置里面	加热器芯 水温传感器 水温传感器安装在加热器芯表面底部处的翅片上
水温传感器的作用	修正混合风门位置	测量加热器芯温度,修正混合门的位置。有些车型采用发动机水温传感器代替。
	鼓风机的转速控制	在水温过低,系统会启动鼓风机的预热控制。也就是在水温太低,且取暖工况,为了防止吹出的风是冷风,在水温低于系统设定温度,鼓风机会低速工作或不工作。有些车型采用发动机水温传感器代替,也有些车型采用水温开关代替。
	压缩机高温保护	防止发动机在高温下压缩机工作。有些车型采用发动机水温传感器代替,也有些车型采用水温开关代替。
水温传感器的特性		自动空调系统所采用的水温传感器,都采用负温度变化系数的热敏电阻,也就是热敏电阻随着温度的减少,电阻会增大;随着温度的增大,电阻会减小。
水温传感器的检测	(1)检查传感器与电脑之间的线束。拆下传感器的接头,在线束侧应能测量到5 V的直流电压,否则线束不良或空调电脑不良。	<table><tr><th>检测项目</th><th>标 准</th><th>检测结果</th></tr><tr><td>检查传感器与电脑之间的线束</td><td></td><td></td></tr></table>
	(2)传感器的检测。针对空调自带的水温传感器,可以测量其电阻。针对与发动机系统共同一个水温传感器,通过发动机获得水温信号,可用示波器观看其波形。	
	数值分析	有些车型的空调自诊系统具有读取传感器实时数值的功能,若读取的数值与实际的水温不相同时,水温传感器不良。详情请查阅各车型的维修手册。

续　表

水温传感器的检测	读取故障码	现在绝大多数的自动空调都能对水温传感器进行监控,在发现有故障时,会存贮在记忆体里,供维修技师读取。			
	水温传感器的作用验证实验是利用轿车或自动空调台架进行的模拟空调工作情况,采用增减温度的方法改变水温传感器的温度输入信号,检测或观察各驱动器的工作变化。	**温度**	**空气混合风门位置修正**	**鼓风机的预热控制**	**压缩机高温保护**
		10℃			
		25℃			
		40℃			
		108℃			
	水温传感器的检测是利用轿车或自动空调台架进行的:模拟空调工作情况,采用增减温度的方法改变水温传感器的温度,检测水温传感器的电阻和电压。	**测量项目**	**温　度**			
			10℃	**30℃**	**50℃**	**100℃**
		电阻				
		电压				
	利用轿车或自动空调台架进行以下实验:模拟空调工作情况,采用增减温度的方法改变蒸发器温度传感器的温度输入信号,检测或观察各驱动器的工作变化。	**温度**	**混合门的位置修正**	**鼓风机的时滞控制**	**压缩机的控制**
		0℃			
		15℃			
		30℃			

2. 汽车自动空调常用执行器及其线路检测

在"表4-6汽车自动空调各种执行器及其线路检测"的指导下,进行汽车自动空调各种执行器及其线路检测训练。

表 4-6　汽车自动空调各种执行器及其线路检测

1. 空气混合控制伺服电动机检测

自动空调空气混合控制伺服电动机检修描述	由于混合风门在风道中所处位置很特殊。空气混合控制伺服电动机是系统最为关键的部件,混合风门的位置差一点,室内空气温度就相差很多。 空气混合控制伺服电动机安装位置

空气混合控制伺服电动机的类型	空气混合控制伺服电动机按控制方式不同可分为5种：直流电动机＋位置传感器；步进电动机；混合门伺服电动机内含微芯片，通过 bus 与空调电脑通信；混合门内含微芯片，但不是通过 bus 与空调电脑通信；真空伺服电动机。 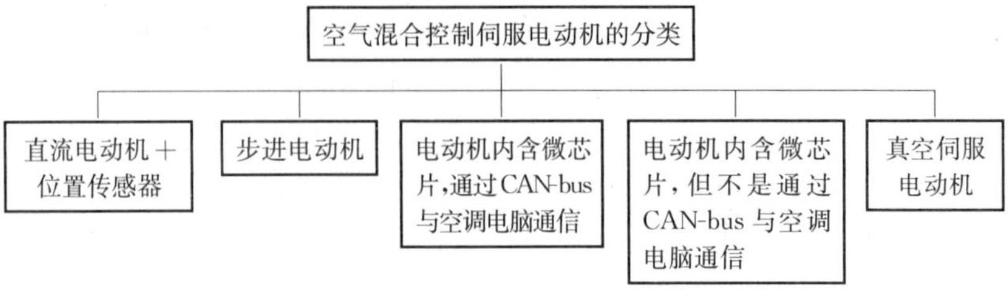
直流电动机＋位置传感器 该型号在早期车辆空调上大量应用，主要应用在福特、丰田、三菱、早期日产车型中。其结构如右图所示，其中位置传感器位于伺服电动机内部。	 外形结构　　　　　　　　　内部线路 型号一　空气混合控制伺服电动机结构 该型号伺服电动机由直流电动机、减速机构、限位装置、位置传感器四部分所构成，如下图所示。 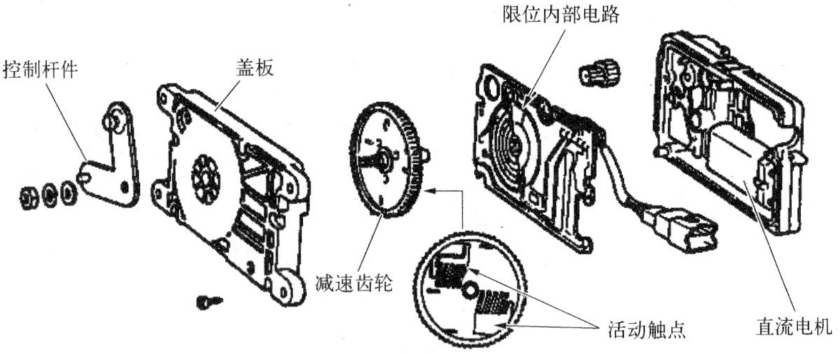 空气混合控制伺服电动机内部结构
步进电动机 宝马、凌志等车型采用步进电动机来驱动混合风门，由于步进电动机具有自定位的功能，这种型号就没有混合门位置传感器。	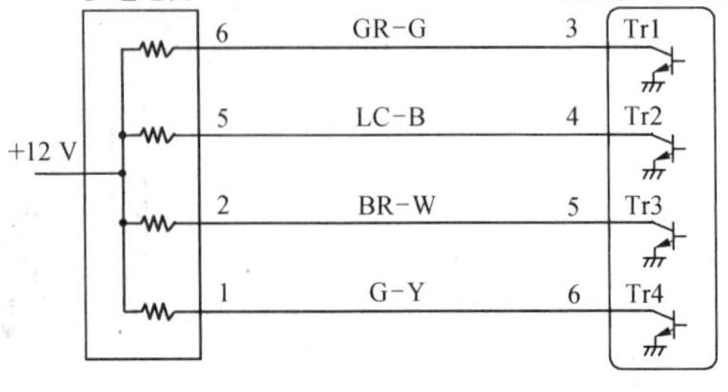 型号二　伺服电动机(步进电动机)结构

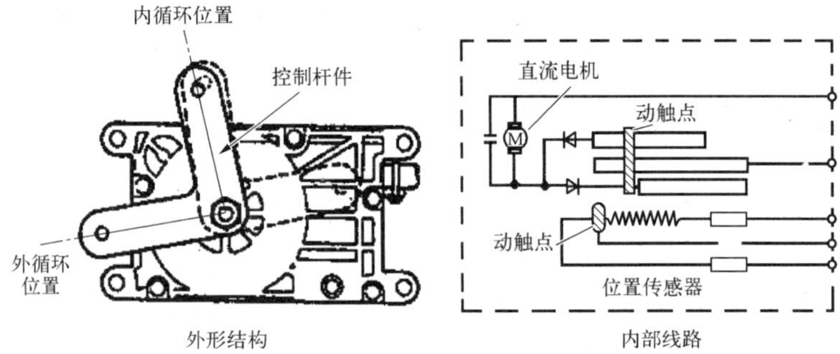

续　表

电动机+微芯片（通过 bus 与空调电脑通信） 这种型号混合风门伺服电动机内含微芯片，通过 bus 与空调电脑通信，现在新款车型普遍采用，如日产风度、新款奔驰等。	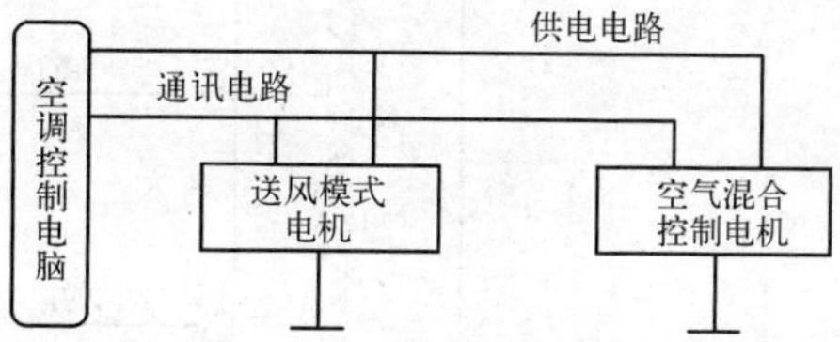 型号三　伺服电动机结构
伺服电动机+微芯片 这种型号的伺服电动机不是通过 bus 与空调电脑通信，主要应用在通用车系上。	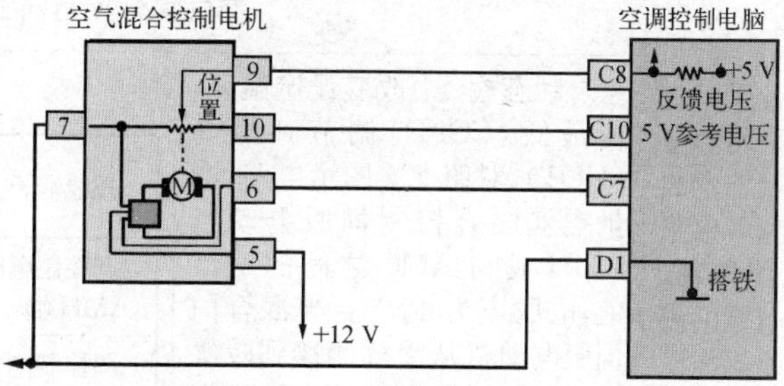 型号四　伺服电动机结构
真空伺服电动机 这种型号应用在奔驰车上，结构比较简单。	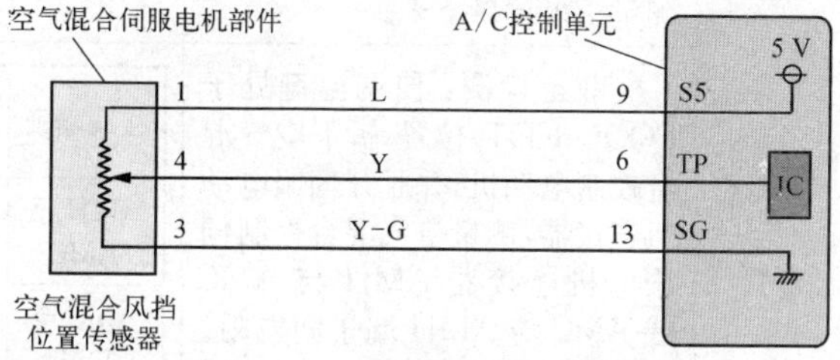 型号五　真空伺服电动机结构

"直流电动机+位置传感器"伺服电动机的检测训练

位置传感器的检测	改变设定温度，从最低（18℃）调节到最高（32℃），对照上文图示电路，测量位置传感器的 TP 与 SG 之间的电压值，电压应能均匀下降。当混合门伺服电动机从冷气侧移到暖气侧，TP 与 SG 之间的电阻应毫无间断地逐渐变小，将测量结果记录下来。	接线端子 / 空调控制电脑 S5 端子 / 空调控制电脑 TP 端子 / 空调控制电脑 SG 端子	调温键处于18℃位置时的电压	调温键处于32℃位置时的电压
	使调温键处于 COLD（HOT）位置，拆下空气混合控制电动机，并脱开伺服电动机连接器，测量空气混合控制伺服电机连接器 TP 与 SG 或 TP 与 S5 端子间电阻。将测量结果记录下来。	接线端子 / TP 与 SG 端子间电阻 / TP 与 S5 端子间电阻	调温键处于 COLD 位置时的电阻	调温键处于 HOT 位置时的电阻

空气混合控制伺服电动机

混合风门直流电动机的检测 空气混合风门直流电动机可采用静态和动态检测相结合的原则。检测时可参照右图所示线路原理,结合混合风门直电流机内部结构和工作原理进行。	动态检测:改变设定温度,从最低(COLD)调节到最高(HOT),对照上文图示电路,测量空气混合控制伺服电动机 AMH 或与 AMC 之间的电压值,电压应为 12 V。当混合门伺服电动机从冷气侧移到暖气侧,测量 AMH 或与 AMC 之间的电压值,电压应为−12 V。将测量结果记录下来。		
	接线端子	调温键处于COOL位置时的电压	调温键处于HOT位置时的电压
	空调控制电脑AMH 端子		
	空调控制电脑AMC 端子		
	静态检测:使调温键处于COOL(HOT)位置,拆下空气混合控制电动机,并脱开伺服电动机连接器,测量空气混合控制伺服电机连接器 AMH 与 AMC 或 AMC 与 AMH 端子间电阻。将测量结果记录下来。		
	接线端子	调温键处于COOL位置时的电阻	调温键处于HOT位置时的电阻
	AMH 至AMC		
	AMC 至AMH		

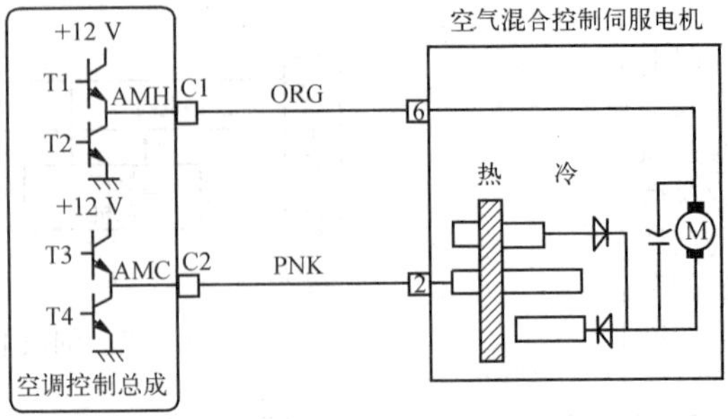

2. 送风模式控制伺服电动机检修

送风模式描述	自动空调的出风口有三大类:吹脸(VENT)、吹脚(FOOT)、除雾(DEFROST)。有吹脸(VENT)、双层(B/L)、吹脚(FOOT)、吹脚除雾(F/D)、除雾(DEF)五种出风类型。在手动挡,可控制风门处于五种出风类型中的任意一种;在自动挡,电脑可以控制风门处于吹脸、双层、吹脚。
送风模式控制伺服电动机类型	送风模式控制伺服电动机按控制方式划分,可分成四类:直流电动机+位置传感器;直流电动机+位置开关;电动机内含微芯片,通过 bus 与空调电脑通信;真空伺服电动机。
直流电动机 + 位置传感器 本型号应用于JEEP、三菱等。	 送风模式控制伺服电动机

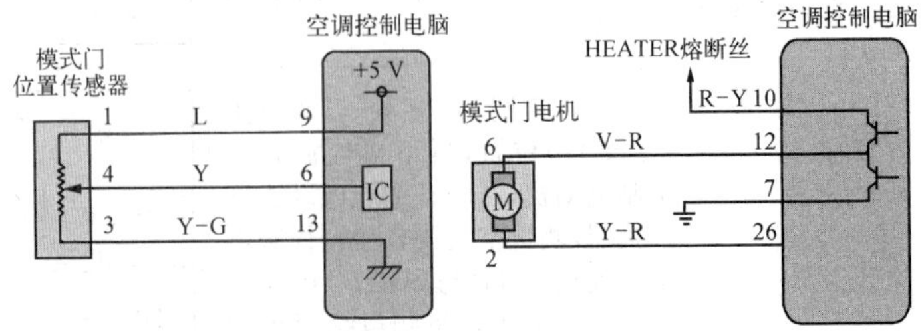

续　表

直流电动机＋位置开关 本型号应用于本田、马自达、日产等。	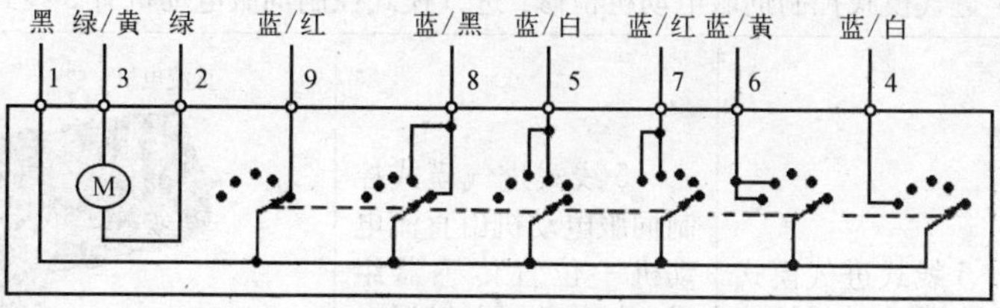 黑　绿/黄　绿　蓝/红　蓝/黑 蓝/白 蓝/红蓝/黄 蓝/白 1　3　2　9　8　5　7　6　4 带位置开关的送风模式控制伺服电动机
电动机内含微芯片,通过 bus 与空调电脑通信。 这种型号现在新款车型普遍采用,如风度、新款奔驰等。	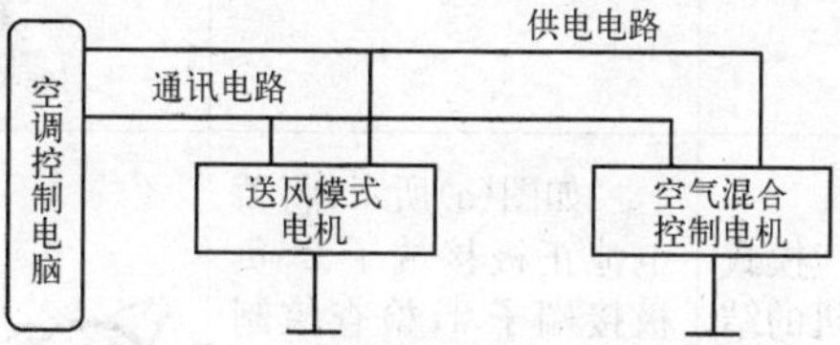 供电电路 通讯电路 空调控制电脑 送风模式电机　空气混合控制电机 bus 控制送风模式控制伺服电动机
真空伺服电动机 这种型号为通用公司使用,结构比较简单。	
日系车常用的模式风门伺服电动机	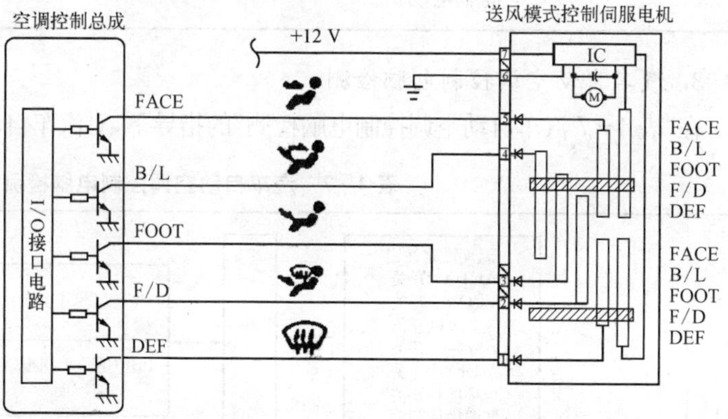 空调控制总成　送风模式控制伺服电机 +12 V　IC　M FACE B/L FOOT F/D DEF I/O接口电路 FACE B/L FOOT F/D DEF FACE B/L FOOT F/D DEF
(1) 送风模式控制伺服电动机的检测。	
将蓄电池正极接端子2,负极接端子1,再将蓄电池负极分别接 4～8 的每一个端子,检查驱动臂是否转至下述所示的每一位置:4—除霜,5—脚部/除霜,6—脚部,7—双向,8—脸部。如果伺服电动机的工作情况不合上述要求,则应检修或更换。	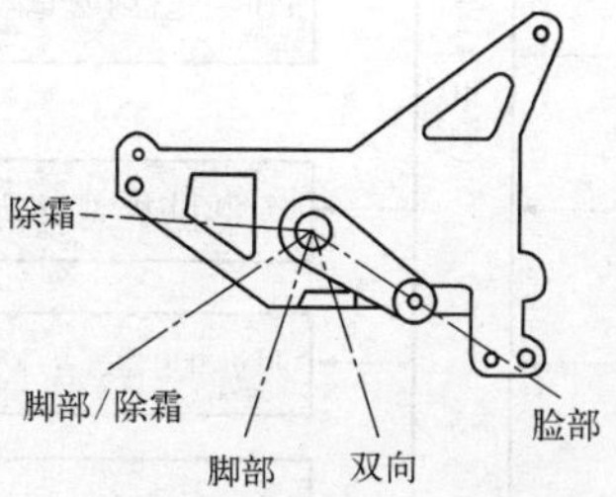 除霜　2　1 8　4 7　6　5 脚部/除霜　脚部　双向　脸部 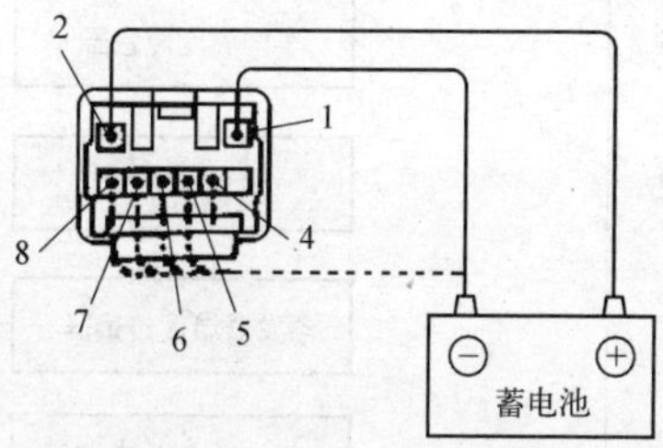　蓄电池

续　表

（2）进气模式控制伺服电动机检修：进气模式控制伺服电动机有3线式和5线式之分。

5线式进气模式控制伺服电动机检修	5线式进气模式控制伺服电动机由直流电动机＋位置传感器组成，其结构与空气混合风门电动机结构基本相同。	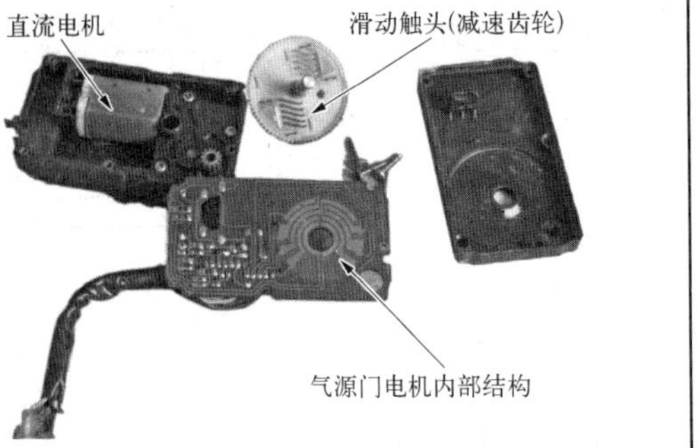 　直流电机　滑动触头(减速齿轮)　气源门电机内部结构
3线式进气模式控制伺服电动机的结构较简单，检测方法也较简单，其中2号线为电源线，当4号线搭铁，进气门会运行到新鲜位置，当3号线搭铁，进气门会运行到循环位置。	如图(a)所示，将蓄电池正极接端子2，负极接端子4，检查控制臂是否平稳地转到"FRESH"侧。如图(b)所示，将蓄电池正极接端子2，负极接端子3，检查控制臂是否平稳地转到"RECIRC"侧。否则，更换进气模式控制伺服电动机。	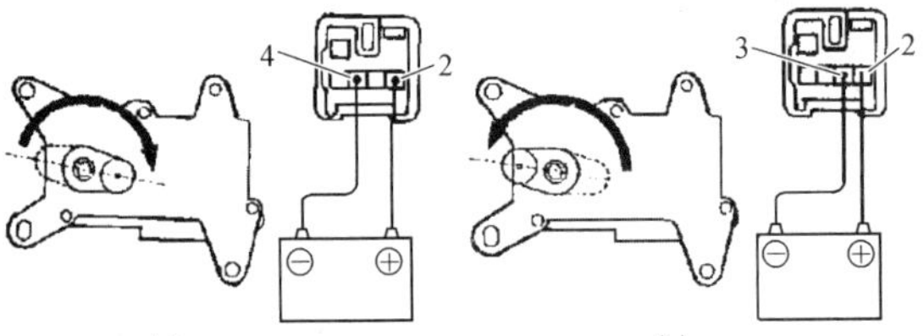 (a)　(b) 提示：5线式进气模式控制伺服电动机的检测方法与5线式空气混合控制伺服电动机检测方法基本相同。

3. 汽车自动空调控制电脑检测

在"表4-7汽车自动空调控制电脑检测"的指导下，对汽车自动空调控制电脑进行检测训练。

表4-7　汽车自动空调控制电脑检测

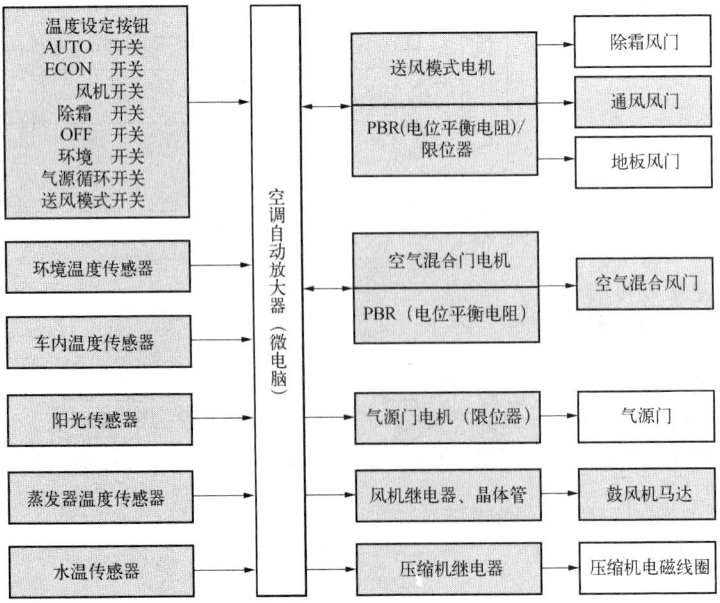

续表

自动空调控制电脑功能		空调控制电脑又叫空调控制单元或空调ECU。空调控制电脑一般安装在空调控制面板内,它可根据各传感器和控制开关的信号计算出所需要的程序数据。 在自动空调工作过程中,空调ECU不断接受各种信号并进行处理,经过数学运算和逻辑判断后,控制各种执行器的工作,保持车内环境在舒适范围以内。 除此以外,空调控制电脑还要不断对传感器和关键执行器部件进行测试,并将故障信息以代码形式储存在储存器中,以供维修时辅助诊断用。 空调控制电脑是空调电控系统的核心部件,空调电脑一旦损坏,对空调的舒适性影响很大,甚至会令空调系统完全不能工作。
自动空调控制电脑故障诊断方法		空调控制电脑工作可靠,故障率较低。即便如此,空调控制电脑仍然有出现故障的可能,且有时需仔细检查才能判断其是否存在故障。首先须谨慎地对其和相关线束进行检查,无故障时才能确认,进行最后的检验,以确定是否修理或更换。 空调电脑故障诊断方法 排除法　自诊断法　电阻测量法　电压测量法　代换法　模拟输入检查法
	排除法 诊断空调控制器电脑故障可采用排除法。利用专用仪器或数字式万用表,从外围线路入手,对有故障的电器装置或线束进行检查。	(1) 检查ECU、电器元件的连接器,搭铁线连接与接触情况; (2) 检查传感器、执行器等电器元件的特性参数值,看是否在规定值范围之内; (3) 测量ECU连接器和电器元件连接器线束之间的电阻,检查是否有断路或接触不良; (4) 测量ECU连接器端子与车身(搭铁)之间的电阻,检查是否有短路搭铁故障。 以上检查若正常,可初步诊断为ECU有故障。当初步确定ECU有故障后,还需采用其他方法对ECU进一步检验(检验前,应备齐ECU连接器端子位置图和仪表、ECU连接器端子的标准电阻值和电压值以及相关技术资料)。
	自诊断法	空调电脑具有"故障自诊断"功能,具备对整个电控系统的故障诊断能力,部分空调电脑具有诊断内部故障的能力。诊断时,根据输出的故障代码,可方便地判断出ECU是否有故障。故障自诊断显示空调电脑有故障,这样就可直接对空调电脑进行检查或更换。
	电阻测量法	拆下ECU连接器,用万用表的欧姆挡测量相应端子间的电阻。如测得电阻值和标准值不符,说明ECU相应部分有故障。此种检测方法有一定的局限性,且准确率不高,一般只作为辅助手段。
	电压测量法	将万用表选择在直流电压挡,并选择合适的量程,在蓄电池充足电的情况下接通点火开关或在空调运转时,用万用表测量ECU各端子的工作电压或信号电压,其值应符合标准,否则,说明ECU相应部分有故障。

续　表

自动空调控制电脑故障诊断方法	代换法	如初步诊断结果是 ECU 有故障,在条件允许时,可用此车型的 ECU 备件或同型号空调的 ECU 进行试验,能更迅速准确地判定 ECU 是否损坏。如换件后工作正常,说明原 ECU 有故障。
	模拟输入检查法	空调电脑是根据输入信号来自动控制风速和出风口空气温度的。因此,改变输入信号(特别是影响大的信号)时,出风口空气的温度和鼓风机转速应发生变化。根据这个原理,可以检查 ECU 是否有故障。例如,开启空调后,拔下车内温度传感器束连接器,按顺序将代表车内温度传感器,在车内温度低、中、高温时电阻值的 3 个电阻(如 5.5 kΩ、3.0 kΩ、1.5 kΩ)接到车内温度传感器线束连接器上,出风口空气的温度和鼓风机转速应有明显变化,否则,说明 ECU 有故障。
自动空调控制电脑的检修思路	汽车自动空调电脑损坏的概率较低,且损坏后有些电子配件(特别是 IC 芯片)很难找到代用品进行更换,只要诊断出是电脑故障,一般需将电脑更换。但考虑维修成本问题,车主总是希望能将之修复。下面仅介绍电脑故障诊断及维修的一些方法及思路。　利用故障自诊断确认故障部件的诊断方法,只能把损坏的微机系统的印制电路板等检查出来,但空调电脑都是由各种器件、芯片等组成的,到底是哪一个器件,哪一个部位出现了问题,还需要进一步详细检查后才能确定。这相对部件诊断要困难一些,对维修人员的硬件、软件知识及其维修经验要求都比较高,所以一般都由厂方或专门维修人员维修。	(1) 模块分割法。模块分割是在维修人员头脑中建立起系统分析的维修方法。当维修任何一个部件时,如果没有对这种模块的基本分析,就会感到无从下手,心中无数。用穷举法把一块确定有故障的印制电路板所有的点都测一遍,可以说是一种最笨的方法。即使难以确认出现故障的模块,也应该根据原理和经验首先怀疑哪些最容易出现故障的模块,该块印制电路是以硬件原理划分的部分,检查的思路应该从模块入手,当一个模块确认无故障时,再查下一个模块,对具体部件的各模块应采用不同的诊断方法。　(2) 静态测试法。所谓静态测试法就是使整个电控系统暂停在某一特定状态,根据逻辑原理,用数字万用表检测怀疑部件的电压、电流、电阻。其中测量集成电路芯片及晶体管的有关电极工作直流电压,对发现产生故障的原因和部位是非常重要的,常用的、有效的方法。　(3) 动态测试法。在微机控制系统中,用静态测试法能解决许多问题,也是动态测试的前提,但是有些故障出现在机器运行(动态)的情况下,无法在静态环境分析或检测出来。此外,有些故障出现的原因是某些器件的动态参数问题所引起的,这时也需用动态测试法找出故障原因及损坏的器件。
	经验提示:原则上部件诊断方法的思路都适用于故障部位的诊断。总的也分为人工诊断和机器自诊断两种。有的微机控制系统自查程序较细,可以直接显示每一个主要部件的好坏。这里主要阐述人工检测方法。	

三、汽车自动空调线路检修

1. 汽车自动空调压缩机电磁离合器及控制线路检修

在"表 4-8 汽车自动空调压缩机和离合器的控制线路检测"的指导下,对汽车自动空调压缩机和离合器的控制线路进行检测训练。

表 4－8 汽车自动空调压缩机和离合器的控制线路检测

<table>
<tr><td colspan="3">1. 压缩机结构及控制原理</td></tr>
<tr><td colspan="3">自动空调压缩机的控制模式包括基本控制模式和保护控制模式两种。基本控制用于实现降温功能，保护控制用于实现空调系统的高效、安全工作，并用于发动机的功率保护等。</td></tr>
<tr><td colspan="3">2. 认识自动空调的压缩机控制系统</td></tr>
<tr><td rowspan="2">基本控制模式</td><td>手动控制</td><td>按下 A/C 开关，此时无论风机的速度在低速、中速还是高速位置，空调压缩机的电磁离合器都会吸合，使压缩机运转。</td></tr>
<tr><td>自动控制</td><td>按下 AUTO 开关，空调电脑根据室内温度、环境温度、设定温度等信号自动决定压缩机是否工作。系统将使电磁离合器自动吸合，根据环境温度和蒸发器温度的数值及其相互关系，使电磁离合器反复开启和关闭。当环境温度或蒸发器温度达到一定值时，压缩机停止工作，系统自动进入“除霜”模式。此时，若要再次强制开启压缩机，则需按下 A/C 开关，使系统退出“除霜”模式，开启压缩机。</td></tr>
<tr><td rowspan="3">保护控制模式</td><td>系统保护控制</td><td>系统保护控制
低温保护：一般车型，在环境温度低于某值（3℃或8℃），出于节能和保护系统的需要，压缩机是不会工作的。
低压保护：为防止压缩机在系统无制冷剂条件下工作，使压缩机损坏，在系统压力低于某值，压缩机是不会工作的。
高压保护：为防止压缩机在系统压力过高条件下工作，使压缩机损坏，在系统压力高于某值，压缩机是不会工作的。
防滑保护：为防止电磁离合打滑时烧断皮带而影响发动机的工作，一旦空调电脑检测到打滑状态则切断压缩机电路。</td></tr>
<tr><td>发动机功率保护控制</td><td>发动机功率保护控制
转向切断控制：汽车处于转向时，为了防止发动机失速，压缩机会暂时停止工作。
挂挡切断控制：汽车处于挂挡起步时，为了提高起步性能，压缩机会暂时停止工作。
急加速切断控制：在发动机处于急加速工况，为了提供足够的动力，压缩机会暂时停止工作。
高温保护：在发动机水温超过某值（109℃），压缩机是不会工作的，以防止发动机水温进一步上升。
低速控：发动机转速低于某转速，为了防止发动机失速，压缩机是不会工作的。</td></tr>
<tr><td colspan="2">防滑保护功能目前为很多轿车的自动空调所采用。在压缩机工作时，发动机电脑通过监控发动机的转速和压缩机的转速进行比较，如果压缩机转速与发动机转速的比值比预定值小，即监控到压缩机皮带出现打滑现象，电脑将会停止压缩机的工作，以防止出现破坏事故的发生。</td></tr>
<tr><td colspan="3">注：有些自动空调采用可变排量压缩机。其特点是在压缩机后端增加一套可变排量机构，能根据空调气系统的冷气负荷或电动机的负荷，控制压缩机的排量变化，减少能量的浪费。</td></tr>
</table>

3. 压缩机控制系统认识及工作原理试验

| 压缩机控制系统组成认识 | 利用配备有自动空调系统的轿车或空调台架认识压缩机控制系统的总体组成,可参见有关资料电路进行。 | | | |

压缩机控制工作过程试验	利用轿车或自动空调台架进行如下试验:按下"AUTO"开关,通过改变设定或改变各传感器的参数,观察压缩机工作过程。	模拟参数设定	ECU 接通电磁离合器电源	ECU 断开电磁离合器电源
		温度选择键从 COLD 转至 HOT		
		温度选择键从 HOT 转至 COLD		
		使蒸发器温度传感器温度升高		
		使蒸发器温度传感器温度降低		
		使车外温度传感器温度升高		
		使车外温度传感器温度降低		
		发动机急加速		
		使水温传感器温度升高或降低		
		经过以上模拟试验,电磁离合器状态是否发生了改变?		
		再按下"手动风速"开关后,按下"A/C"开关,压缩机是否被强制起动?		

4. 压缩机控制原理分析

压缩机的控制主要包括基本控制和保护控制两种

压缩机电磁离合器的基本控制。将控制面板的 AUTO(自动)开关接通时,ECU 自动接通电磁离合器,压缩机工作。ECU 根据车外温度或蒸发器温度与设定温度比较,反复接通或关断电磁离合器。

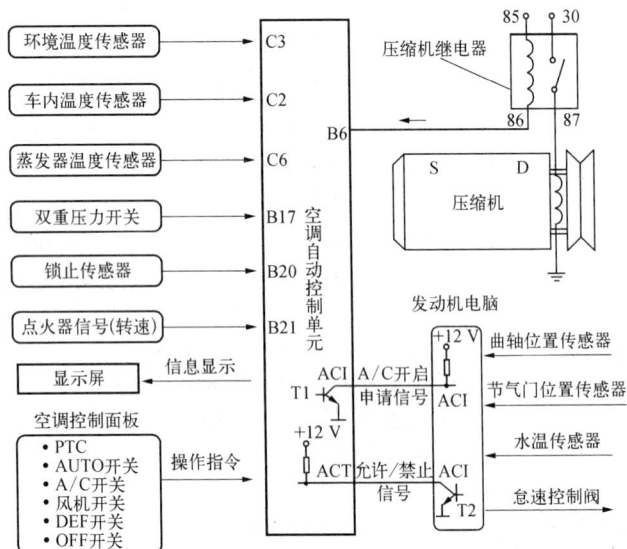

续 表

压缩机电磁离合器的保护控制。为使压缩机能安全有效工作,另外为减小空调工作时对发动机性能的影响,压缩机的工作还受很多因素影响。	压缩机保护控制 防滑保护　高低速控制　加速切断　高温保护　低压保护　高压保护

5. 故障原因分析

　　根据压缩机控制原理,再结合故障现象,推测出造成压缩机电磁离合器不能吸合故障的可能原因如下:空调电脑故障、输入信号电路故障、压缩机驱动电路故障。经初步分析,决定采用区域排除法对故障进行诊断。

故障确认	起动已设置好故障的轿车或自动空调台架,观察压缩机电磁离合器不能吸合故障的具体表现。		
故障推测	分析"压缩机电磁离合器不能吸合故障"的产生原因。根据故障现象推测故障可能原因,将推测结果记录如下:		
	序号	故 障 现 象	故障可能原因分析
	1		
	2		
	3		
	4		
	5		
	6		
	7		

6. 故障诊断与维修

检查压缩机驱动电路	起动发动机,先后按下"AUTO"和"A/C"开关,用万用表测量压缩机电磁离合器输入线,无输入电源。 　　拔出压缩机继电器,检查压缩机继电器外围线路,85、30、87 脚正常,86 脚无控制回路。检查继电器性能,继电器性能良好;装回压缩机继电器从仪表台上拆下空调电脑,用小试灯驱动 B6 脚,压缩机电磁离合器能正常吸合。说明压缩机驱动电路正常。
检查 ACI 信号电路	为缩小诊断范围,确定故障出在空调电脑一侧还是发动机电脑一侧,决定从 ACI 信号电路入手。 　　起动发动机,并按下"AUTO"和"A/C"按键,检查空调控制总成连接器端子 IGN 与车身接地间电压:实测电压值为 13.8 V,正常值应为 0.5 V 以下。这说明空调电脑无申请信号输入空调电脑,故障应出在空调电脑及输入信号一侧。

输入信号电路检查	（1）压力开关电路检查。打开点火开关。测量空调控制总成 PSW 端子与车身接地间电压：电压为 0.2 V。说明压力开关电路正常。 （2）点火器电路检查。一般地，在压缩机皮带出现打滑的情况下，空调控制电脑除切断压缩机电磁离合器电源外，同时还会令 A/C 指示灯闪烁，但开启空调时并无此种情况出现。说明点火器电路正常。 （3）压缩机锁止传感器电路检查。检查压缩机和传动皮带张紧度，正常。脱开压缩机锁止传感器连接器，测量压缩机锁止传感器连接器两端子间电阻，20℃时为 570～1 050 Ω，100℃时为 740～1 400 Ω。电阻值正常。检查空调控制总成和压缩机锁止传感器间的线束和连接器，正常。 （4）蒸发器温度传感器电路检查。打开点火开关，测量空调控制总成的 TE、SG 端子间电压为 3.1 V（当时天气温度为 27℃），与标准 25℃ 为 1.8～2.2 V，40℃ 为 1.2～1.6 V 不符。拔下传感器温度蒸发器，测量 TE、SG 端子间电压为 3.64 V，说明空调电脑及蒸发器温度传感器线路正常。另外，测量蒸发器温度传感器电阻为 3.68 kΩ，与标准 25℃ 时为 1.6～1.8 kΩ，40℃ 时为 0.5～0.7 kΩ 不符，说明蒸发器温度传感器异常。
	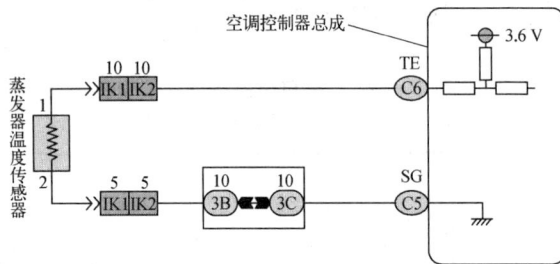 蒸发器温度传感器电路 换上原车蒸发器温度传感器后，经检测，蒸发器温度传感器输入信号正常，但压缩机电磁离合器仍然不能吸合。至此，故障诊断陷入僵局。

7. 空调电脑故障排除

莫非是空调电脑损坏所至？决定拆开空调电脑进行检查，拆开空调电脑后，发现控制继电器的三极管已烧结变形，型号为 TS67RE。从报废的发动机旧电脑上拆下油泵控制三极管 TS67RE，按图示电路，将其焊接至空调电脑上，之后将线路复原，电磁离合器不能吸合故障排除。

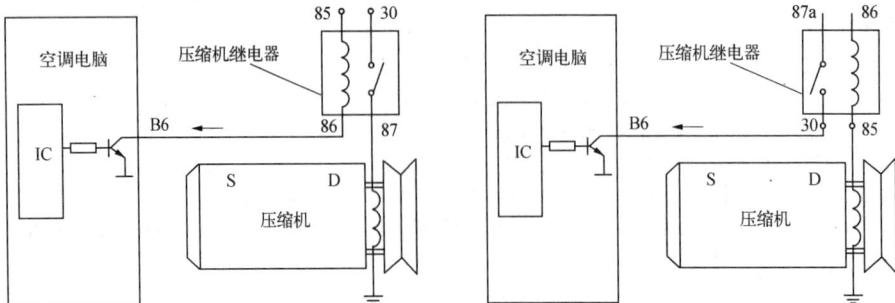

（a）压缩机内部控制电路　　　　（b）继电器插反后的压缩机控制电路

经验提示：为什么三极管会烧成那样？仔细检查压缩机控制继电器，发现继电器能插反，至此，终于找出压缩机电磁离合器不能吸合的引起原因：制作教具时，教具制作工人将继电器盒进行了改造。学生实习因为蒸发器温度传感器使用不当，在检查电路时将压缩机继电器反接，致使控制压缩机继电器的三极管烧坏。

2. 汽车自动空调冷凝器风扇电机及控制线路检修

轿车在设计上一般都将水箱冷却风扇和冷凝器风扇组装在一起,利用一把或二把风扇对水箱和冷凝器进行散热。车型不同,则配置风扇的数量不同,控制线路设计方面差异也很大,但其控制方式则大同小异,一般根据水温信号和空调信号共同控制,以同时满足水箱散热和冷凝器散热需要。在"表4-9 汽车自动空调冷凝器风扇电机控制线路检修"的指导下,对汽车自动空调冷凝器风扇电机控制线路进行检测训练。

表4-9　汽车自动空调冷凝器风扇电机控制线路检修

1. 认识自动空调冷凝器散热风扇电路

2. 分析自动空调冷凝器散热风扇工作过程	
空调不工作时,在不开空调的情况下,风扇的工作取决于发动机水温的高低。	发动机冷却水温低于93℃　这时,由于水温较低,水温开关处于闭合状态,3号冷却风扇继电器和2号冷却风扇继电器工作。其中,3号冷却风扇继电器3与5接通。2号冷却风扇继电器常闭触头被打开。同时,由于空调不工作,高压开关处于常闭合状态,1号冷却风扇继电器通电工作,使常闭触头打开,这时两把冷却扇均不工作,使发动机尽快暖机。 　　发动机水温高于93℃　这时,水温开关打开,2号和3号继电器回到原始状态,即不工作。虽然这时高压开关使1号继电器常闭触点打开,但并不影响风扇的工作。加至1号冷却风扇电机和2号风扇电动机的都是12 V电压,此时,两风扇同时高速运转,以满足发动机冷却系散热需要。
空调工作时,空调工作时水温控制器回路仍然起作用,这时冷却风扇受空调和水温控制回路的双重控制。	开空调,高压端压力大于13.5 kPa,且水温低于93℃。这种情况下,水温开关处于闭合状态,而高压开关打开,这时2号和3号继电器受控动作,而1号继电器不工作,即触头处于常闭状态,这样,继电器使两把冷却电动机串联工作,故两冷却扇同时低速运转,以满足冷凝器散热需要。 　　开空调,高压端压力大于13.5 kPa,且水温高于93℃。这种情况下,高压开关和水温开关都打开,1、2、3号继电器均不工作,加至两冷却扇电动机的都是12 V电压,故两冷却扇同时高速运转。
说明:综上所述可知,两把冷却扇的工作同时受水温和空调信号影响,而处于同时不转、同时低速转、同时高速转三种状态。	

3. 检测自动空调冷凝器散热风扇控制电路		
元件认识	在车上找出丰田凯美瑞轿车空调冷凝器风扇控制电路的相关元器件	<table><tr><td>元 件 名 称</td><td>安 装 位 置</td></tr><tr><td>发动机主继电器</td><td></td></tr><tr><td>1 号冷却风扇继电器</td><td></td></tr><tr><td>2 号冷却风扇继电器</td><td></td></tr><tr><td>3 号冷却风扇继电器</td><td></td></tr><tr><td>IGN 保险</td><td></td></tr><tr><td>水温开关</td><td></td></tr><tr><td>高压开关</td><td></td></tr><tr><td>AM2 保险</td><td></td></tr><tr><td>ALT 保险</td><td></td></tr><tr><td>FAN 保险</td><td></td></tr></table>
观察冷却风扇的工作情况	模拟水温升高和空调工作情况,观察两把冷却风扇的工作情况	(1)不开启空调,且水温较低时,1 号冷却风扇_____,2 号冷却风扇_____。 (2)不开启空调,且水温较高时,1 号冷却风扇_____,2 号冷却风扇_____。 (3)开启空调,但水温较低时,1 号冷却风扇_____,2 号冷却风扇_____。 (4)开启空调,但水温较高时,1 号冷却风扇_____,2 号冷却风扇_____

3. 汽车自动空调鼓风机电机及控制线路检修

在"表 4-10 汽车自动空调鼓风机电机的控制线路检测"的指导下,对汽车自动空调鼓风机电机的控制线路进行检测训练。

表 4-10　汽车自动空调鼓风机电机的控制线路的检修

1. 鼓风机及线路控制原理	
(1)鼓风机控制系统的组成:鼓风机控制系统包括温度设定键、车外温度传感器、车内温度传感器、阳光传感器、蒸发器温度传感器、水温传感器、空调自动控制单元、功率晶体管、超高速继电器、风机电阻器、鼓风机、加热继电器等。	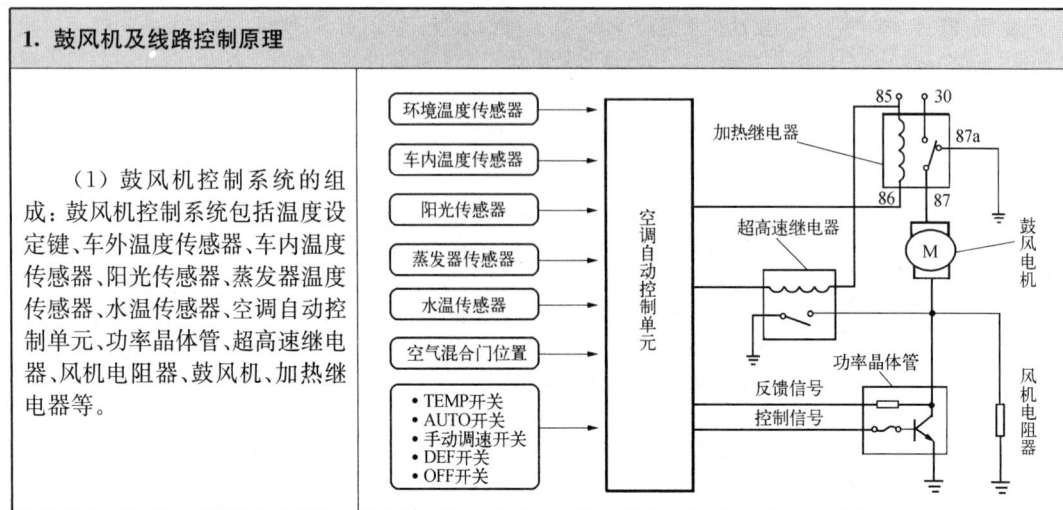

（2）鼓风机转速控制模式：为使车内保持良好的舒适环境，鼓风机转速控制一般有多种模式。鼓风机主要的转速控制模式如右图所示。	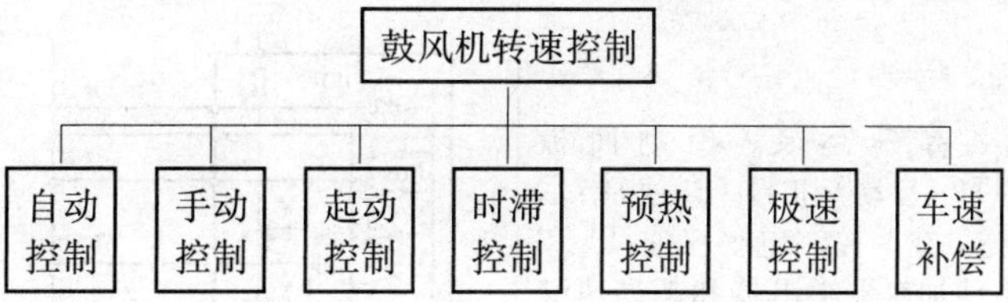
（3）鼓风机转速自动控制原理：空调控制电脑根据室内温度、环境温度、阳光强度、设定温度等，自动控制鼓风机的转速。一般来说，室内温度越高、环境温度越高、阳光越强，鼓风机转速就越高。	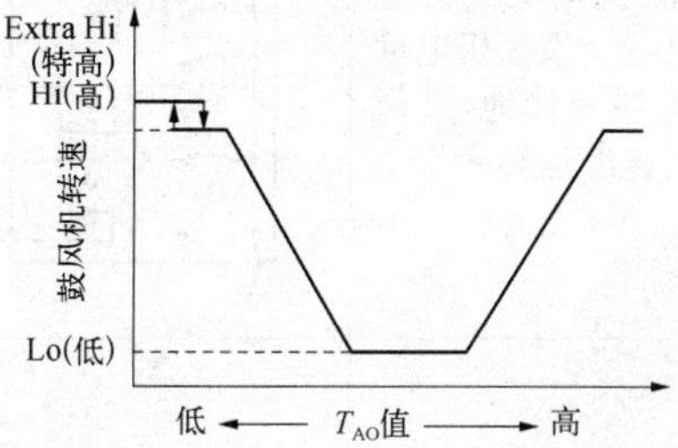 注：与温度控制类似，根据 T_{AO} 值自动控制鼓风机转速。当控制面板上 AUTO（自动）开关接通时，ECU 根据 T_{AO} 的电流强度控制鼓风机转速。
低速运转。空调控制电脑接通 T1，使加热器继电器接合。电流方向为：蓄电池→加热器继电器→鼓风机→鼓风机电阻器→接地。鼓风机低速运转。控制面板 AUTO（自动）和 LO（低速）两个指示灯均点亮。	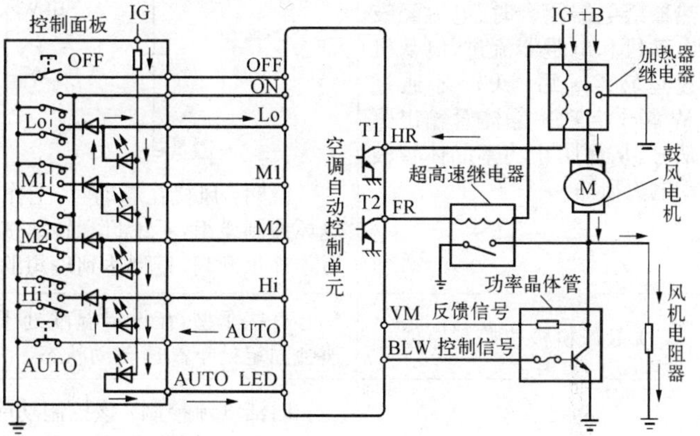
中速运转。控制面板 AUTO（自动）指示灯亮，LO（低）、M1（中 1）、M2（中 2）、Hi（高）指示灯根据情况可能点亮。空调控制电脑接通 T1，使加热器继电器接合。同时空调控制电脑根据计算出的 T_{AO} 值，从 BLW 端子输出相应信号至功率晶体管。电流流向为：蓄电池→加热器继电器→鼓风机→功率晶体管和鼓风机电阻器→接地。鼓风机电动机中速旋转。ECU 从与功率晶体管相连的 VM 端子接收反馈信号，检测鼓风机实际转速信号，依此校正鼓风机驱动信号。	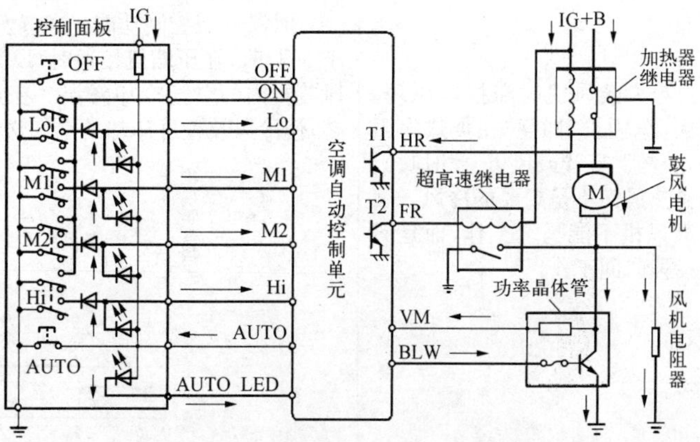

高速运转。控制面板AUTO(自动)和HI(高速)指示灯亮。空调控制电脑接通T1和T2,使加热器继电器和超高速继电器闭合。电流流向为:蓄电池→加热器继电器→鼓风机电动机→超高速继电器→接地,鼓风机电动机以特高速度运转。	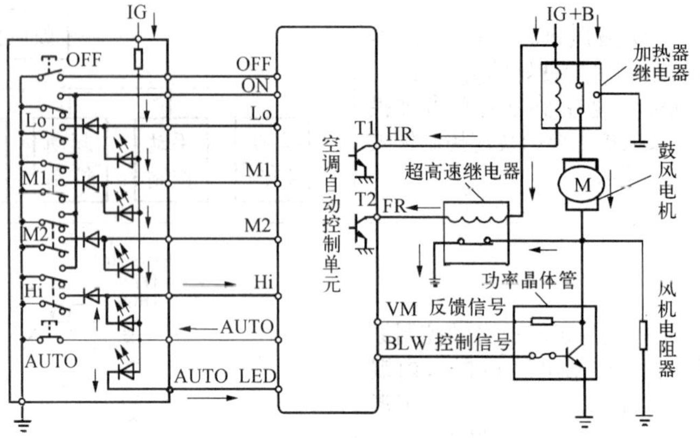
(4)鼓风机起动控制原理。鼓风机起动控制主要用于防止功率晶体管被起动电流损坏。如右图所示,鼓风机起动时ECU控制加热器继电器闭合时,电流经鼓风电动机和电阻器流过,电动机低速运转2 s后,ECU才通过BLW端子向功率晶体管输出驱动信号,从而防止功率晶体管被起动电流损坏	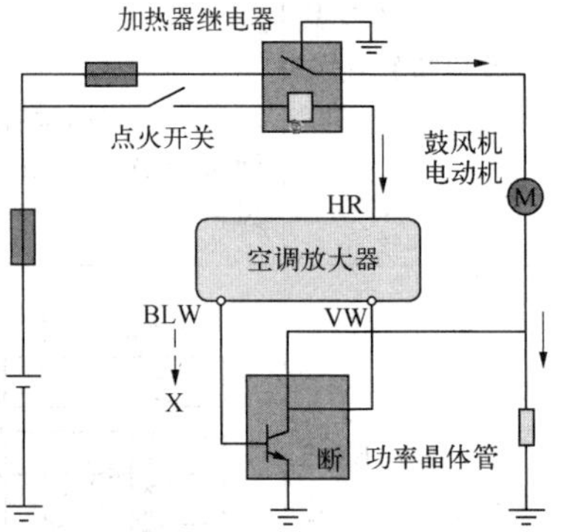 　　说明:风机在起动时,工作电流会比稳定工作时大很多,为防止烧坏控制模组,不论目标转速多少,在鼓风机起动时都为低速运转,然后才逐步升高,直到达到理想的转速,整个过程大约需要5 s。
(5)鼓风机极速控制原理	有些车型,在设定温度处于最低(18℃)或最高(32℃),鼓风机转速会固定处于高速转动状态。
(6)鼓风机时滞控制原理。夏天,车辆长时间驻在炎热太阳下,若马上打开鼓风机,此时吹出的是热风而不是想要的冷风。因此鼓风机不能马上工作,而是滞后一段时间工作。	时滞气流控制:该控制功能仅用于降温,防止汽车在炎热阳光下久停,起动空调器后,放出热空气。 　　时滞气流控制条件:当发动机起动时,压缩机已工作,控制面板AUTO(自动)开关接通,气流方式设置在FACE或BI-LEVEL。 　　时滞气流控制功能:当蒸发器传感器检测到冷风装置温度不低于30℃时,在压缩机接通时,ECU控制鼓风电动机保持运转4 s,使冷风装置内的空气冷却降温。在这以后的5 s,ECU使鼓风机低速运转,使冷风装置已冷却的空气送至乘客舱。 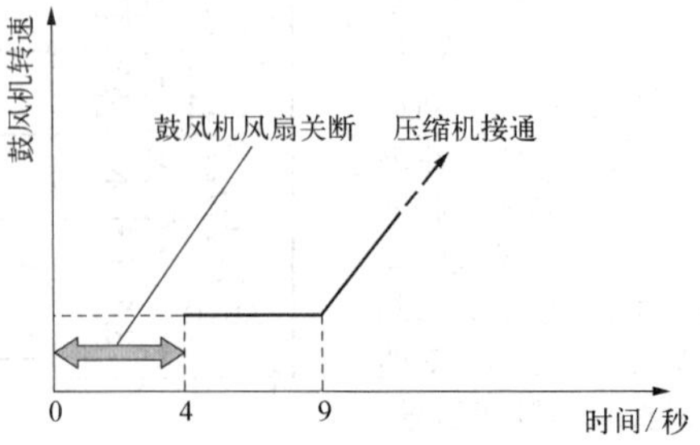 鼓风机时滞气流控制(蒸发器温度不低于30℃时)

续　表

（6）鼓风机时滞控制原理。夏天,车辆长时间驻在炎热太阳下,若马上打开鼓风机,此时吹出的是热风而不是想要的冷风。因此鼓风机不能马上工作,而是滞后一段时间工作。	当蒸发器传感器检测到冷风装置内温度在 30℃ 以下时,ECU 使鼓风机以低速运转约 5 s,之后进入正常运转。 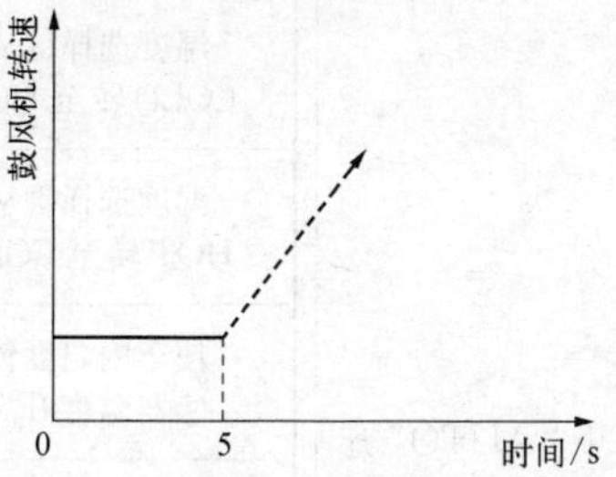 鼓风机时滞气流控制（蒸发器温度低于 30℃ 时）
（7）鼓风机预热控制原理。在冬季,车辆长时间停放后,若马上打开鼓风机,此时吹出是冷空气而不是想要的暖风。因此,鼓风机要在水温升高时,才能逐步转向正常工作。 控制开关置于 FOOT 或 BI-LEVEL 时,ECU 通过水温传感器检测发动机冷却液的温度,当其不低于 30℃ 时,控制鼓风电动机开始转动。有些车型不低于 40℃ 时,鼓风电动机才开始转动。	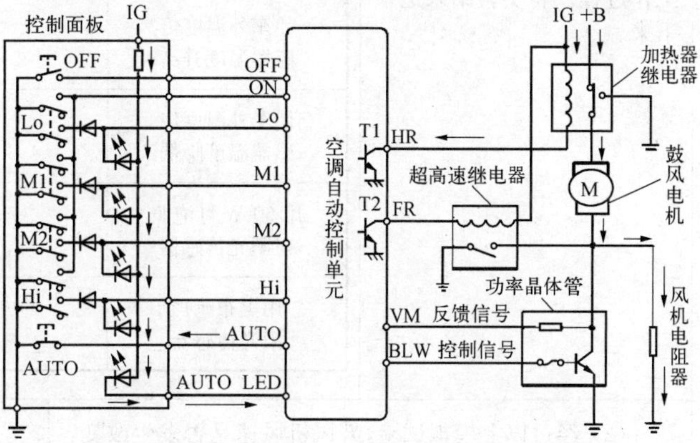
（8）鼓风机手动控制原理	手动控制根据手动开关的操纵,将鼓风机驱动信号送到功率晶体管。ECU 根据控制面板手动开关的操纵信号,将鼓风机驱动信号送至功率晶体管,相应控制鼓风机的转速。
（9）鼓风机车速补偿原理	部分自动空调鼓风机控制具有车速补偿功能,在高车速时鼓风机的转速可适当降低,以补偿由于散热的影响,使之与低速时具有一样的感觉。

2. 鼓风机控制电路认识及工作原理试验

鼓风机控制电路组成认识	（1）利用配备有自动空调系统的轿车或空调台架认识鼓风机控制电路的总体组成。 （2）就车找出鼓风机控制电路的相关元件:车内温度传感器、环境温度传感器、阳光传感器、蒸发器温度传感器、水温传感器、空调控制电脑、风扇控制功率晶体管、超高速继电器、风机电阻器等。	

续　表

模拟参数设定	鼓风机转速升高	鼓风机转速降低
温度选择键从 COLD 转至 HOT		
温度选择键从 HOT 转至 COLD		
使车内温度传感器温度升高		
使车内温度传感器温度降低		
使车外温度传感器温度升高		
使车外温度传感器温度降低		
用 60 W 灯泡照射阳光传感器		
用黑布遮挡阳光传感器		

鼓风机工作过程试验

（1）按下"AUTO"开关,通过改变设定或改变各传感器的参数,观察鼓风机工作过程。将实验结果记录下来。

（2）经过以上模拟试验,鼓风机风速是否发生改变?

（3）总结鼓风机风速控制规范。例如：在阳光照射的情况下,温度设定为 25℃,环境和车内温度为 35℃,鼓风机风速的初始转速应自动设置为?

（4）鼓风机起动控制试验。按下"AUTO"开关从冷机状态启动（自动模式）。观察鼓风机转速是否逐渐升高到目标转速。鼓风机延迟启动的时间是?

（5）手动控制模式试验。按动鼓风机变速按钮,空调控制电脑是否能自动改变输出电压?

注：电路正常时,只要鼓风机控制晶体管接收到空调控制电脑输出的门电压,空调控制电脑在对应挡位范围内无级调节鼓风电动机电压至相应转速。

3. 鼓风机不能运转故障检修

（1）自动空调故障现象描述：鼓风机不能运转,不管按下手动开关还是自动开关,鼓风机都不能运转。

（2）可能原因推测：根据鼓风机线路控制原理可知,鼓风机不能运转的可能原因一般有如下几方面：输入信号电路故障（鼓风机控制开关或传感器故障）,空调控制电脑故障,鼓风机执行电路故障。

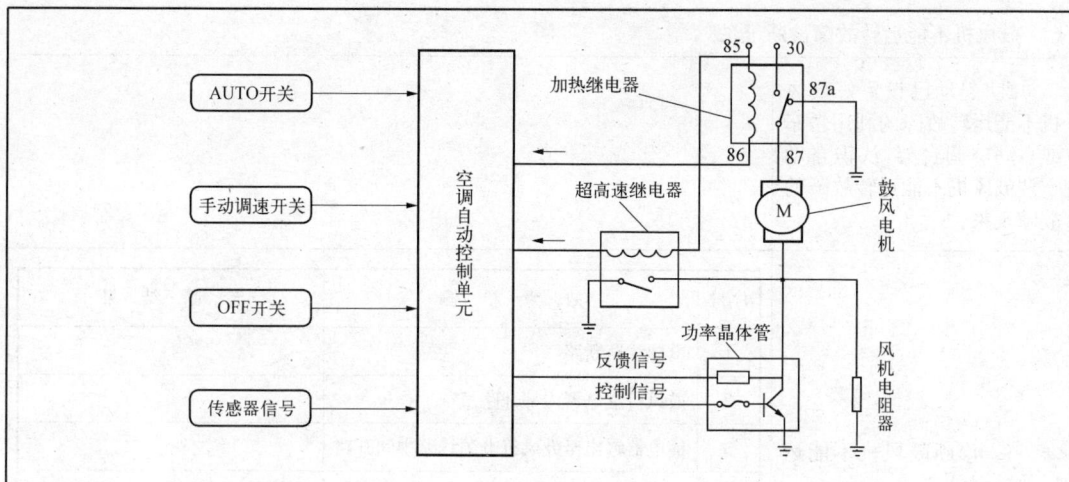

（3）诊断方法及诊断流程：采用模块分割法进行诊断，分区域进行诊断和排除。

① 通过按下手动调速开关的方法，判断故障是否出在输入信号电路部分（鼓风机控制开关或传感器故障）。若按下手动调速开关时风机能运转，说明是传感器故障，此时可利用空调系统的自诊断系统进行辅助诊断。

② 若按下手动调速开关时风机不能运转，首先应通过观察显示器的显示情况判断鼓风机控制开关是否损坏。若显示器显示手动调速开关变速信息，说明手动调速开关正常，此时应对执行器或控制电脑进行检查。

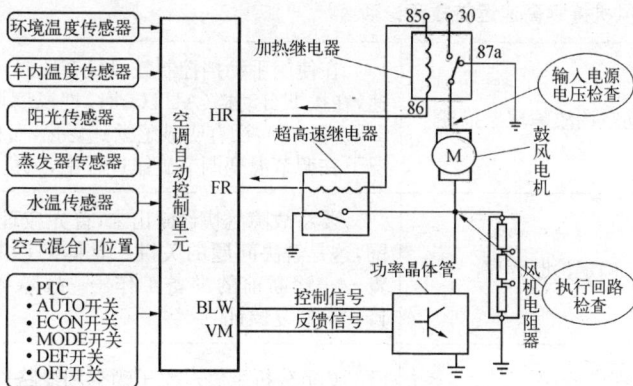

检查鼓风机及控制线路的方法

③ 接下来应对执行器电路进行检查。诊断时以鼓风机为中心，将鼓风机执行电路划分为"风机前"和"风机后"两部分，即加热继电器线路划分为"风机前"电路，风机电阻器、超高速继电器、功率晶体管划分为"风机后"电路。继续细分，以加热继电器为中心，将加热继电器线路划分为控制线路和主电路。

"风机前"电路故障诊断。首先将加热继电器作为切入点，理由有二：继电器一般安装在继电器盒内，位置不隐蔽，易于检查；另外，继电器出故障的概率较高。检查方法：通过听声音或触摸法感测控制线路是否有故障。若继电器有吸合动作，说明控制线路（电脑）无故障，需对主电路进行检查。

"风机后"电路故障诊断。诊断时将执行路分为低速回路、高速回路、低速至高速之间的变化回路。

续 表

| (4) 鼓风机不能运转故障诊断记录 |||

① 起动已设置好鼓风机不能运转故障的利用轿车或自动空调台架,认识自动空调鼓风机不能运转故障的故障现象。

② 诊断鼓风机不能运转故障记录。

序号	故 障 检 测	诊 断 结 果
1	电源线路断路	
2	鼓风机继电器内部开路	
3	继电器输出至鼓风机电源线路中间开路	
4	鼓风机电源线插松脱	
5	鼓风机电源回路线插松脱	
6	空调电脑电源线路脱开	
7	电源保险拨开或损坏	

4. 鼓风机持续高速运转故障诊断

自动空调故障现象描述

　　在使用手动挡控制鼓风机变速时,Ⅰ、Ⅱ、Ⅲ、Ⅳ、Ⅴ各档都能正常变速,在按下自动档(AUTO)时,把温度调节旋钮分别调至18℃(COLD)与32℃(HOT),没有明显感觉到变化,面板显示风机持续高速运转。正常情况下在调节温度调节旋钮过程中,风机风量是变化的。

确定诊断程序

　　要将故障尽快诊断出来,首先应理清思路,即明确诊断流程和诊断范围,这是解决问题的关键。具体的诊断流程如下:故障问询——初步检查——诊断前的准备工作——故障可能原因推测——故障排查——维修——修复验证

诊断前的准备工作

　　(1)分析维修对象车辆空调线路资料。首先找来该车的线路原理图,认真研究线路工作原理及分布规律。ES300空调电脑有三个插座,A插座主要为电源电路,B插座主要为执行器电路,C插座主要为传感器电路。且线路在设计时有一定的规律性和独立性,即线路由输入信号电路、控制电脑、执行器电路三部分组成。亦可按执行器电路划分为鼓风机控制电路、压缩机控制电路、配气系统控制电路、另外还包括冷凝风扇控制电路等四部分。以上线路划分具有一定的科学性,即将线路分区域、分模块,以利于故障诊断和缩小诊断范围。

　　(2)利用自诊断系统诊断故障。按下空调控制面板上的"AUTO"和"R/F"按键的同时,打开点火开关;系统进入指示灯检查模式,指示灯1秒钟内间隔连续亮灭4次。在指示灯检查之后,系统开始自动进入传感器检查(故障码检查)。故障码检查模式完成后,控制面板显示"00",表明系统正常。

　　按下"R/F"按键进入驱动器检查模式,观察驱动器检查模式各步骤执行情况,经认真对照和试验各执行器工作情况,除压缩机电磁离合器不能吸合外,其余驱动电路均正常工作。

续　表

诊断鼓风机 控制线路故障	（1）绘画线路原理简图。因为该车鼓风机自动控制异常，首先将工作重点放在鼓风机控制线路部分，为提高诊断的准确性和诊断效率，简单地绘画了一幅线路草图。 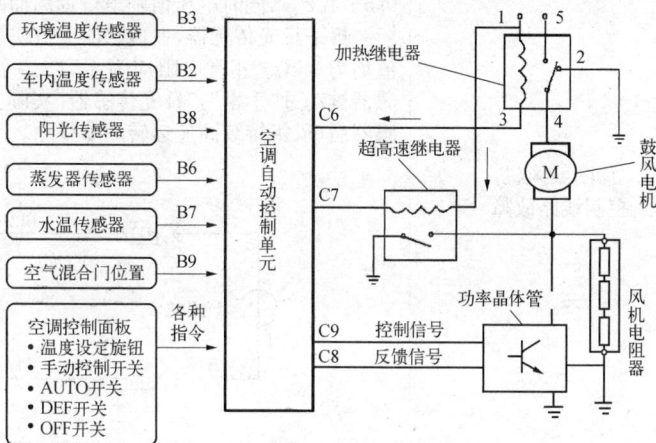 鼓风机控制电路原理
	（2）分析鼓风机控制线路工作原理。根据线路原理图，对鼓风机控制线路进行工作原理分析。按下 AUTO 键，空调电脑进入自动控制模式，根据室内温度、环境温度、阳光强度、设定温度等，自动控制鼓风机的转速。空调电脑通过比较温度设定信号与各温度传感器获知的实际的综合温度值，从而比较出温差，然后空调电脑通过该比较温差控制最佳的风机风量，使人感觉最佳，通常该比较温差越大，控制风量就越大，随着比较温差减小，控制风量渐小，所以在转动调温键时，风量应有所变化才是正常的。
	（3）推测故障产生的可能原因。根据空调鼓风机转速控制原理，再结合故障现象，推测出造成鼓风机不能运转的可能原因如下：空调电脑故障、输入信号电路故障。
	（4）确定故障诊断的基本范围。鼓风机驱动电路正常，说明鼓风机不能正常工作应是输入信号或空调电脑问题。空调电脑损坏的概率较低，电脑无故障码显示，并不能说明输入信号电路无故障，决定先检查输入信号电路。
	（5）检查输入信号电路。与鼓风机控制相关的信号主要有车内温度、环境温度、阳光强度、设定温度等信号。 　　检查设定温度信号。调节温度调节键，显示屏能从 18℃（COLD）与32℃（HOT）正常显示，说明温度调节键不存在故障。 　　检查环境温度传感器信号。打开点火开关，测量空调控制总成 TAM、SG 端子间电压为 1.47 V，当时天气为 27℃，查阅资料可知，25℃时的电压为 1.35～1.75 V，在正常范围以内；用电热风吹向传感器，电压值随温度升高而减小。另外，测量环境温度传感器电阻，电阻值正常。以上检测说明环境温度传感器信号无问题。 　　检查车内温度传感器信号。打开点火开关，测量空调控制总成的 TR、SG 端子间电压为 2.1 V，电压在正常范围以内；用电热风吹向传感器，电压值能随温度升高而减小。另外，测量车内温度传感器电阻，约为 1.5 kΩ，同时阻值随温度升高逐渐下降。以上检测说明车内温度传感器信号无问题。

续　表

诊断鼓风机控制线路故障	检查日光传感器电路。日光传感器电路如下图所示。打开点火开关,测量空调控制总成 TS 端子对地电压:传感器不管是否受到电灯照射电压均为 3.6V,正常情况应是传感器受到电灯照射为 4.0~4.5 V,盖上布为 0.5~1.2 V,同时电压值随电灯远离而减小。 拆下日光传感器,在传感器上盖块布,测量两端子间电阻,正反向电阻值均为 8 kΩ。正常电阻应为无穷大。拆解日光传感器检查,发现日光传感器被动过"手术","日光传感器"实际上是一固定电阻;换上原车日光传感器后,风机持续高速运转故障排除。 日光传感器电路

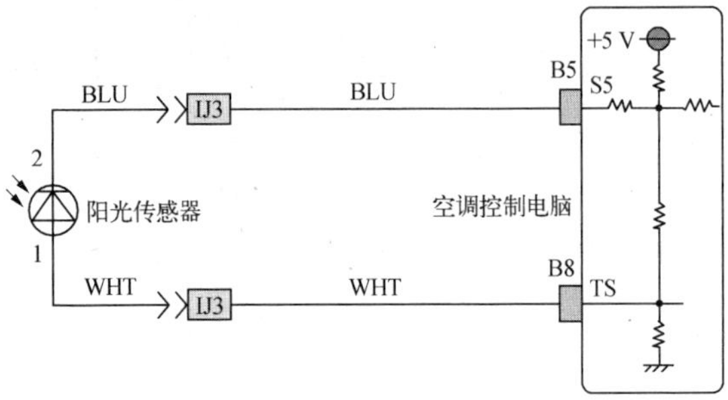

鼓风机一直高速运转故障诊断记录

	原　因	故障诊断步骤	诊断结果分析
(1) 启动已设置好鼓风机不能运转故障的利用轿车或自动空调台架,认识自动空调鼓风机不能运转的故障现象。 (2) 诊断鼓风机一直高速运转故障记录(见右表)。	可能原因推测 1	1. 检查	
		2. 检查	
		3. 检查	
		4. 检查	
	可能原因推测 2	1. 检查	
		2. 检查	
		3. 检查	
		4. 检查	
	可能原因推测 3	1. 检查	
		2. 检查	
		3. 检查	
		4. 检查	
	可能原因推测 4	1. 检查	
		2. 检查	
		3. 检查	
		4. 检查	

注:按要求进行以上项目的工作,运用正确的方法排除故障,最后应进行鼓风机修理竣工验收。

5. 鼓风机控制元件检修

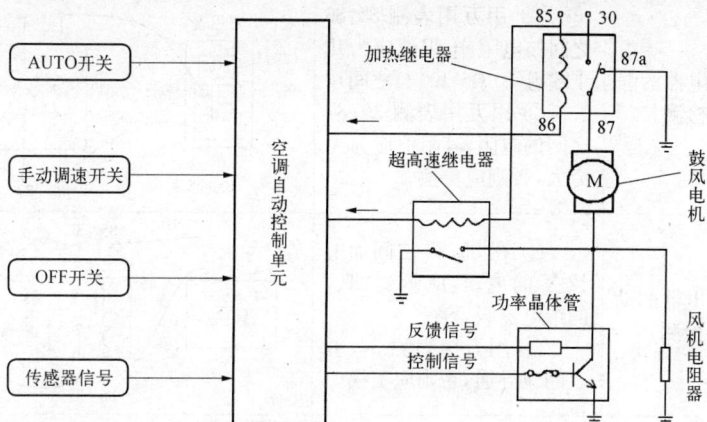

<table>
<tr><td rowspan="2">典型的鼓风机控制电路</td><td colspan="4">

</td></tr>
<tr><td colspan="4">　　许多轿车的鼓风机结构几乎相同,上图为典型的空调鼓风机控制电路,该电路由三部分组成:输入信号电路、空调控制电脑、鼓风机执行电路。</td></tr>
</table>

<table>
<tr><td rowspan="6">鼓风机控制元器件的作用</td><td>元器件名称</td><td>元器件的作用</td></tr>
<tr><td>加热器继电器</td><td>控制鼓风机电源正极,只有打开点火开关并开启风机开关,才能输送电源至鼓风机</td></tr>
<tr><td>鼓风机电机</td><td>将电能转化为机械能,通过鼓风机的变速,实现送风量的改变</td></tr>
<tr><td>风机电阻器</td><td>鼓风机低速控制回路,使风机实现低速运转</td></tr>
<tr><td>超高速继电器</td><td>鼓风机超高速控制回路,使鼓风机实现超高速运转</td></tr>
<tr><td>功率晶体管</td><td>使鼓风机实现低速至高速无级变速的控制回路</td></tr>
</table>

鼓风机执行电路的工作原理	按下手动调速开关或自动(AUTO)开关,空调控制电脑接通加热继电器回路,鼓风机得电工作,通过风机电阻器、功率晶体管或超高速继电器构成回路,实现不同的转速变化。其中,电阻器为低速回路通道,功率晶体管为低速至高速变化通道,超高速继电器为超高速回路通道。

<table>
<tr><td rowspan="3">鼓风机控制元件的检测</td><td>检测项目</td><td>检 测 方 法</td><td>检 测 示 意 图</td><td>检测记录</td></tr>
<tr><td>鼓风机电动机的静态检测</td><td>　　用万用表测鼓风机电动机1、2端子之间的电阻,电阻值应为 0.3 Ω~1.5 Ω 之间,否则应更换鼓风机电动机。</td><td>

</td><td></td></tr>
<tr><td>鼓风机电动机的动态检测</td><td>　　将蓄电池正极与端子1相连,负极与端子2相连,然后检查电动机运行情况,电动机运行应平稳无异响,否则应更换鼓风机电动机。最佳的做法是:动态和静态结合进行测试。</td><td>

</td><td></td></tr>
</table>

续 表

	检测项目	检 测 方 法	检 测 示 意 图	检测记录
鼓风机控制元件的检测	继电器的静态检测	① 用万用表测 85、86 之间的电阻,电阻值应为几十欧姆(70 Ω~100 Ω 之间)。 ② 用万用表测 30、87 之间的电阻,其阻值应为无穷大,否则应更换。	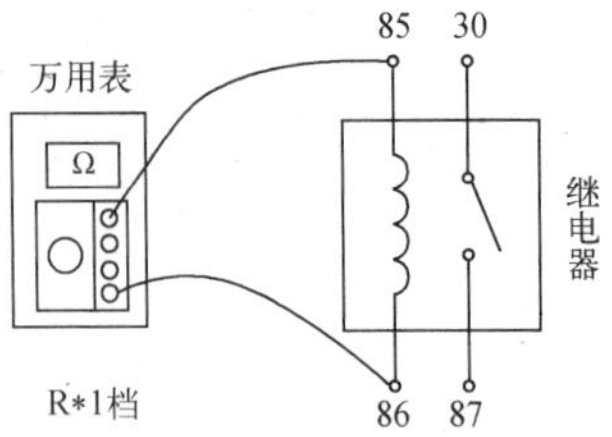	
	继电器的动态检测	① 在 85、86 之间加上 12 V 的电压,应听到"叭"的继电器吸合声。 ② 用万用表测 30、87 之间应导通,否则应更换。	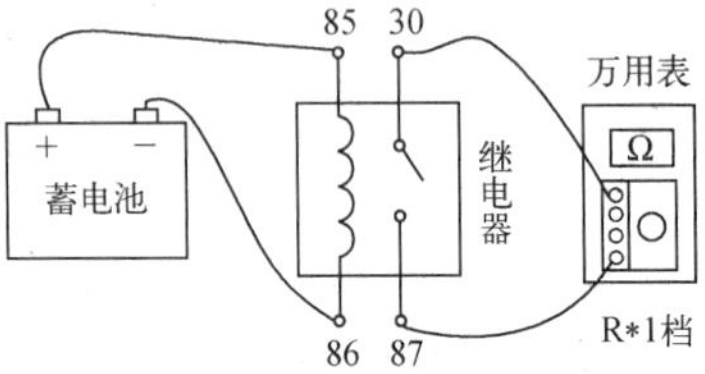	
	鼓风机电阻器的检测	鼓风机电阻器安装在鼓风机壳外壳上,与鼓风机串联在一起,可用万用表检测。如右图所示测量电阻时,大约为 2 Ω~3 Ω(以丰田 ES300 轿车为例),否则出现故障应更换。	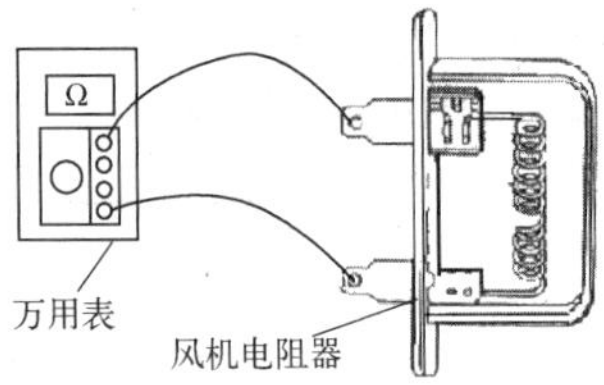	
	鼓风机功率晶体管的检测	鼓风机功率晶体管的动态检测可按右图所示方法进行。也可用其他方法检测。	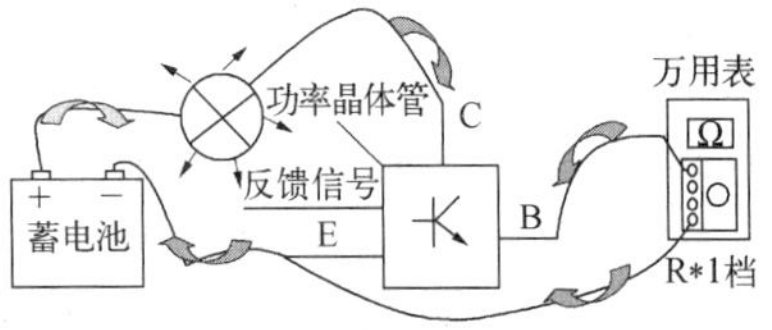	
	鼓风机功率晶体管的检测	鼓风机功率晶体管一般安装在蒸发器或风箱外壳上,目的是使晶体管散热良好。	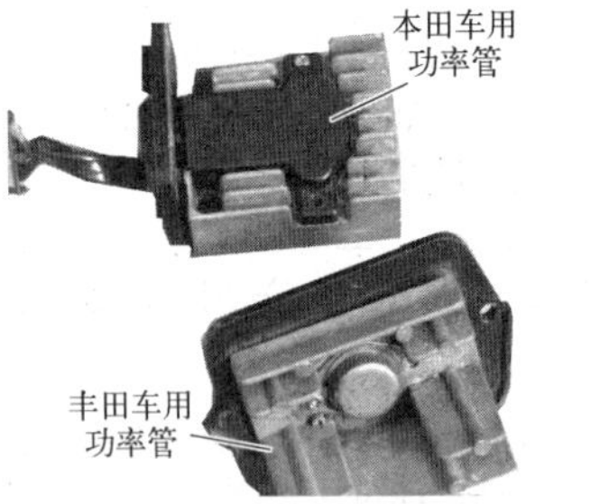	
	鼓风机功率晶体管的检测	大部分鼓风机功率晶体管可按普通大功率三极管的静态检测方法进行测试。	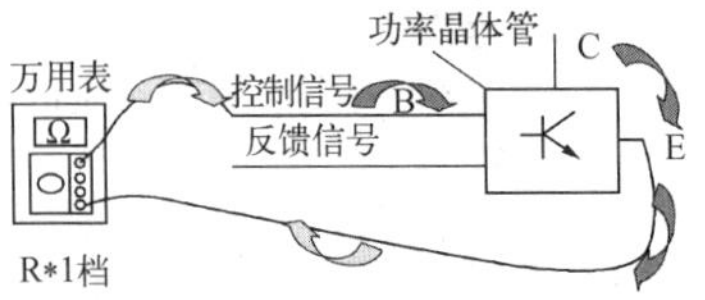	
	鼓风机控制开关的检测	空调鼓风机控制开关一般需进行动态检测,特别是带电脑的控制面板。 丰田 CRESSIDA 空调鼓风机控制开关(在面板内)。		

4. 汽车自动空调伺服电机及控制线路检修

在"表4-11汽车自动空调伺服电机的控制线路检测"的指导下,对汽车自动空调伺服电机的控制线路进行检测训练。

表4-11　汽车自动空调伺服电机的控制线路的检修

自动空调系统控制温度（舒适性）的方法	自动空调温度控制方法					
	控制鼓风机的运转速度	控制压缩机的运转工况	控制送风模式风门的位置	控制进气模式风门的位置	控制空气混合风门的位置	控制热水阀的开度位置

温度控制系统的组成：车内温度传感器、车外温度传感器、太阳能传感器、蒸发器温度传感器、水温传感器、温度设定电阻器、自动空调控制ECU和空气混合控制伺服电动机等	

温度控制系统的工作原理	(1) 空调电脑根据车内温度、环境温度、设定温度、阳光强度等,自动调节空气混合风门的位置。一般来说,车内温度越高、环境温度越高、阳光越强,空气混合风门就越处于"冷"的位置。若车内温度处于35℃,空气混合风门处于最冷位置;若车内温度处于25℃,空气混合风门处于50%的位置。
	(2) 鼓风机工作,引进外界空气到车内进行温度调节。当夏季室外温度高于30℃时,电脑会关闭热水阀,让风机高速运行,增加送风量。当室外温度高于35℃,便会切断车外空气,定期切换一次外气。
	(3) 对于使用容积可调式压缩机制冷系统,当压缩机节能输出会引起蒸发器温度上升时,电脑会自动调节空气混合风门的位置,保持输出空气温度不变。
	(4) 必要出风口空气温度的计算。必要出风口空气温度用 T_{AO} 来表示。T_{AO} 是使车内温度保持在设定温度的出风口空气温度,即鼓风机吹出并被冷却或加热后的空气温度。它是根据温度控制开关的状态以及来自传感器(即车内温度传感器、车外温度传感器、太阳能传感器)的信号计算出来: $$T_{AO}=A \times T_{SET}-B \times T_R-C \times T_{AM}-D \times T_S+E$$ 式中,T_{SET} 为设定温度;T_R 为车内温度;T_{AM} 为车外温度;T_s 为太阳辐射强度;A 至 E 为常数。 说明:当温度控制开关处于 MAX COOL(最大冷风)或 MAX WARM(最大暖风)位置,则 ECU 就采用某一固定值,不进行上述计算。 微型计算机控制的自动空调器,参照这个 T_{AO} 输出驱动信号至执行器,使上述自动控制系统(除压缩机控制外)运行。
	(5) 出风口空气温度的控制方法。空调控制电脑根据计算所得的 T_{AO} 和来自蒸发器的信号(TE),计算空气混合控制风门的开度 $$SW=\frac{T_{AO}+A-(T_E+B)}{C-(T_E+B)} \times 100\%（式中 A、B、C 为常数）$$

续　表

空气混合控制伺服电动机的电路原理：用于实现出风口空气温度的控制	车内温度传感器　车外温度传感器　阳光传感器　温度选择键　AUTO开关　蒸发器温度传感器　空调控制总成　+12 V　T1　T2　AMH C1　ORG　+12 V　T3　T4　AMC C2　PNK　S5 B1　BLU　SG B5　WHT-RED　TP B9　BLU-YEL　空气混合控制伺服电机　热　冷　M　R1　R2　R3　空气混合风门控制电路原理
	(1) 当 T_{AO} 和 T_E 彼此近似相等时，SW 就接近 0，空调控制电脑就断开 T1、T2、T3、T4。切断送至空气混合控制伺服电动机的电流，使空气混合控制风门保持在当时的位置 (2) 当 T_{AO} 小于 T_E 时，SW 是负数。空调控制电脑接通 T3 和 T2，关断 T1 和 T4。接通空气混合控制伺服电动机的正向电流，使电动机转至 COOL 侧，带动空气混合控制风门，降低鼓风机空气温度，同时安装在空气混合伺服电动机内的电位计检测空气混合控制风门实际移动速度和位置。当 ECU 计算出的值与以后的 SW 相等时，电脑就关断 T3 和 T2，使伺服电动机停转 (3) 当 T_{AO} 大于 T_E 时，SW 是正数。这时空调控制电脑关断 T3 和 T2，接通 T1 和 T4。接通空气混合控制伺服电动机的反向电流，使电动机转向 HOT 侧，带动空气混合控制风门，提高鼓风机空气的温度，同时安装在空气混合控制伺服电动机内电位计检测空气混合控制风门实际移动的速度和位置。当 ECU 计算出的值与以后的 SW 相似，电脑就关断 T1 和 T4，使伺服电动机停转

空气混合风门控制电路认识及工作原理试验	(1) 空气混合风门控制电路组成认识：利用配备有自动空调系统的轿车或空调台架认识空气混合风门控制电路的总体组成。		
	(2) 空气混合风门工作过程试验： ① 通过改变设定或改变各传感器的参数，观察空气混合门工作过程。将实验结果记录下来。 ② 经过以上模拟试验，空调出风口空气温度是否发生了改变。 ③ 总结空气混合风门的控制规范。例如：在阳光照射的情况下，温度设定为 25℃，环境和车内温度为 35℃，空气混合风门的初始位置应为自动设置的位置。	模拟参数设定	空气混合风门向"冷"方向移动	空气混合风门向"暖"方向移动
		温度选择键从 COLD 转至 HOT		
		温度选择键从 HOT 转至 COLD		
		使车内温度传感器温度升高		
		使车内温度传感器温度降低		
		使车外温度传感器温度升高		
		使车外温度传感器温度降低		

续　表

1. 送风模式控制原理

A　送风模式控制系统组成

送风模式控制系统主要由面板功能控制开关、空调ECU、气流方式控制伺服电动机、空气混合门位置传感器、车内温度传感器、环境温度传感器、阳光传感器等组成。ECU 根据 T_{AO} 值自动控制送风模式。

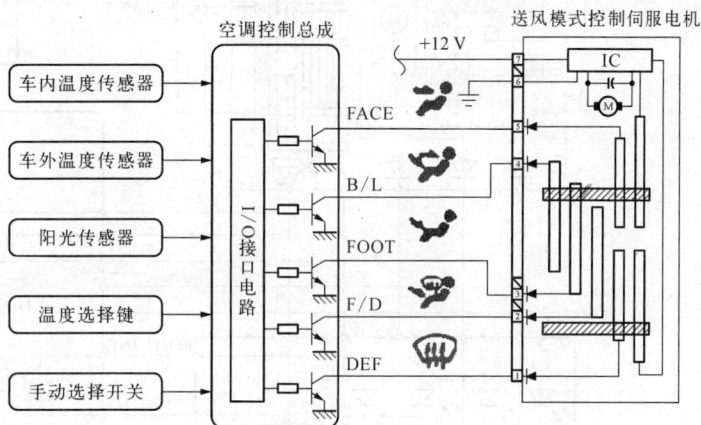

送风模式控制系统的工作模式可通过面板功能控制开关进行选择,其工作模式一般有两种选择:自动控制模式和手动控制模式。

B　送风模式控制系统工作过程

(1) 面板功能控制:控制面板 AUTO(自动)开关接通时,ECU 根据 T_{AO} 值按图所示方式进行控制。

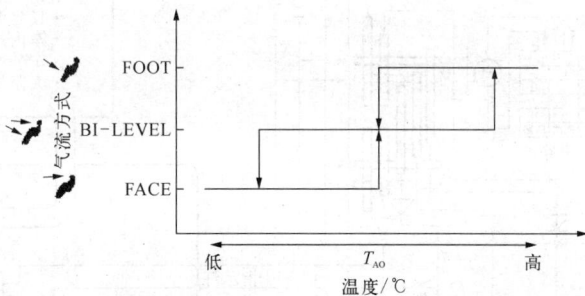

① 当 T_{AO} 已从低变至高时,原来送风模式控制伺服电动机内移动触点位于 FACE 位置。ECU 内微电脑接通 VT_1,这样使驱动电路输入信号端 B 端电路通过 VT_1 接地为 0,A 端电路断路为 1。根据内部程序图可知,输出电路中,D 端为 0,即电流由 D 端输出,由 C 端流回,驱动电动机旋转,内部触点由 FACE 位移动到 FOOT 位置,电动机停转,输出风口的出气方式由 FACE 方式转为 FOOT 方式。同时微电脑接通 VT_2,使位于面板的 FOOT 指示灯亮。

② 当 T_{AO} 已从高变至中时,原来气流方式控制电动机内的移动触点位于 FOOT 位置。ECU 内的微电脑接通 VT_3,使驱动电路中 A 端电路通过 VT_3 接地为 0,B 端电路断路为 1。根据内部程序图,相应输出端 C 端为 1,D 端为 0,电流由 C 端输出经电机流回 D 端,电动机旋转,带动滑动触点由 FOOT 位置运动至 BI-LEVEL 位置,电动机停转。出气方式由 FOOT 转变为 BI-LEVEL。同时,微电脑使面板的 BI-LEVEL 指示灯点亮。

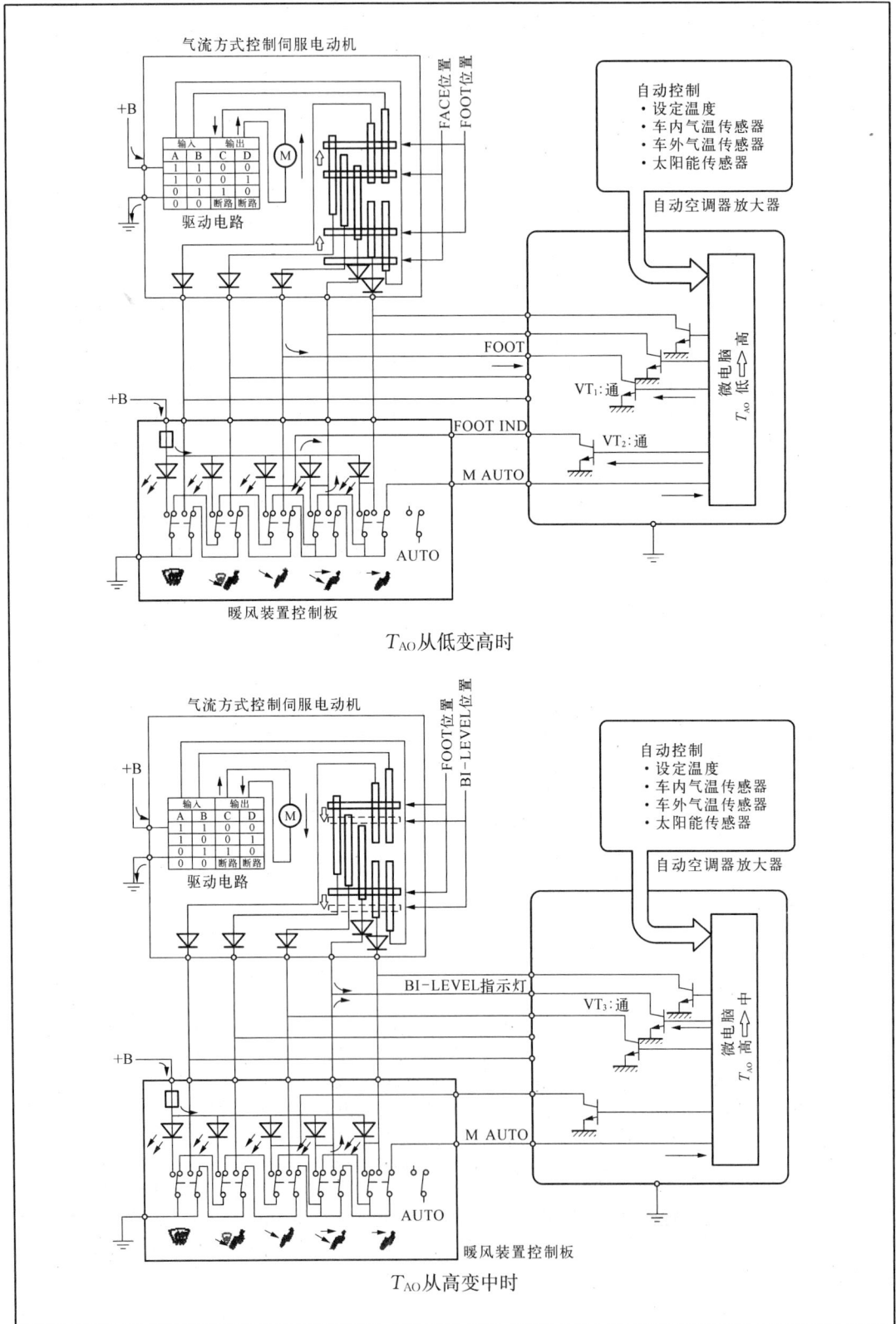

续　表

气流方式控制伺服电动机

T_{AO}从低变高时

气流方式控制伺服电动机

T_{AO}从高变中时

续　表

③ 当 T_{AO} 已从中变低时，原来气流方式控制伺服电动机内的移动触点位于 BI-LEVEL 位置。ECU 内的微电脑接通 VT_4。使驱动电路中 A 端电路通过 VT_4 接地，信号为 0；B 端电路断路，信号为 1，根据内部程序图可知，此时输出端 C 端为 1，D 端为 0，即电流经 C 端输出，经电动机由 D 端流回，电动机旋转，带动滑动触点由 BI-LEVEL 移动至 FACE 位置，出气方式由 BI-LEVEL 转变为 FACE 方式。同时微电脑使面板 FACE 指示灯点亮。

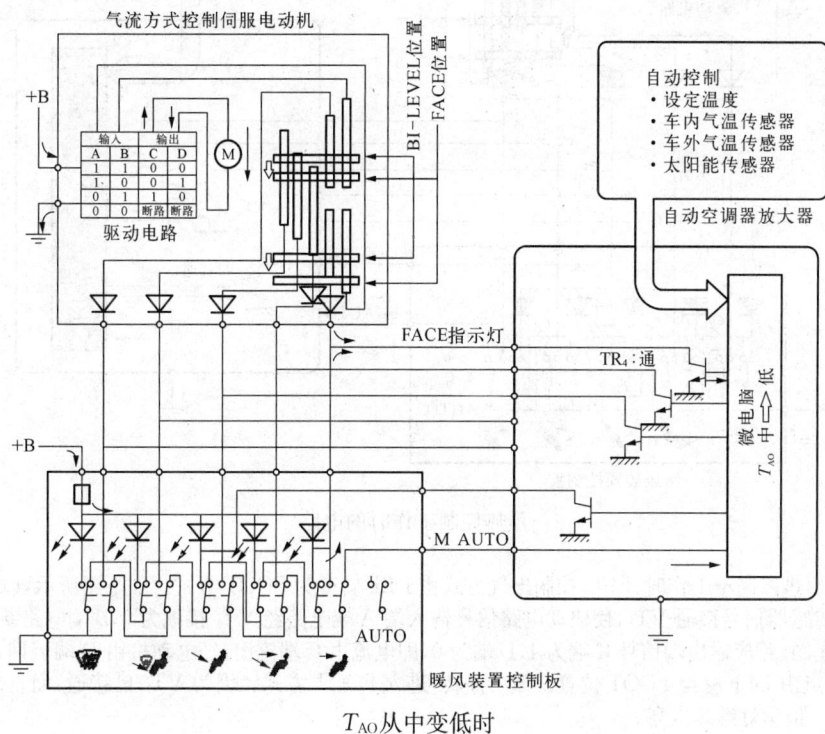

T_{AO} 从中变低时

(2) DEF-FOOT 方式控制

① 当预热控制正工作时，ECU 控制出气方式由 FOOT 方式转变为 DEF 方式。如下图所示，控制过程如下：起始气流方式控制伺服电动机内的移动触点位于 FOOT 位置，ECU 内的微电脑根据水温传感器的信号接通 VT_2，使驱动电路输入端 B 端由电路经 VT_5 搭铁为 0，A 端电路不通为 1；根据内部程序图，相应输出端信号 D 端为 1，C 端为 0，即电流可由 D 端输出经电动机由 C 端流回，电动机旋转，带动触点由 FOOT 位置移动到 DEF 位置时，C、D 断路，电动机停转。出气方式由 FOOT 转变为 DEF。同时微电脑接通 VT_2，使位于面板的 FOOT 指示灯点亮。

续　表

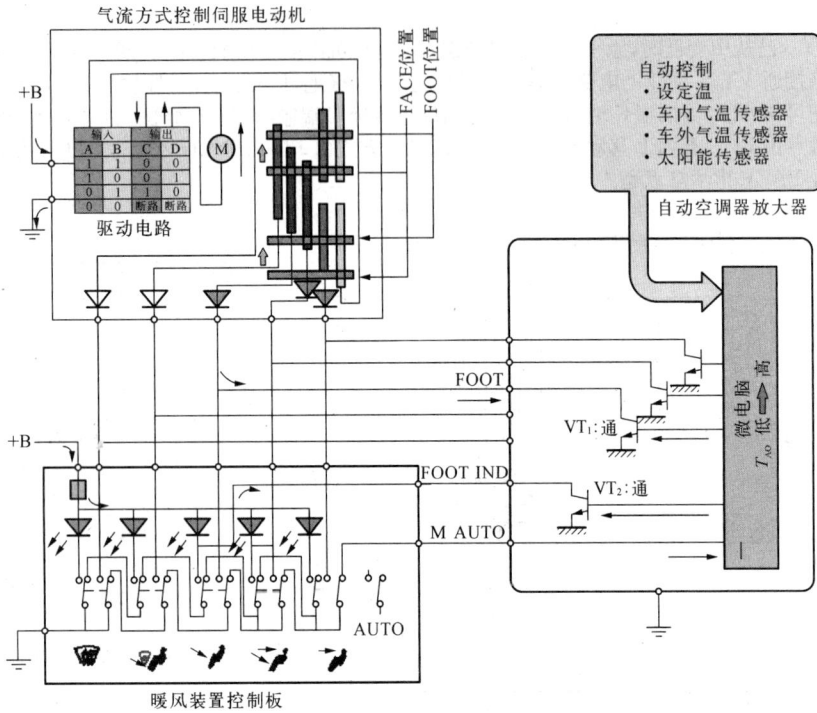

预热控制工作时的电路

② 当预热控制不工作时,ECU 控制出气方式由 DEF 转变为 FOOT 方式。如下图所示,ECU 微电脑根据水温传感器信号接通 VT₁,使驱动电路信号输入端 A 端电路经 VT₁ 接地为 0,B 端电路断路为 1,根据内部程序图,相应输出端信号 C 端为 1,D 端为 0,即电流由 C 端流出,经电动机由 D 端流回,电动机旋转,带动触点由 DEF 移至 FOOT 位置。最后停转,进入 FOOT 方式。因为 VT₂ 已接通,而且继续接通,面板 FOOT 指示灯继续点亮。

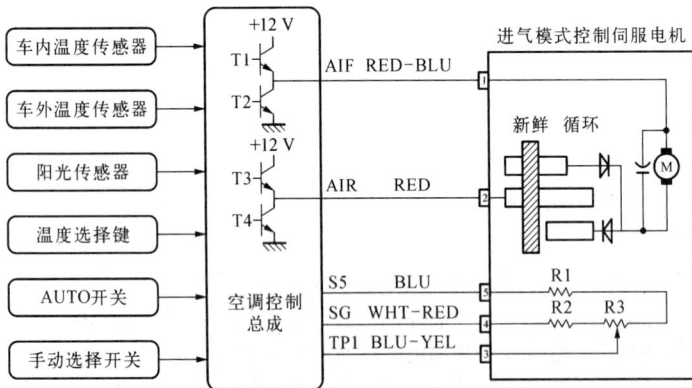

进气模式风门控制电路组成

续 表

C 送风模式控制系统工作原理试验	

（1）送风模式控制电路组成认识。利用配备有自动空调系统的轿车或空调台架认识送风模式控制电路的总体组成，并记录下来。

（2）送风模式控制过程试验。
① 按下"AUTO"开关，通过改变设定或改变各传感器的参数，观察送风模式风门工作过程。将实验结果下来。
② 经过以上模拟试验，送风模式风门位置是否发生改变？
③ 总结送风模式风门控制规范。例如：在阳光照射的情况下，温度设定为 25℃，环境和车内温度为 35℃，送风模式风门的初始位置应自动设置为 _____ _____ 。

模拟参数设定	送风模式风门的变化 （从哪种位置转向哪种位置）
温度选择键从 COLD 转至 HOT	
温度选择键从 HOT 转至 COLD	
使车内温度传感器温度升高	
使车内温度传感器温度降低	
使车外温度传感器温度升高	
使车外温度传感器温度降低	
用 60 W 灯泡照射阳光传感器	
用黑布遮挡阳光传感器	

2. 进气模式控制原理

A 进气模式控制系统组成：进气模式风门控制系统包括空调控制电脑、进气模式控制伺服电机、温度选择键、车内温度传感器、车外温度传感器、阳光传感器等。

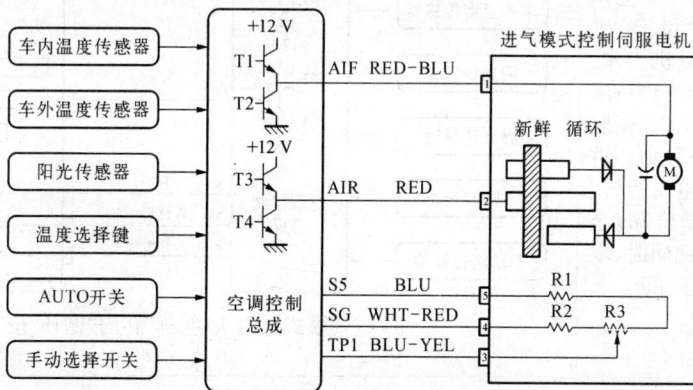

B 进气模式风门控制模式

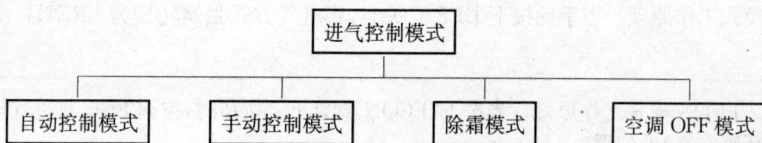

续　表

C　进气模式风门控制原理

（1）自动控制模式工作原理。ECU 根据 T_{AO} 值确定进气模式，自动选择 RECIRC（车内循环空气）或 FRESH（车外新鲜空气）模式。根据环境温度、车内温度确定进气模式风门的位置。根据阳光强度修正进气模式风门的位置。例如：在无阳光照射的情况下，如果温度设定为 25℃，环境和车内温度为 35℃，进气模式风门自动设置为 REC（循环）位置，使车内温度能够迅速降低。当车内温度下降到 30℃时，进气模式风门将变为 20%FRE（新鲜）位置。当车内温度达到目标温度时 25℃，进气模式风门设定为 FRE 位置。进气模式风门电路工作过程如下：

① 进气模式风门从"循环"转向"新鲜"位置：空调控制电脑接通 T1 和 T4，进气模式控制伺服电机工作。电流方向为：电脑→T1→进气模式控制伺服电机→限位装置→T4→电脑接地。进气模式控制伺服电机运转，将进气模式从"循环"转至"新鲜"位置。与此同时，限位装置将电机电路切断。

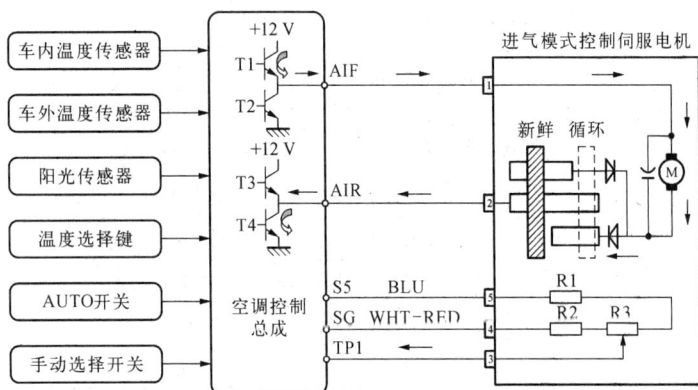

（a）进气模式风门从"循环"转向"新鲜"位置

② 进气模式风门从"新鲜"转向"循环"位置：空调控制电脑接通 T2 和 T3，进气模式控制伺服电机工作。电流方向为：电脑→T3→限位装置→进气模式控制伺服电机→T2→电脑接地。进气模式控制伺服电机运转，将进气模式从"新鲜"转至"循环"位置。与此同时，限位装置将电机电路切断。

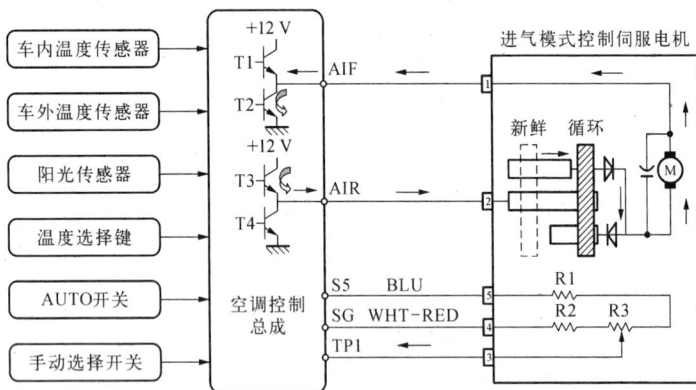

（b）进气模式风门从"新鲜"转向"循环"位置

（2）手动控制模式原理。可通过 R/F 开关手动选择 RECIRC（车内循环空气）或 FRESH（车外新鲜空气）模式。选择 RECIRC（车内循环空气）模式时，电路工作过程与上图 a、b 相同。

（3）除霜模式工作原理。当手动按下 DEF 开关时，将进气方式强制转变为 FRESH，便于清除挡风玻璃上的雾气。

（4）DEF / ECON 模式工作原理。当按下"ECON"或"DEF"按钮时，空调 ECU 将进气模式风门设定在"FRESH"（新鲜空气）的位置。

续　表

D　进气模式风门控制电路认识及工作原理试验			
进气模式风门控制系统组成认识	利用配备有自动空调系统的轿车或空调台架认识进气模式风门控制电路的总体组成,并记录下来。		
进气模式风门工作过程试验	(1) 按下"AUTO"开关,通过改变设定或改变各传感器的参数,观察进气模式风门工作过程。将实验结果记录下来。 (2) 经过以上模拟试验,进气模式风门位置是否发生了改变? _____。 (3) 总结进气模式风门控制规范。例如:在阳光照射的情况下,温度设定为 25℃,环境和车内温度为35℃,进气模式风门的初始位置应自动设置为 _____。 (4) 按下"DEF"开关,进气模式风门的位置自动设置为 _____,进气模式风门的位置自动设置为 _____。 (5) 按下"OFF"开关,进气模式风门的位置自动设置为 _____。		

模拟参数设定	风门从"新鲜"转向"循环"位置	风门从"循环"转向"新鲜"位置
温度选择键从 COLD 转至 HOT		
温度选择键从 HOT 转至 COLD		
使车内温度传感器温度升高		
使车内温度传感器温度降低		
使车外温度传感器温度升高		
使车外温度传感器温度降低		

四、汽车自动空调故障诊断

1. 汽车自动空调故障诊断方法

在"表 4-12 汽车自动空调故障诊断"的指导下,对汽车自动空调故障进行诊断训练。

表 4-12　汽车自动空调故障诊断

故障类型	自动空调系统的常见故障 鼓风机不能运转　鼓风机持续高速运转　鼓风机转速过慢　自动空调送风量不足　电磁离合器不能吸合　自动空调制冷效果差	
诊断故障的一般流程	维修接待　故障问询 出厂检验　初步检查 故障验证　故障推测 故障维修　故障排查	(1) 维修接待。 (2) 做好故障问询工作:包括故障产生的时间、故障现象、故障类型等。 (3) 做好初步检查工作:针对故障现象,做一些必要的检查,如利用自诊断系统进行检查等。 (4) 做好诊断前的准备工作:如查找维修资料等;根据维修资料提供的信息,对所诊断车辆自动空调线路原理要研究透彻。平时应做好相关知识的储备。 (5) 故障可能原因推测:根据相关知识和检查结果,作合理推断,大致确定故障范围。 (6) 故障排查:根据推测的可能原因,按优先级原则逐项进行检查和排除。 (7) 故障维修:根据排查结果,制定修理方案,即换件或修复。 (8) 故障修复验证:验证故障是否消失。

续　表

故障诊断的思路	重视维修资料的运用	查找自动空调维修资料的方法	查找自动空调维修资料的有关路径 通过互联网查找　　通过报刊、杂志、书籍等查找　　通过VCD、DVD光盘或相关维修资料等查找　　到图书馆查找相关资料　　通过与人交谈等方式查找
		熟读维修手册，依照维修手册指引进行作业	（1）了解工作原理，按维修手册规定进行操作。不可以用修老解放的老经验随便来检修现代轿车，防止旧患未除反而损坏了其他正常的贵重部件。 （2）了解ECU自我诊断系统的使用方法，利用ECU自诊系统进行故障诊断。 （3）生产厂家、生产车型不同，各A/C的ECU自诊系统的使用方法、代码显示及代码含义均不同。 （4）根据故障代码指示的故障范围进行检修。
			注意：由接线端子接触不良造成的故障比率最高，检修时首先要检查插座各插脚是否有油污，是否接触良好。其次是根据导线颜色利用万用表检查导线。最后利用换件替代法判断元件是否有故障，进行修复或更换。除此以外，也可用万用表按维修手册给出的标准值进行检测，判断故障存在的位置。
	认清故障现象		自动空调电控系统故障的诊断有一定的难度。即使维修人员经验丰富，技术熟练，如果不经过科学分析和模拟验证就盲目拆卸或更换，不仅给用户造成不应有的经济损失，有时还导致更多的人为故障。 现代汽车自动空调系统的结构复杂、电路特殊、埋论较深，还具有相当程度的抽象性，远不如机械结构那样直观。同时，汽车自动空调系统的疑难故障又具有潜伏性、间断性、交叉性、虚假性和误导性，无疑给疑难故障的诊断带来了相当大的难度。即使维修人员经验丰富，技术熟练，如果不经过科学分析和模拟验证就盲目拆卸或更换，不仅给用户造成不应有的经济损失，有时还导致更多的人为故障。
	善于划分故障区域		模块分割是在维修人员头脑中建立起系统分析的维修方法。当维修任何一个部件时，如果没有对这种模块的基本分析，就会感到无从下手，心中无数：用穷举法把一块确定有故障的印制电路板所有的点都测一遍，可以说是一种最笨的方法。即使难以确认出现故障的模块，也应该根据原理和经验首先怀疑哪些最容易出现故障的模块（该块印制电路是以硬件原理划分的部分），检查的思路应该从模块入手，当一个模块确认无故障时，再查下一个模块，对具体部件的各模块应采用不同的诊断方法。
			提示：将故障区域锁定，即划分故障的可能区域范围，并采用排除法思想，去粗取精，逐步缩小诊断范围，可以提高诊断效率和准确性，减小诊断的盲目性和避免进入误区。

2. 汽车自动空调控制电路故障分析方法

汽车自动空调控制电路的分析方法如表4-13所示。

表4-13　汽车自动空调控制电路的分析方法

按电路功能划分，一般由温度控制电路、进气模式控制电路、送风模式控制电路、鼓风机控制电路、冷却风扇控制电路、压缩机控制电路等组成。	按电路功能划分 温度自动控制电路　进气模式控制电路　送风模式控制电路　鼓风机控制电路　冷却风扇控制电路　压缩机控制电路
按输入输出原则划分可将电路分成电源电路、输入信号电路、控制器电路、执行器电路四部分。	按输入输出原则划分 电源电路　输入信号电路　控制器电路　执行器电路

<<<<

议一议

五、制订汽车自动空调不能调温故障检修计划

在"表 4-14 汽车自动空调不能调温故障检修计划"的指引下,收集汽车自动空调结构、原理、功能,了解汽车自动空调的原理;初学者重点学习自动空调传感器、执行器、控制电脑及常用线路控制,训练其检测基本技能;收集汽车自动空调故障诊断相关信息,并进行练习,掌握读取故障码的技能;分析汽车自动空调工作不良故障(只有冷气最足或暖气最足,不能进行控制温度)的原因。收集汽车自动空调控制系统故障检测相关信息,制定汽车自动空调工作不良故障检修计划。参考车辆空调检修规范,制定汽车自动空调工作不良故障(只有冷气最足或暖气最足,不能进行控制温度)故障检修计划。

表 4-14　汽车自动空调不能调温故障检修计划

用鱼刺法分析汽车自动空调不能调温故障				
制定汽车自动空调不能调温故障检修计划	步骤	检 修 内 容	技术规范或注意事项	检测结果与处理意见
	1	空气混合控制伺服电动机电路(驾驶员侧)		
	2	空气混合控制伺服电动机电路(乘客侧)		
	3	车内温度传感器电路		
	4	环境温度传感器电路		
	5	蒸发器温度传感器电路		
	6	阳光传感器电路(驾驶员侧)		
	7	阳光传感器电路(乘客侧)		
	8	空调控制总成		
	9	空调放大器		

D. 任务实施

做一做

在"表 4-14 汽车自动空调不能调温故障检修计划"的指引下,根据汽车自动空调工作不良故障(只有冷气最足或暖气最足,不能进行控制温度)故障检修计划实施维修作业,直到排除故障。如表 4-15 所示。

表 4-15　汽车自动空调不能调温故障检修

检 修 内 容	检 测 要 领		检测记录
1. 空气混合风挡控制伺服电动机电路(驾驶员侧)检测(DTC B1446/46)	线路图	 空气混合控制伺服马达　空调线束　空调放大器 4 e1 BBUS 3 e1 BUS 2 e1 BUSG M	
	故障部位	空气混合控制伺服电动机、空调线束、空气放大器	
	检测规范	(1) 将智能测试仪连接到 DLC3 上。 (2) 将点火开关转到 ON (IG),然后打开智能测试仪主开关。 (3) 操作驾驶员侧温度调节开关。 (4) 选择以下数据表中的项目,并读取智能测试仪上的显示。	
	注意事项	空气混合风挡伺服机构发送脉冲信号到空调放大器来通知风挡位置。空调放大器根据信号激活电动机(正常,反向),将空气混合风挡(驾驶员座椅)移动到任何位置。从而调整已经通过蒸发器且正在通过加热器芯的空气流量,并控制吹向驾驶员座椅侧的空气温度。 　　建议:确认没有机械故障出现,因为当风挡连杆或风挡被机械性地锁上时会输出此诊断代码。	
	技术要求	驾驶员侧空气混合伺服电动机目标:脉冲量,最小:0,最大:255。	
	检测步骤	1. 读取智能测试仪的数值 (1) 将智能测试仪连接到 DLC3 上。 (2) 将点火开关转到 ON(IG),然后打开智能测试仪主开关。 (3) 操作驾驶员侧温度调节开关。 (4) 选择以下数据表中的项目,并读取智能测试仪上的显示。	

续　表

检修内容		检　测　要　领	检测记录
1. 空气混合风挡控制伺服电动机电路（驾驶员侧）检测（DTC B1446/46）	检测步骤	<table><tr><td>显　示　结　果</td><td>故障检查情况</td></tr><tr><td>NG</td><td>进行下一步骤</td></tr><tr><td>OK（根据"故障症状表"排除故障时）</td><td>继续进行故障症状表所示的下一个电路检查</td></tr><tr><td>OK（当根据 DTC 表进行故障排除时）</td><td>更换空调放大器</td></tr></table> 2. 更换空气混合控制伺服电动机 　　更换空气混合控制伺服电动机，检查 DTC。 <table><tr><td>显　示　结　果</td><td>故障检查情况</td></tr><tr><td>输出了 DTC B1446/46</td><td>更换空调导线</td></tr><tr><td>没有输出 DTC B1446/46</td><td>结束</td></tr></table> 　　建议：当从车辆上卸下时伺服电动机不能被检查，更换一个正常的伺服电动机并检查状态是否恢复到正常。	
2. 空气混合风挡控制伺服电动机电路（乘客侧）检测（DTC B1441/41）	电路图	 空气混合控制伺服马达　空调线束　空调放大器	
	故障部位	空气混合控制伺服电动机、空调线束、空气放大器	
	检测规范	即使当空调放大器操控空气混合控制伺服电动机时，空气混合风挡位置传感器的数值也不会发生变化。	
	注意事项	空气混合风挡伺服机构发送脉冲信号到空调放大器来通知风挡位置。空调放大器根据信号激活电动机（正常、反向）将空气混合风挡（乘客侧座椅）移动到任何位置，以调整通过蒸发器之后通过加热器芯的空气流，从而控制出风温度。 　　建议：确认没有机械故障出现，因为当风挡连杆或风挡被机械性地锁上时会输出此诊断代码。	
	技术要求	驾驶员侧空气混合伺服电动机目标：脉冲量，最小：0，最大：255 MAX. COLD：105（脉冲）MAX. HOT：7（脉冲）。	

续　表

检 修 内 容		检　测　要　领	检测记录
2. 空气混合风挡控制伺服电动机电路(乘客侧)检测（DTC B1441/41）	检测步骤	1. 读取智能测试仪的数值 （1）将智能测试仪连接到 DLC3 上。 （2）将点火开关转到 ON(IG)，然后打开智能测试仪主开关。 （3）操作乘客侧温度调节开关。 （4）选择以下数据表中的项目，并读取智能测试仪上的显示。 **显示结果 / 故障检查情况** NG ── 更换空气混合控制伺服电动机 OK(根据"故障症状表"排除故障时) ── 继续进行故障症状表所示的下一个电路检查 OK(当根据 DTC 表进行故障排除时) ── 更换空调放大器 2. 更换空气混合控制伺服电动机 （1）更换空气混合控制伺服电动机。 建议：当从车辆上卸下时伺服电动机不能被检查，更换一个正常的伺服电动机并检查状态是否恢复到正常。 （2）检查 DTC。 **显示结果 / 故障检查情况** 输出了 DTC B1441/41 ── 更换空调导线 没有输出 DTC B1441/41 ── 结束	
3. 车室温度传感器电路检测（DTC B1411/11）	电路图		
	故障部位	空气调车室温度传感器、空调车室温度传感器和空调放大器之间的线束或连接器、空调放大器	
	检测规范	车室温度传感器电路(开路或短路)	
	注意事项	说明：此传感器检测到用作温度控制基础的驾驶室温度，并向空调放大器发送信号。	
	检测步骤	1. 读取智能测试仪的数值 （1）将智能测试仪连接到 DLC3 上。 （2）打开点火开关(IG)，打开智能测试仪主开关。 （3）选择以下数据表中的项目，并读取智能测试仪上的显示。 **智能测试仪显示 / 测量项目／范围 / 正常条件** 车室温度传感器(Room Temp) / 车室温度传感器　最低：−6.5 ℃(20.3 ℉)　最高：57.25 ℃(135.05 ℉) / 显示实际驾驶室温度 测量结果判断： ① NG——进行下一步骤； ② OK(根据"故障症状表"排除故障时)——继续进行故障症状表所示的下一个电路检查； ③ OK(当根据 DTC 表进行故障排除时)——更换空调放大器。	

续　表

检 修 内 容		检　测　要　领	检测记录
3. 车室温度传感器电路检测（DTC B1411/11）	检测步骤	**2. 检查空调放大器** （1）连接器仍然连接的情况下，拆下空调放大器。 （2）将点火开关转到 ON (IG)。 （3）根据下表中的值测量电压。 空调放大器连接器线束视图： E38 SG-1　　TR ⟨见下表⟩	

测试仪连接	条　件	规定条件
E38－29（TR）－E38－34(SG-1)	点火开关 ON (IG) 在 25 ℃ (77°F)	1.35 至 1.75 V
E38－29（TR）－E38－34(SG-1)	点火开关 ON (IG) 在 40 ℃ (104°F)	0.9 至 1.2 V

NG——检查空调车室温度传感器；
OK（根据"故障症状表"排除故障时）——继续进行故障症状表所示的下一个电路检查。

3. 检查空调车室温度传感器
（1）拆卸空调车室温度传感器。
（2）根据下表中的值测量电阻。

环境温度传感器连接器前视图：
A2　传感器区域

测试仪连接	条　件	规定条件
E27－1－E27－2	10 ℃ (50°F)	3.00 至 3.73 kΩ
E27－1－E27－2	15 ℃ (59°F)	2.45 至 2.88 kΩ
E27－1－E27－2	20 ℃ (68°F)	1.95 至 2.30 kΩ
E27－1－E27－2	25 ℃ (77°F)	1.60 至 1.80 kΩ
E27－1－E27－2	30 ℃ (86°F)	1.28 至 1.47 kΩ
E27－1－E27－2	35 ℃ (95°F)	1.00 至 1.22 kΩ
E27－1－E27－2	40 ℃ (104°F)	0.80 至 1.00 kΩ
E27－1－E27－2	45 ℃ (113°F)	0.65 至 0.85 kΩ
E27－1－E27－2	50 ℃ (122°F)	0.50 至 0.70 kΩ
E27－1－E27－2	55 ℃ (131°F)	0.44 至 0.60 kΩ
E27－1－E27－2	60 ℃ (140°F)	0.36 至 0.50 kΩ

NG——更换环境温度传感器。

续　表

检 修 内 容		检　测　要　领	检测记录
3. 车室温度传感器电路检测（DTC B1411/11）	检测步骤	备注： ①　轻微的触碰传感器也会改变电阻值。确保握住传感器的连接器。 ②　测量时，传感器温度必须与环境温度一致。 ③　随着温度的升高，电阻降低。	
		4. 检查线束和连接器（环境温度传感器-空调放大器） （1）断开环境温度传感器连接器。 （2）断开空调放大器连接器。 （3）根据下表中的值测量电阻。 环境温度传感器连接器前视图：　　空调放大器连接器线束视图： E38 A2　1　2　　　SG-2　　TAM NG——修理或更换线束或连接器； OK——更换空调放大器。	

测 试 仪 连 接	条 件	规 定 条 件
A2-2-E38-5（TAM）	始终	低于1Ω
A2-1-E38-13（SG-2）	始终	低于1Ω
E38-5（TAM）-车身接	始终	10 kΩ 或更高
E38-13（SG-2）-车身接	始终	10 kΩ 或更高

检 修 内 容		检　测　要　领	检测记录
4. 环境温度传感器电路检测（DTC B1412/12）	电路图	空调放大器 A2 环境温度传感器 2——5 E38 TAM 1——13 E38 SG-2	
	故障部位	环境温度传感器、环境温度传感器和空调放大器之间的线束或连接器、空调放大器	
	检测规范	环境温度传感器电路中存在开路或短路	
	注意事项	环境温度传感器安装在冷凝器前部，用来检测用于控制空调"AUTO"模式的环境温度。此传感器连接到空调放大器，并检测环境温度的波动。此数据被用来控制驾驶室温度。它向空调放大器发送信号。环境温度传感器电阻根据环境温度的改变而改变。随着温度的降低，电阻升高。随着温度的升高，电阻降低。	

检 修 内 容		检 测 要 领	检测记录
4. 环境温度传感器电路检测（DTC B1412/12）	检测步骤	1. 读取智能测试仪的数值 （1）将智能测试仪连接到 DLC3 上。 （2）打开点火开关(IG)，打开智能测试仪主开关。 （3）选择以下数据表中的项目，并读取智能测试仪上的显示。	

1. 读取智能测试仪的数值

智能测试仪显示	测量项目／范围	正常条件	诊断附注
环境温度传感器 (Ambi Temp Sens)	环境温度传感器 最低： −23.3℃（−9.94℉） 最高： 65.95 ℃(150.71℉)	显示实际 环境温度	电路存在开路： −23.3 ℃（−9.94℉） 电路存在短路： 65.95 ℃(150.71℉)

NG——检查空调放大器；

OK——继续进行故障症状表所示的下一个电路检查；

OK——更换空调放大器。

2. 检查空调放大器

（1）连接器仍然连接的情况下，拆下空调放大器。

（2）将点火开关转到 ON (IG)。

（3）根据下表中的值测量电压。

空调放大器连接器线束视图：

测试仪连接	条　件	规定条件
E38－5(TAM)－E38－13(SG－2)	点火开关 ON (IG)在 25 ℃（77℉）	1.35 至 1.75 V
E38－5(TAM)－E38－13(SG－2)	点火开关 ON (IG)在 40 ℃（104℉）	0.9 至 1.2 V

NG——检查环境温度传感器；

OK（根据"故障症状表"排除故障时）——继续进行故障症状表所示的下一个电路检查；

OK（当根据 DTC 表进行故障排除时）——更换空调放大器。

随着温度的升高，电压降低。

续　表

检 修 内 容		检 测 要 领	检测记录
4. 环境温度传感器电路检测（DTC B1412/12）	检测步骤	3. 检查环境温度传感器 (1) 拆下环境温度传感器。 (2) 根据下表中的值测量电阻。 环境温度传感器连接器前视图： 传感器区域 A2 2 1 电阻(kΩ) 测试仪连接 / 条件 / 规定条件 A2-1 - A2-2 ／ 10 ℃（50°F）／ 3.00 至 3.73 kΩ A2-1 - A2-2 ／ 15 ℃（59°F）／ 2.45 至 2.88 kΩ A2-1 - A2-2 ／ 20 ℃（68°F）／ 1.95 至 2.30 kΩ A2-1 - A2-2 ／ 25 ℃（77°F）／ 1.60 至 1.80 kΩ A2-1 - A2-2 ／ 30 ℃（86°F）／ 1.28 至 1.47 kΩ A2-1 - A2-2 ／ 35 ℃（95°F）／ 1.00 至 1.22 kΩ A2-1 - A2-2 ／ 40 ℃（104°F）／ 0.80 至 1.00 kΩ A2-1 - A2-2 ／ 45 ℃（113°F）／ 0.65 至 0.85 kΩ A2-1 - A2-2 ／ 50 ℃（122°F）／ 0.50 至 0.70 kΩ A2-1 - A2-2 ／ 55 ℃（131°F）／ 0.44 至 0.60 kΩ A2-1 - A2-2 ／ 60 ℃（140°F）／ 0.36 至 0.50 kΩ NG——更换环境温度传感器。 轻微的触碰传感器也会改变电阻值。确保握住传感器的连接器。 测量时，传感器温度必须与环境温度一致。 建议：随着温度的升高，电阻降低。 4. 检查线束和连接器(环境温度传感器-空调放大器) (1) 断开环境温度传感器连接器。 (2) 断开空调放大器连接器。 (3) 根据下表中的值测量电阻。 环境温度传感器连接器前视图：　空调放大器连接器线束视图： E38 A2　1 2 SG-2　TAM 测试仪连接 / 条件 / 规定条件 A2-2 - E38-5（TAM）／ 始终 ／ 低于 1 Ω A2-1 - E38-13（SG-2）／ 始终 ／ 低于 1 Ω E38-5（TAM）- 车身接 ／ 始终 ／ 10 kΩ 或更高 E38-13（SG-2）- 车身接 ／ 始终 ／ 10 kΩ 或更高 NG——修理或更换线束或连接器； OK——更换空调放大器。	

续 表

检 修 内 容		检 测 要 领	检测记录
5. 蒸发器温度传感器电路检测(DTC B1413/13)	电路图		
	故障部位	空调导线(蒸发器温度传感器) 空调放大器	
	检测规范	蒸发器温度传感器电路中存在开路或短路	
	注意事项	蒸发器温度传感器(空调热敏电阻)安装在空调装置中的蒸发器上。它检测到通过蒸发器冷却空气的温度,同时其检测到的信号用于控制空调。它向空调放大器发送信号。蒸发器温度传感器的电阻根据通过蒸发器的冷却空气温度的变化而变化。 　　空调放大器施加电压(5 V)到蒸发器温度传感器上,随蒸发器温度传感器(空调热敏电阻)电阻的变化来读取电压的变化。此传感器用于防止蒸发器冰冻。	
	检测步骤	1. 读取智能测试仪的数值 　(1) 将智能测试仪连接到 DLC3 上。 　(2) 打开点火开关(IG),打开智能测试仪主开关。 　(3) 选择以下数据表中的项目,并读取智能测试仪上的显示。 | 智能测试仪显示	测量项目/范围	正常条件	诊断附注 | |---|---|---|---|
蒸发器叶片热敏电阻(Evap Fin Temp)	蒸发器叶片热敏电阻 最低: −29.7 ℃ (−21.46℉) 最高: 59.55 ℃ (139.19℉)	显示实际蒸发器温度	电路存在开路: −29.7 ℃(−21.46℉) 电路存在短路: 59.55 ℃(139.19℉)	 NG——检查蒸发器温度传感器; OK——继续进行故障症状表所示的下一个电路检查; OK——更换空调放大器。 2. 检查蒸发器温度传感器 　(1) 从蒸发器温度传感器上断开连接器。 　(2) 根据下表中的值测量电阻。 	

续　表

检　修　内　容		检　测　要　领			检测记录

测试仪连接	条　件	规定条件
e2-1-e2-2	−10 ℃ (14°F)	7.30 至 9.10 kΩ
e2-1-e2-2	−5 ℃ (23°F)	5.65 至 6.95 kΩ
e2-1-e2-2	0 ℃ (32°F)	4.40 至 5.35 kΩ
e2-1-e2-2	5 ℃ (41°F)	3.40 至 4.15 kΩ
e2-1-e2-2	10 ℃ (50°F)	2.70 至 3.25 kΩ
e2-1-e2-2	15 ℃ (59°F)	2.14 至 2.58 kΩ
e2-1-e2-2	20 ℃ (68°F)	1.71 至 2.05 kΩ
e2-1-e2-2	25 ℃ (77°F)	1.38 至 1.64 kΩ
e2-1-e2-2	30 ℃ (86°F)	1.11 至 1.32 kΩ

NG——更换蒸发器温度传感器。

备注：
　　轻微的触碰传感器也会改变电阻值。确保握住传感器的连接器。

左栏： 5. 蒸发器温度传感器电路检测(DTC B1413/13)　检测步骤

3. 检查空调导线
　(1) 拆卸空调线束。
　(2) 根据下表中的值测量电阻。

蒸发器温度传感器连接器前视图　空调放大器连接器前视图　e2　e1　SGA　TEA

测试仪连接	条　件	规定条件
e1-6 (TEA)- e2-2	始终	低于 1 Ω
e1-5 (SGA)- e2-1	始终	低于 1 Ω
e1-6 (TEA)- 车身接	始终	10 kΩ 或更高
e1-5 (SGA)- 车身接	始终	10 kΩ 或更高

NG——更换空调导线；
OK——更换空调放大器。

检修内容		检测要领	检测记录
6. 阳光传感器电路（驾驶员侧）检测（DTC B1424/24）	电路图	h1 自动灯光控制传感器 （内置式阳光传感器） CLTB 6 ——— 20 E6 CLTB 主体ECU CLTE 3 ——— 18 E6 CLTE TSL 1 ——— 33 E38 TSD 空调放大器	
	故障部位	阳光传感器 阳光传感器和空调器放大器之间的线束或连接器 阳光传感器和主体 ECU 之间的线束或连接器 空调放大器 主体 ECU	
	检测规范	驾驶员侧阳光传感器电路中存在开路或短路。	
	注意事项	光电二极管电阻 高——低 弱——强 阳光辐射强度 　　阳光传感器安装在仪表板上侧，用来检测阳光和控制空调 AUTO 模式。阳光传感器的输出电压根据阳光量大小而变化。随着光线的增强，输出电压增高。随着光线的减弱，输出电压降低。空调放大器检测到阳光传感器的输出电压。 建议： 　　如果 DTCB1244 同时输出，先排除 DTC B1244 故障。 　　如果在暗处进行检查，即使系统正常，也可能输出 DTC B1421/21 或 B1424/24（阳光传感器电路异常）。	
	检测步骤	1. 读取智能测试仪的数值 　（1）将智能测试仪连接到 DLC3 上。 　（2）将点火开关转到 ON（IG），然后打开智能测试仪主开关。 　（3）将阳光传感器的传感部分暴露在灯光下。 建议：使用白炽灯检查。 　（4）选择以下数据表中的项目，并读取智能测试仪上的显示。	

续　表

检 修 内 容		检 测 要 领	检测记录
6. 阳光传感器电路（驾驶员侧）检测（DTC B1424/24）	检测步骤	（见下方表格及检测步骤）	

智能测试仪显示	测量项目／范围	正常条件
阳光传感器（驾驶员侧）(Solar Sens‑D)	乘客侧阳光传感器 最小：0，最大：255	乘客侧阳光传感器值随着亮度的增强而增加

NG——检查线束和连接器（阳光传感器）；
OK（根据"故障症状表"排除故障时）——继续进行故障症状表所示的下一个电路检查；
OK（当根据 DTC 表进行故障排除时）——更换空调放大器。

2. 检查线束和连接器（阳光传感器）
　(1) 断开阳光传感器连接器。
　(2) 根据下表中的值测量电压。

空调阳光传感器连接器线束视图：

测试仪连接	条 件	规定条件
h1‑6 (CLTB)‑h1‑3(CLTE)	点火开关 ON (IG)	10 至 14 V
h1‑6 (CLTB)‑h1‑3(CLTE)	点火开关 OFF	低于 1 V

NG——检查线束和连接器（主体 ECU 至阳光传感器）；
OK——检查阳光传感器。

3. 检查线束和连接器（主体 ECU 至阳光传感器）
　(1) 断开主体 ECU 连接器。
　(2) 根据下表中的值测量电阻。

主体 ECU 连接器前视图：　空调阳光传感器连接器线束视图：

测 试 仪 连 接	条件	规定条件
E6‑20 (CLTB)‑h1‑6 (CLTB)	始终	低于 1 Ω
E6‑18 (CLTE)‑h1‑3 (CLTE)	始终	低于 1 ΩV
E6‑20 (CLTB)‑车身接地	始终	10 kΩ 或更高
E6‑18 (CLTB)‑车身接地	始终	10 kΩ 或更高

NG——修理或更换线束或连接器；
OK——更换主体 ECU。

续　表

检 修 内 容		检　测　要　领	检测记录
6. 阳光传感器电路（驾驶员侧）检测（DTC B1424/24）	检测步骤	**4. 检查阳光传感器** 　　(1) 拆下阳光传感器，保持其连接器仍然连接。 　　(2) 将蓄电池的正极（＋）引线连接到阳光传感器的端子 6 (CLTB)上，负极（－）引线连接到端子 3 (CLTE)上。 　　(3) 根据下表中的值测量电压。 阳光传感器连接器前视图： 测试仪连接 / 条件 / 规定条件表： h1－2 (TSR)－h1－3(CLTE)｜传感器在电灯光下｜0.8 至 4.3 V h1－2 (TSR)－h1－3(CLTE)｜传感器被布遮盖｜低于 0.8 V NG——更换阳光传感器； OK——检查线束和连接器（阳光传感器－空调放大器）。 注意： 　　使用数字式测试仪(TOYOTA 万用表)的连接程序如上所示。当使用模拟式测试仪时，将正极（＋）和负极（－）引线分别连接到阳光传感器的端子 3 和端子 6 上。 　　在检查中使用蓄电池时，不要让正极和负极的测试探头靠得太近，否则会造成短路。 建议： 　　使用白炽灯检查。使其与阳光传感器保持 30 cm(11.8 in.)以内的距离。 　　当检查用灯光从传感器上拿开时，电压升高。 **5. 检查线束和连接器（阳光传感器-空调放大器）** 　　(1) 断开阳光传感器连接器。 　　(2) 断开空调放大器连接器。 　　(3) 根据下表中的值测量电阻。 空调阳光传感器连接器线束视图：　　空调放大器连接器线束视图： 	

阳光传感器前视图端子说明：

2	1	TSL
4	3	CLTE
6	5	

CLTB

测 试 仪 连 接	条 件	规 定 条 件
h1－2 (TSR)－ h1－3(CLTE)	传感器在电灯光下	0.8 至 4.3 V
h1－2 (TSR)－ h1－3(CLTE)	传感器被布遮盖	低于 0.8 V

NG——更换阳光传感器；
OK——检查线束和连接器（阳光传感器－空调放大器）。

测 试 仪 连 接	条 件	规 定 条 件
E38－33 (TSD)－h1－1 (TSL)	始终	低于 1 Ω
E38－33 (TSD)－车身接地	始终	10 kΩ 或更高

NG——修理或更换线束或连接器；
OK——更换空调放大器。

续　表

检 修 内 容	检 测 要 领			检测记录
7. 阳光传感器电路（乘客侧）检测（DTC B1421/21）	电路图	h1 自动灯光控制传感器（内置式阳光传感器） CLTB 6 —— 20 E6 CLTB　主体ECU CLTE 3 —— 18 E6 CLTE TSR 2 —— 32 E38 TSP　空调放大器		
	故障部位	阳光传感器 阳光传感器和空调器放大器之间的线束或连接器 阳光传感器和主体 ECU 之间的线束或连接器 空调放大器 主体 ECU		
	检测规范	乘客侧阳光传感器电路中存在开路或短路		
	注意事项	光电二极管电阻 高 低　弱　　　强　阳光辐射强度 　阳光传感器安装在仪表板上侧，用来检测阳光和控制空调 AUTO 模式。阳光传感器的输出电压根据阳光量大小而变化。随着光线的增强，输出电压增高。随着光线的减弱，输出电压降低。空调放大器检测到阳光传感器的输出电压。 　如果 DTC B1244 同时输出，先排除 DTC B1244 故障。 　如果在暗处进行检查，即使系统正常，也可能输出 DTC B1421/21 或 B1424/24（阳光传感器电路异常）。		
	检测步骤	1. 读取智能测试仪的数值 （1）将智能测试仪连接到 DLC3 上。 （2）将点火开关转到 ON（IG），然后打开智能测试仪主开关。 （3）将阳光传感器的感应部分暴露在灯光下。 建议：使用白炽灯检查。 （4）选择以下数据表中的项目，并读取智能测试仪上的显示。 智能测试仪显示：阳光传感器（乘客侧）（Solar Sens - P）｜测量项目／范围：乘客侧阳光传感器 最小：0，最大：255｜正常条件：乘客侧阳光传感器值随着亮度的增强而增加 NG——检查线束和连接器（阳光传感器）； OK——继续进行故障症状表所示的下一个电路检查； OK——更换空调放大器。		

续　表

检 修 内 容		检　测　要　领	检测记录
7. 阳光传感器电路（乘客侧）检测 (DTC B1421/21)	检测步骤	2. 检查线束和连接器（阳光传感器） （1）断开阳光传感器连接器。 （2）根据下表中的值测量电压。 空调阳光传感器连接器线束视图：	

测 试 仪 连 接	条　件	规定条件
h1 - 6（CLTB）- h1 - 3（CLTE）	点火开关 OFF	低于 1 V
h1 - 6（CLTB）- h1 - 3（CLTE）	点火开关 ON（IG）	10 至 14 V

NG——检查线束和连接器（主体 ECU 至阳光传感器）；
OK——检查阳光传感器。

3. 检查线束和连接器（主体 ECU 至阳光传感器）
（1）断开主体 ECU 连接器。
（2）根据下表中的值测量电阻。

主体 ECU 连接器前视图：　　空调阳光传感器连接器线束视图：

测 试 仪 连 接	条　件	规定条件
E6 - 20（CLTB）- h1 - 6（CLTB）	始终	低于 1 Ω
E6 - 18（CLTE）- h1 - 3（CLTE）	始终	低于 1 ΩV
E6 - 20（CLTB）- 车身接地	始终	10 kΩ 或更高
E6 - 18（CLTB）- 车身接地	始终	10 kΩ 或更高

NG——修理或更换线束或连接器；
OK——更换主体 ECU。

续　表

检 修 内 容		检 测 要 领	检测记录
7. 阳光传感器电路（乘客侧）检测（DTC B1421/21）	检测步骤	**4. 检查阳光传感器** 　（1）拆下阳光传感器，保持其连接器仍然连接。 　（2）将蓄电池的正极（＋）引线连接到阳光传感器的端子 6（CLTB）上，负极（－）引线连接到端子 3（CLTE）上。 　（3）根据下表中的值测量电压。 阳光传感器连接器前视图： TSR、CLTE、CLTB、h1 测试仪连接 / 条件 / 规定条件 h1-2（TSR）-h1-3（CLTE）/ 传感器在电灯光下 / 0.8 至 4.3 V h1-2（TSR）-h1-3（CLTE）/ 传感器被布遮盖 / 低于 0.8 V NG——更换阳光传感器； OK——检查线束和连接器（阳光传感器－空调放大器）。 **注意：** 　使用数字式测试仪（TOYOTA 万用表）的连接程序如上所示。当使用模拟式测试仪时，将正极（＋）和负极（－）引线分别连接到阳光传感器的端子 3 和端子 6 上。 　在检查中使用蓄电池时，不要让正极和负极的测试探头靠得太近，否则会造成短路。 **建议：** 　使用白炽灯检查。使其与阳光传感器保持 30 cm（11.8 in.）以内的距离。 　当检查用灯光从传感器上拿开时，电压升高。 **5. 检查线束和连接器（阳光传感器-空调放大器）** 　（1）断开阳光传感器连接器。 　（2）断开空调放大器连接器。 　（3）根据下表中的值测量电阻。 空调阳光传感器连接器线束视图：　　空调放大器连接器线束视图： 测试仪连接 / 条件 / 规定条件 E38-32（TSP）-h1-2（TSR）/ 始终 / 低于 1 Ω E38-32（TSP）-车身接地 / 始终 / 10 kΩ 或更高 NG——修理或更换线束或连接器； OK——更换空调放大器。	

续　表

控制面板箱

开关控制分总成

控制旋钮分总成

控制旋钮分总成

控制面板分总成

饰件

空调面板分总成

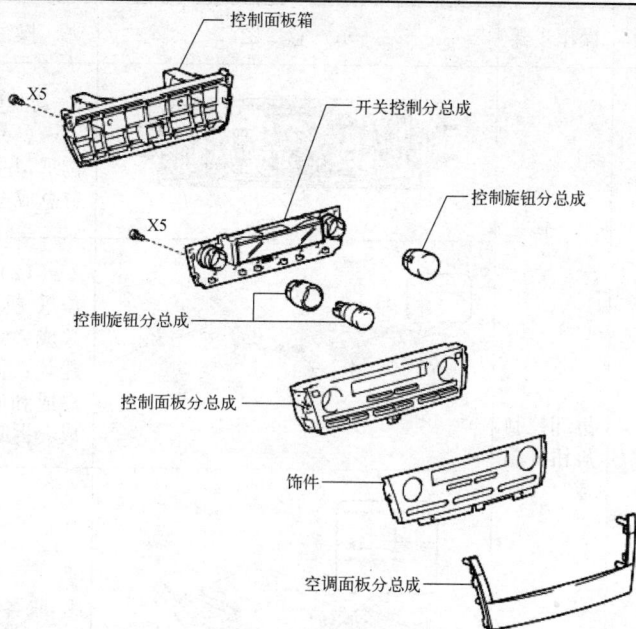

操作	操作步骤	示　意　图	操作说明	操作记录
8. 更换空调控制总成	拆卸空调面板分总成		1. 拆下 5 个螺钉。 2. 松开 4 个定位爪，拆下空调面板分总成。 3. 脱开 4 个定位爪，拆下饰件。	
	拆解 拆卸控制旋钮分总成		注意：拆卸空调控制总成时，要通过触碰车身来消除静电，以防止组件损坏。 1. 脱开 4 个定位爪，然后拆下控制面板箱。	
			2. 拆下 5 个螺钉和开关控制分总成。	

续　表

操作	操作步骤	示　意　图	操作说明	操作记录
8.更换空调控制总成	拆解	拆卸控制旋钮分总成	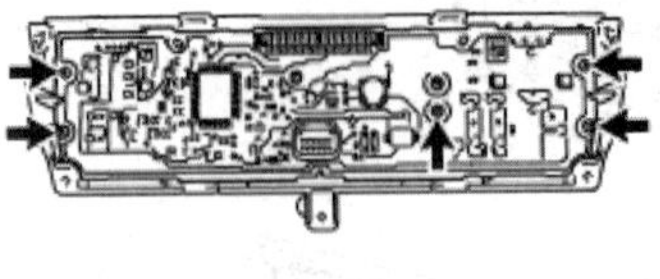	3.驾驶员侧: (1)脱开3个定位爪,并拔出控制旋钮分总成至图示位置。	
			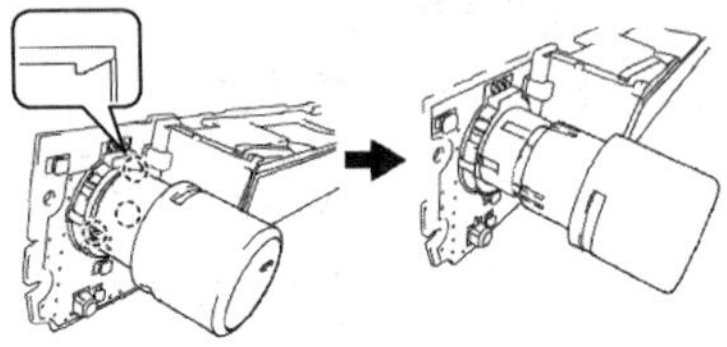	(2)脱开3个定位爪,拆下控制旋钮分总成。 建议:将控制旋钮分总成和两级推按开关成套拆卸。	
			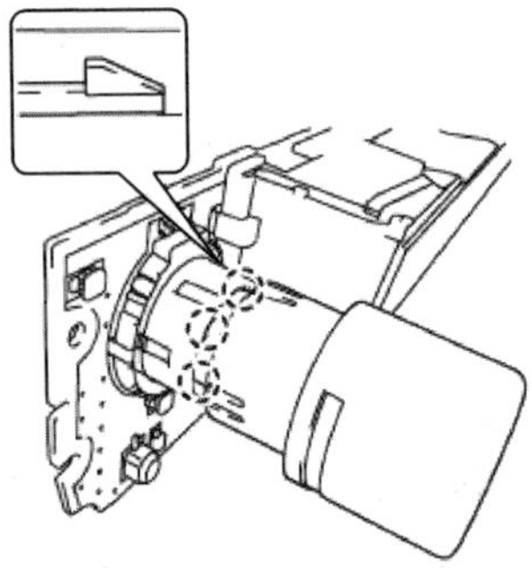	4.乘客侧: 脱开3个定位爪,拆下控制旋钮分总成。	
	装配	安装控制旋钮总成	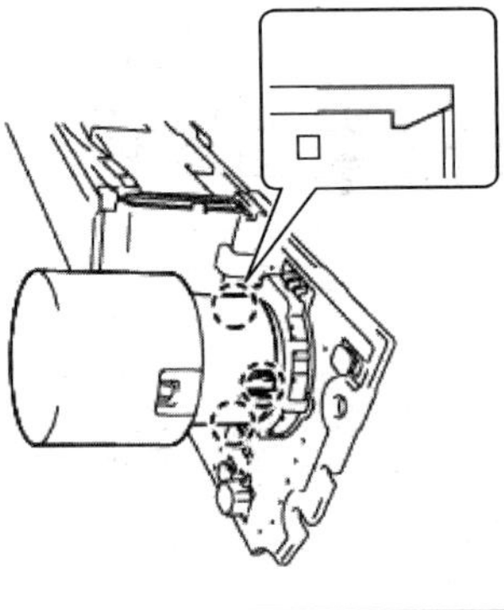	拆卸空调控制总成时,要通过触碰车身来消除静电,以防止组件损坏。 1.驾驶员侧: (1)接合两级推按开关和开关控制分总成上的百分表。	
			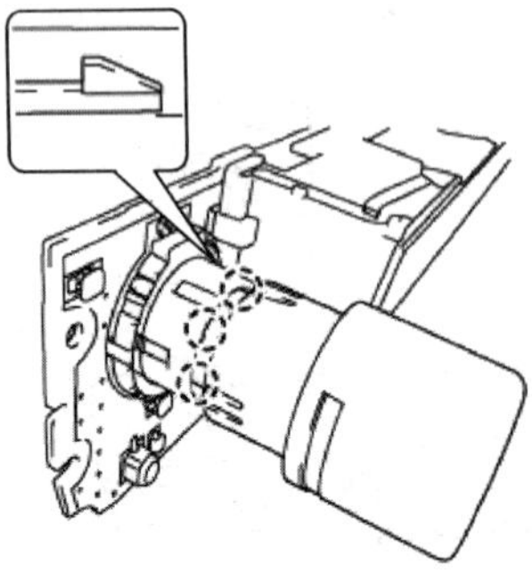	(2)接合3个定位爪。	

续　表

操作	操作步骤	示　意　图	操 作 说 明	操作记录
8. 更换空调控制总成	装配　安装控制旋钮总成		（3）接合 3 个定位爪,安装控制旋钮分总成。	
			2. 乘客侧: 　　接合 3 个定位爪,安装控制旋钮分总成。	
			3. 用 5 个螺钉安装开关分总成。	
			4. 接合 4 个定位爪,然后安装控制面板箱。	

续　表

操作	操作步骤	示　意　图	操　作　说　明	操作记录
8. 更换空调控制总成	装配	安装控制旋钮总成		5. 接合 4 个定位爪，然后安装饰件。	
		安装空调面板分总成		1. 接合 4 个定位爪。 2. 用 5 个螺钉安装空调面板分总成。	

操作	操　作　说　明	示　意　图	操作记录
9. 更换空调放大器	拆卸	(1) 拆卸前门皱褶板。 (2) 拆卸车颈侧部装饰分总成。 (3) 拆卸 2 号仪表板下盖分总成。 (4) 拆卸仪表板下饰板。 (5) 拆卸空调放大器总成。 ① 断开连接器。 ② 拆卸 2 个螺栓和空调放大器总成。		
	安装	(1) 安装空调放大器总成。 ① 用 2 个螺栓安装空调放大器总成。 ② 接上连接器。 (2) 安装仪表板下饰板。 (3) 安装 2 号仪表板下盖分总成。 (4) 安装车颈侧部装饰分总成。 (5) 安装前门皱褶板。		

E. 任务检验

按表 4-16 汽车自动空调不能调温故障检修检验与评估进行自评。

表 4-16 汽车自动空调不能调温故障检修检验与评估

检验与评价内容	检 验 指 标	课程权重	自评	互评	点评
维修质量检验	(1) 温度指标:是最重要的一个指标。人感到最舒服的温度是 20~28℃,超过 28℃,人就会觉得燥热。超过 40℃,即为有害温度,会对人体健康造成损害。低于 14℃,人就会感到"冷"。当温度下降到 0℃时,会造成冻伤。因此,空调应控制车内温度夏天在 25℃,冬天在 18℃。 (2) 湿度指标:用相对湿度来表示。因为人觉得最舒适的相对湿度在 50%~70%,所以汽车空调的湿度参数要求控制在此范围内。 (3) 空气的清新度:由于车内空间小,乘员密度大,在密闭的空间内极易产生缺氧和二氧化碳浓度过高。汽车发动机废气中的一氧化碳和道路上的粉尘,野外有毒的花粉都容易进入车厢内,造成车内空气混浊,影响乘员身体健康。这样汽车空调必须具有对车内空气进行过滤的功能,以保证车内空气的清新度。 (4) 除霜功能:由于有时汽车内外温度相差太大,会在玻璃上出现雾式霜,影响驾驶员的视线,所以汽车空调必须有除霜功能。	20%			
检查任务完成情况	(1) 能描述汽车空调主要部件的作用与原理。 (2) 在小组完成任务过程中所起作用。 (3) 维修质量。	50%			
专业知识	(1) 会描述汽车自动空调系统的主要功能。 (2) 会描述汽车自动空调电路控制的项目。 (3) 会描述汽车自动空调基本结构。	20%			
职业素养	(1) 学习态度:积极主动参与学习。 (2) 团队合作:与小组成员一起分工合作,不影响学习进度。 (3) 现场管理:服从工位安排、执行实训室"5S"管理规定。	10%			
综合评议与建议		评分			

F. 任务拓展

想一想

一辆广州丰田汽车公司 2006 年凯美瑞汽车自动空调不制冷故障的诊断与排除方法。

课程教学设计

	编号	代表性工作任务名称	学习情境名称
课程来源	KT1	汽车空调日常维护	汽车空调日常维护
	KT2	汽车空调制冷不良故障诊断与排除	汽车空调制冷不良故障检修
	KT3	汽车空调无暖气故障障诊断与排除	汽车空调无暖气故障检修
	KT4	汽车空调不能调温故障诊断与排除	汽车空调不能调温故障检修
工作任务描述	汽车空调在使用过程中,由于汽车行驶条件、驾驶员使用习惯等多种因素,会导致汽车空调系统运行状况异常,会影响汽车空调制冷、取暖效果。为了确保汽车空调系统运行状况良好,汽车在使用过程中需要进行日常维护或季节性维护。同时,会出现不制冷、无暖气和不能调节温度等现象,为了提高汽车的乘坐舒适性,必须对故障进行诊断与排除。为此,检修汽车空调是汽车维修电工(或汽车维修机电工)的重要工作任务。 　　检修汽车空调系统是汽车维修电工(或汽车维修机电工)岗位的典型工作任务,通过维护汽车空调或全面检测汽车空调制冷系统、电气控制系统、通风与配气系统及加热系统等手段,来排除汽车空调不制冷、不供暖和不能调节温度等常见故障。 　　汽车维修电工(或汽车维修机电工)班组长从维修顾问、车间主任或车间调度员接受工作任务单——《维修工单》和报修车辆,必要时针对《交车检查表》或《接车问诊表》与维修顾问进行沟通,确保准确理解工作任务;根据《维修工单》上的维修项目,制订任务的维修及作业计划(分派小组成员查阅汽车空调制冷系统、电气控制系统、取暖系统、配气系统等方面的工作原理及结构特点;必要时,组织小组成员讨论,分析故障的原因,制订作业流程及工作实施计划);组织小组成员分工协调,按作业流程和相关技术规范、安全操作规程、"5S作业规范"等,使用工具或仪器仪表,拆装、检测空调系统,并实施维修作业;根据检测结果,视情进行清洁、修复或更换;如部件损坏,则需与维修顾问、客户协商更换新件;在维修过程中,密切监控维修质量,跟进作业进度;维修结束后进行维修质量检验,合格后签字确认,并将车及《维修工单》和《维修委托书或合同》一起送至车间质检员,同时还要关注质检员的信息反馈。如在维修过程中遇到特殊情况,及时与维修顾问及客户沟通,确保维修质量。		
工作与学习内容	工作对象	(1) 车间主任或车间调度员接受工作任务单——《维修工单》和报修车辆。 (2)《交车检查表》或《接车问诊表》与维修顾问进行沟通。 (3) 根据《维修工单》上的维修项目,制订任务的维修及作业计划。 (4) 使用工具或仪器仪表,拆装、检测空调系统,实施维修作业。 (5) 更换新配件时,与维修顾问、客户、仓库管理员协商办理领取配件。 (6) 维修结束后,按技术标准质量进行质量检验。 (7) 将维修车辆送至车间质检员。	

续 表

工作与学习内容	设备工具与材料	(1) 设备：空调压力表(进气歧管压力表)、检漏仪(电子、荧光)、空气压缩机与空气枪、真空泵、故障诊断仪、万用表等。 (2) 工具：常用拆装工具(套筒、螺丝刀等)、试灯。 (3) 原材料：制冷剂、冷冻机油。 (4) 技术资料：《车辆维修手册》、空调压力表和检漏仪使用说明书等。
	工作方法	(1) 专业沟通：与维修顾问、车间主任或车间调度员针对《维修工单》和《维修委托书或合同》进行沟通，确保准确理解工作任务。 (2) 信息处理：收集相关信息，查阅待修车辆的空调结构、工作原理、控制特点及维修规范等，为制订车辆维修计划做准备。 (3) 大脑风暴：在制订维修计划时，组织小组成员讨论，分析故障的原因，制订作业流程及工作实施计划，并论证计划的可行性，做出决策。 (4) 分工协作：按作业流程和相关技术规范、安全操作规程、"5S作业规范"等，分工协调实施维修作业。 (5) 故障诊断：在维修过程中，通过使用工具或仪器仪表，拆装、检测空调系统，并实施维修作业；汽车空调压力表、真空泵、检漏仪、制冷剂加注与回收机的相关知识及使用方法；汽车空调制冷系统的检查、检漏、压力检测及部件的检修方法；汽车空调电气控制系统的结构、控制原理及故障诊断与排除方法；汽车自动空调控制系统的结构组成、控制原理及故障诊断与排除方法。 (6) 故障修复：根据检测结果，视情进行清洁、修复或更换；如部件损坏，则需与维修顾问、客户协商更换新件。 (7) 质量过程控制：在维修过程中，密切监控维修质量，跟进作业进度；维修结束后必须严格执行规范的技术标准进行维修质量检验，合格后签字确认，并将车与《维修工单》和《维修委托书或合同》一起送至车间质检员，同时还要关注质检员的信息反馈。 (8) 沟通协调：如在维修过程中遇到特殊情况，及时与前台维修接待及客户沟通，确保维修质量，减少返修率和客户投诉。
	工作流程	
	劳动组织	(1) 班组长到维修顾问、车间主任或车间调度员处领取《维修工单》和《维修委托书或合同》及待修车辆。 (2) 班组长根据《维修工单》和《维修委托书或合同》，组织小组讨论制订《维修工作计划》。 (3) 班组长给维修小组成员指派维修任务，各成员独自或协同实施维修作业。 (4) 班组长在维修过程中，负责监控维修质量，并跟进作业进度。 (5) 班组长组织小组成员按技术标准检验维修项目，合格后签字确认后，并将维修车辆、委托书或《维修工单》一起送给车间质量检验员。

工作与学习内容	工作要求	（1）能熟练企业《维修工单》和《维修委托书或合同》的填写规范，并根据《维修工单》和《维修委托书或合同》上的内容，迅速理解任务。 （2）会熟练查阅汽车空调制冷系统、电气控制系统、取暖系统、配气系统等方面的工作原理及结构特点，分析故障的原因制订作业流程及工作实施计划。 （3）会查询维修规范和技术标准，并执行作业流程和相关技术规范、安全操作规程、"5S作业规范"、安全防护、环保等进行使用、检查、检测、维修作业。 （4）会使用工具或仪器仪表，拆装、检测空调系统。 （5）会根据检测结果，合理选择清洁、修复或更换的修复方法。 （6）会与维修顾问、客户协商处理维修过程中遇到的特殊事件。 （7）会执行技术检验标准，进行维修质量检验。
课程目标	职业能力目标	学生学完本课程后，会独立收集汽车空调相关信息，制订作业流程及工作实施计划；能根据作业流程和相关技术规范、安全操作规程、"5S作业规范"、安全防护、环保等做出相应决策；会使用工具或仪器仪表，拆装、检测空调系统，并会根据检测结果，合理选择清洁、修复或更换的修复方法；会执行技术标准进行维修质量检验；在学习或作业过程中并进行记录、存档，分工协作处理一般问题等汽车空调维修的综合职业能力。 （1）能描述汽车空调各系统的结构、工作原理、功能及装配关系，能独立识别汽车空调各系统元件；能根据汽车空调的使用性能与规范，制订维护计划，并实施维护作业。 （2）会利用汽车空调制冷原理，分析汽车空调故障的原因；并能根据汽车空调系统结构特点，正确使用常用工具、仪器仪表等维修设备，实施维修作业，直至排除汽车空调不制冷故障。 （3）能描述汽车空调配气系统和取暖系统的结构与工作原理，分析汽车空调无风和无暖气故障的原因，并会排除汽车空调无风和无暖气故障。 （4）会根据汽车自动空调的结构特点，会正确实施维护作业；利根据其控制原理，分析自动空调不能调温故障的原因，并按其技术规范诊断与排除汽车自动空调不能调温故障。
	胜任工作任务	通过本课程学习，学生能独立完成如下工作任务，并养成执行相关技术标准和操作规范等。 （1）汽车空调日常维护。 （2）汽车手动空调不制冷故障诊断与排除。 （3）汽车空调无暖气故障诊断与排除。 （4）汽车自动空调不能调温故障诊断与排除。

学习情境学时分配	编号	学习情境名称	参考学时
	KT1	汽车空调日常维护	8
	KT2	汽车手动空调不制冷故障检修	40
	KT3	汽车手动空调无暖气故障检修	8
	KT4	汽车自动空调不能调温故障检修	16

教学组织与方法	1. 教学组织 　　本课程建议为教学班为单位，分5个学习小组在汽车空调维修工作站内实施项目教学，并建议排课相对集中，即连续安排4周完成课程。 　　2. 学习方法 　　本课程建议将汽车维修企业工作流程实施项目教学，或转化为"布置任务、任务准备、任务实施、任务检验、任务评价"的"五阶段教学法"。在此基础上灵活采用大脑风暴法、引导课文法、项目教学法等行动导向教学方法。

续 表

| 教学组织与方法 | 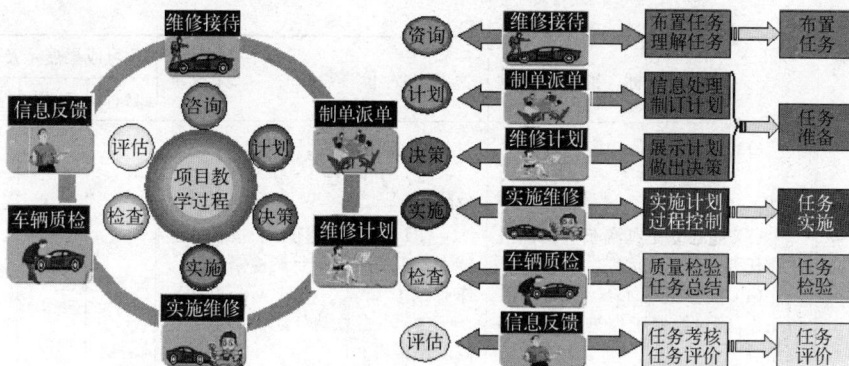

(1) 布置任务阶段：以 PPT 演示工作情境或直接发放《维修工单》等形式,下达学习任务;
(2) 任务准备阶段：用工作页中的问题进行引导收集相关信息,开展小组讨论学习,教师进行正面课堂教学指导制订任务计划;通过小组讨论,论证计划的可行性,并做出决策;
(3) 任务实施阶段：采用小组学习,明确小组负责人。小组负责人的职责类似于汽车机电维修组组长的职责,负责组内纪律、工作分工、工具设备和学习资料的管理工作等;
(4) 任务检验阶段：采用角色扮演法,小组长扮演班组长,教师扮演车间质检员共同检验;
(5) 任务评价阶段：组织小组进行总结、展示学习成果,根据学习过程、任务完成情况、学习成果展示进行自评、互评、点评等综合评价。 |

课程考核	1. 考核内容与权重

编号	考 核 内 容	考核方式	考核权重
KT1	汽车空调日常维护	过程考核	10%
KT2	汽车手动空调不制冷故障检修	过程考核	30%
KT3	汽车手动空调无暖气故障检修	过程考核	10%
KT4	汽车自动空调不能调温故障检修	过程考核	20%
KT	集中考核（应知部分）	集中	30%

2. 评价方式与要求

本课程主要针对学习小组采用过程评价,各任务过程评价的范例如下：

评价要素	评 价 标 准	评 价 依 据	权重	学习成果展示及评价			小组成绩
				自评	互评	点评	
学习态度	(1) 能按时上课,不得无故旷课、迟到、早退。 (2) 积极回答问题。 (3) 按时完成作业。 (4) 积极参与小组讨论及工作。	(1) 考勤。 (2) 课堂提问。 (3) 工作页。 (4) 小组作业过程。	0.1				
职业素质	(1) 能在工作中自觉地执行5 s现场管理规范,遵守纪律,服从管理。 (2) 能按时完成学习及工作任务。 (3) 能文明操作,无安全事故。 (4) 能与其他学员团结协作,制订维修作业计划。	(1) 小组评价维修工作情况报告。 (2) 维修质量检验报告。 (3) 无安全事故。 (4) 维修作业计划。	0.3				

评价要素	评价标准	评价依据	权重	学习成果展示及评价			小组成绩
				自评	互评	点评	
专业能力	（1）能描述规范的作业流程。 （2）能描述汽车空调的结构原理。 （3）能独立完成汽车空调检修工作任务。 （4）能够进行工具、材料的准备工作，能对维修工作进行检查与总结。	（1）操作规范。 （2）专业理论知识：提问。 （3）专业技能考核：按技术要求完成汽车空调检修作业。 （4）小组总结与评价维修工作报告。	0.5				
创新能力	（1）能对维修工作提出自己的独到见解。 （2）能对教学或工作任务提出建设性意见。	（1）小组总结与评价维修工作报告。 （2）提出的意见和建议。	0.1				

（1）评价主体：各考核任务均采用小组自我评价、组间互评、教师评价三方综合评价。

各小组组织小组成员进行任务总结与展示，并根据学习过程进行小组自评；并根据各成员在实施任务过程中担当的角色、责任、完成质量等对小成员进行评价。其他小组根据待评小组学习成果展示情况进行互评。教师根据学习小组的学习过程、学习成果等进行综合点评，给出任务的综合成绩。

（2）评价标准：根据企业工作实际与职业标准的要求，评价内容主要从任务完成质量、小组实施过程中计划合理性、实施组织、安全防护、"5S"作业规范等方面考虑。

（3）评价方式：过程和终结评价方式，权重为 7：3。

《汽车空调系统检修》课程成绩登记表

学号	姓名	学习情境过程考核															理论终结考核	总评
		情境1				情境2				情境3				情境4				
		学习态度	职业素质	专业能力	创新能力	学习态度	职业素质	专业能力	创新能力	学习态度	职业素质	专业能力	创新能力	学习态度	职业素质	专业能力	创新能力		
1																			
2																			
3																			
4																			
5																			

（左侧栏：课程考核；备注）

参 考 文 献

[1] 潘伟荣.汽车空调［M］.北京：中国劳动和社会保障出版社,2002.

[2] 莫振发.汽车空调检修［M］.北京：中国劳动和社会保障出版社,2006.

[3] 朱文韬等.汽车空调维修预备技师职业功能模块教材［M］.北京：中国劳动和社会保障出版社,2010.

[4] 严安辉.汽车空调系统检修一体化项目教程［M］.上海：上海交通大学出版社,2011.

全国职业教育汽车类专业高技能人才培养论坛介绍

一、论坛介绍

全国职业教育汽车类专业高技能人才培养论坛是由中国高等职业教育汽车类专业教学委员会组织,并定期举办的汽车专业职业教育论坛。论坛旨在搭建职业教育汽车类专业交流平台,促进教学研究活动的开展,提高教育教学质量,推动我国汽车类专业高技能人才培养模式改革和发展。

二、举行时间和地点

论坛年会将于每年8月份举行。每年更换年会地点。

三、论坛参与人员

政府相关主管部门领导;职业院校汽车类专业院长、系主任、教研室主任、专业带头人、骨干教师;职业教育专家;汽车相关企业专家及负责人。

四、主要议题

1. 教学交流:专业建设、培养方案、课程设置、教学改革、教学经验等。
2. 科研交流:科研立项、教改研究、教学资源库建设、立体化教材编写等。
3. 人才交流:高技能师资引进和储备;高技能人才就业与创业等。
4. 信息、资源交流:招生和就业信息、校际合作机制等。
5. 校企合作和国际交流:产学研合作机制、学生国外游学项目、教师海外进修等。

五、论文与出版物

被论坛年会录用的论文将正式出版,经专家评审后的部分优秀论文将推荐在核心期刊上发表。

六、秘书处联系方式

通讯地址:上海市番禺路951号   邮编:200030   传真:021 – 60403033
联系人:邓成君   电话:021 – 60403010
E-mail:39366534@qq.com

七、论坛相关资料索取

请您认真填写以下表格的内容,并通过电子邮件、传真、信件等方式反馈给我们,我们将会定期向您寄送论坛相关资料。

资 料 索 取 表					
姓 名		性别		职务/职称	
院 系					
通信地址				邮编	
联系电话			传 真		
E-mail			手机号码		
院长/系主任姓名					